Wörterbuch überflüssiger Anglizismen

Herausgegeben von
Rudolf Bartzsch, Reiner Pogarell und Markus Schröder

IFB Verlag

Bibliografische Information der Deutschen Bibliothek:
Die Deutsche Bibliothek verzeichnet diese Publikation in der Deutschen Nationalbibliografie; detaillierte bibliografische Daten sind im Internet über http://dnb.ddb.de abrufbar.

Erste Auflage: September 1999
Zweite, erweiterte Auflage: Januar 2000
Dritte, erneut erweiterte Auflage: September 2000
Vierte, erweiterte und verbesserte Auflage: November 2001
Fünfte, erneut überarbeitete und erweiterte Auflage: Januar 2003
Sechste, erheblich überarbeitete und erweiterte Auflage: Februar 2004

Druck: Bonifatius GmbH, Paderborn

ISBN 3-931263-33-9

Wörterbuch überflüssiger Anglizismen

Inhaltsverzeichnis:

Wir danken allen, die uns mit Material versorgt und in jeder erdenklichen Weise in der Arbeit unterstützt haben. Das sind insbesondere

Herr Peter Amels, Köln
Herr Dipl.-Ing. Gerhard Both, GB - Seaford
Herr StD a.D. Dieter Burkert, Dortmund
Herr Erhard Dietermann, Siegen
Herr Dipl.-Ing. Dr. Helmut Floegl, A - Wien
Herr Prof. Dr. Helmut Glück, Bamberg,
mit seinen Studentinnen und Studenten
Frau Myriam Grobe, Paderborn
Herr Prof. Dr. Wolfgang Haße, Berlin
Herr Robert W. Heyder, Nürnberg
Herr Dipl.-Ing. Jürgen Himstedt, Delbrück
Herr Gisbert W. Hundacker, Höxter
Herr Dipl.-Ing. Gerhard H. Junker, Friedrichshafen
Herr Dr. Fritz Kasten, Hamburg
Herr Prof. Dr. Walter Krämer, Dortmund
Herr Peter von Meissner, Bamberg
Herr Gernot Meißner, Berlin
Herr Karl Mosler, Bergheim
Herr Dr. Rolf Neumann, Gehrden
Frau Daniela Piel, Paderborn
Herr Sascha Pogarell, Paderborn
Herr Matthias Reif, CH - Freiburg
Herr Dr. Rudi Renné, Kerpen
Frau Barbara Schmeling, Paderborn
Herr Eberhard Scholz, Bad Schwalbach
Herr Dr. Johann Karl Teubner, B - Brüssel
Herr Franz Thiel, Kumhausen
Herr Horst Toussaint, F - Cambo-les-Bains
Frau Regina Tschirschke, Mönkeberg
Herr Prof. Dr. H. Ueberberg, Biberach an der Riß
Herr Werner Voigt, L - Luxemburg
Herr Andreas Weigard, Tetenbüll
Herr Prof. Dr. Hermann Zabel, Dortmund

und viele andere.

Vorwort

> „Die englische Sprache breitet sich in Deutschland mit solch einer halsbrecherischen Geschwindigkeit aus, dass man sich fast fragen muss, ob es sich lohnt, weiterhin Deutsch zu lernen.“
> (The Daily Telegraph, London)

> „Trotz einer Rechtschreibreform hat Englisch die deutsche Sprache kannibalisiert.“ (Le Figaro, Paris)

Jede Sprache entwickelt und verändert sich, jede Sprache entlehnt einzelne Wörter aus anderen Sprachen. Das Deutsche macht da keine Ausnahme. Entwicklungen, Veränderungen und Entlehnungen sind wichtig, damit die Sprache jederzeit auf neue Herausforderungen reagieren kann.

In welche Richtung die Sprachentwicklung geht, sollte normalerweise die Sprachgemeinschaft bestimmen. Die deutsche Sprachgemeinschaft besteht zur Zeit aus rund 100 Millionen Menschen vor allem in Europa. Normalerweise müsste jedes Mitglied dieser Gemeinschaft einen gleichberechtigten Anteil an dieser Entwicklung haben. Das allerdings ist in unserer Mediengesellschaft eine Wunschvorstellung.

Wer Zeitungen in Millionenauflage verbreiten kann, hat halt naturgemäß größeren Einfluss auf die Sprache als jemand, der sich nur ab und zu mit seiner Nachbarin unterhält. Wer viele Stunden am Tag viele Millionen Menschen mit Fernsehsendungen versorgen darf, wird auf deren Sprache stärker einwirken können als jemand, der wöchentlich im Stadtrat seiner Heimatstadt die Anträge seiner Partei vertritt.

Über Zeitungen, Zeitschriften, Rundfunk, Fernsehen, Plakatwände, Handzettel, Kataloge und Hochglanz-Broschüren nimmt eine Branche einen ganz besonders starken Einfluss auf unsere Sprache: die Werbung. Ob man nun Werbung mag oder nicht, niemand kann sich ihr entziehen. Wenn wir am Frühstückstisch die Morgenzeitung lesen, auf dem Weg zur Arbeit Radio hören, am Schreibtisch die Post sichten, am späten Nachmittag einen Stadtbummel machen oder am Abend einen Spielfilm im Fernsehen anschauen, immer begleitet uns die Werbung. Wer kann schon von sich behaupten, davon unbeeindruckt zu bleiben?

Nun hat die Werbung seit einigen Jahren eine eindeutige Vorliebe entwickelt. Sie verwendet bei allen sich bietenden Gelegenheiten Wörter und Versatzstücke aus der englischen Sprache. Offenbar verfügt sie zur Zeit über kein anderes kreatives Mittel, um Unternehmen und Produkte herausragend zu bewerben. Da wird dann jeder Laden zum Shop, was leicht ist, heißt light, und selbst das Warten auf Weihnachten wird zum Christmas Countdown. Auf dem Gabentisch liegt später das Christmas Free and Easy Set.

Nicht die aufgeführten Einzelbeispiele sind dabei Besorgnis erregend, sondern die Gesamtmenge. Die Werbung verändert unsere Sprache durch viele tausend englische Ausdrücke so nachhaltig, dass sie droht, ihren Status als eigenständige Kultursprache zu verlieren. Was soll denn das für eine Sprache sein, in der es anscheinend keine eigenen Wörter für Liebe, Laden, Leben oder Weihnachten, Wohlgefühl und Welt gibt. Warum sonst liest man überall Love, Shop, Life, Christmas, Wellness und World?

Internationaler wird die deutsche Sprache dadurch in keiner Weise. Erstens gibt es viele der verwendeten Anglizismen in der englischen und amerikanischen Sprache gar nicht, das gilt für Wörter wie Handy, Dressman, GlobalCall und so weiter. Auch mit dem Christmas Free and Easy Set dürfte ein Engländer so einige Probleme haben. Zweitens nutzen eingesprengte englische Wörter überhaupt nichts, solange der Rest deutsch bleibt. Man könnte sogar noch einige Argumente dafür finden, die deutsche Sprache vollkommen abzuschaffen und durch Englisch zu ersetzen. Das wäre zwar schade, aber begründbar. Für den derzeitigen Mischmasch gibt es keinerlei Rechtfertigung. Er ist unschön, wirkt peinlich auf englischsprachige Besucher und ist auch für viele Menschen nicht mehr verständlich.

Andere gesellschaftliche Bereiche haben sich der Werbung angeglichen. Unternehmen nennen ihre Sitzungen fast nur noch Meeting, im Fußball ist aus dem Torwart der Keeper geworden.

Es sind viele tausend Wörter geworden, die auf diese Weise in unseren Wortschatz gekommen sind. Immer häufiger erscheinen sie uns so selbstverständlich, dass wir einfach nicht mehr wissen, wie das eigentlich richtige deutsche Wort noch heißt. Diese Entwicklung ist unterschiedlich weit fortgeschritten. Noch wissen die meisten Menschen, dass Christmas eigentlich Weihnachten heißt. Aber viele Unternehmensmitarbeiter wissen nicht mehr, dass das Wort Meeting leicht durch Treffen, Sitzung oder Besprechung ersetzt werden kann.

Einmalig ist dieser Vorgang in der deutschen Sprachgeschichte nicht. Im Gegenteil, es gab immer wieder regelrechte Schübe der Übernahme fremder Wörter. Unsere Wörter Mauer und Fenster stammen aus der Zeit des intensiven Kontaktes mit der römischen Welt. Das Christentum trug viele Wörter lateinischen und griechischen Ursprunges in unseren Wortschatz. In der Alamodezeit ertrug die deutsche Sprache eine regelrechte Überschwemmung durch französische Wörter. Adel und Gebildete sprachen nur noch in Ausnahmefällen Deutsch. Französisch schien unsere Sprache zu erdrücken.

Dass Römer, Missionare und Franzosen die deutsche Sprache im Nachhinein zwar verändert und bereichert, nicht aber erdrückt haben, liegt daran, dass es immer auch Bewegungen gegen eine zu starke Beeinflussung gab. Die frühen christlichen Missionare aus Irland und Italien konnten ihre Missionserfolge durch das Wort nur erreichen, weil sie große Mühe in die Übersetzung und Verdeutschung lateinischer Bibelstellen investierten. Tatsächlich sind sogar die ersten schriftlichen Belegstellen unserer Sprache verdeutschende Randnotizen früher Glaubensverkünder neben lateinischen Texten. Gegen die Überschwemmung durch französische Wörter entstanden bereits im 17. Jahrhundert zahlreiche private Vereine und Bewegungen, die es im Laufe vieler Jahrzehnte schafften, ihren Einfluss sogar auf die staatliche Ebene auszudehnen. Eine große Anzahl von Wortlisten und Verdeutschungs-Wörterbüchern für alle möglichen Anwendungsgebiete entstand. Diese trugen sehr dazu bei, immer mehr französische Wörter im deutschen Wortschatz zu ersetzen. Betroffen waren auch solche Romanizismen, die damals als unverzichtbar und unübersetzbar bezeichnet wurden. Die Nazis schließlich verboten solche Anstrengungen 1940 mit nachhaltigem Erfolg. Ihnen lag mehr an einer verschleiernden Sprache als an gutem Deutsch. Viele Jahre gab es deshalb keine nennenswerte Einrichtung, die sich für die deutsche Sprache einsetzte.

Seit Ende 1997 gibt es eine deutschlandweite Organisation, die sich erfolgreich dem Erhalt der deutschen Sprache widmet: den Verein Deutsche Sprache e.V. mit Sitz in Dortmund. Wörterbücher und Wortlisten mit deutschen Begriffen sind auch schon entstanden, doch blieben sie bisher wenig umfangreich, deshalb haben wir das Wörterbuch überflüssiger Anglizismen vorgelegt. Hiermit wollen wir die Überflüssigkeit der meisten englischen Wörter in unserer Sprache dokumentieren. Gegen sinnvolle Übernahmen und Bereicherungen haben wir natürlich nichts einzuwenden. Und wir wollen denjenigen Menschen helfen, die sich um gutes Deutsch bemühen und deutschsprachige Texte auch aus deutschen Wörtern bauen möchten. Dokumentation ist somit die eine Aufgabe, Nachschlagewerk die andere.

Wir haben die Wörter aus allen gesellschaftlichen Bereichen gesammelt, mit denen ein normaler Mensch in Berührung kommen kann. Es geht also nicht nur um die Werbung. Wo immer uns überflüssige Anglizismen auffielen, haben wir sie aufgenommen. Sehr vorsichtig verhalten haben wir uns bei Fachwortschätzen und bei bestimmten Modesportarten, die nur von einem kleinen Bevölkerungsteil ausgeübt werden. Ganz die Finger gelassen haben wir von typischen englischen oder amerikanischen Erscheinungen: Keinesfalls ersetzen wir Basketball durch Korbball. Eigennamen amerikanischen Ursprungs sind sowieso ausgeschlossen, den McChicken lassen wir also so wie er ist. Dass trotzdem das Wort Soccer in unserem Wörterbuch erscheinen muss, liegt an einigen besonders wagemutigen Werbetreibenden, die Fußballausstattung in Deutschland unter dem Begriff Soccer verkaufen wollen. Aufgenommen haben wir aber deutsche Produktnamen denglischer Gestalt, die sich vor allem an deutsche Käufer richten.

Vollständigkeit konnten wir nicht ernsthaft anstreben, zu groß ist die Menge englischsprachiger Wörter in allen Bereichen des Wortschatzes geworden. Zudem ist der Wortschatz ständig in Bewegung. Wir gehen davon aus, den Kern abgebildet zu haben. Über Nachträge, Ergänzungen und Vorschläge freuen wir uns.

Die Werbung verteidigt ihre Vorliebe für englische Wortbestandteile meist damit, dass das Englische kürzer und prägnanter sei. Das mag insgesamt stimmen. Aber erstens ist Kürze ja kein Wert an sich – längere Texte können verständlicher und angenehmer sein als kurze, und dicke Bücher verkaufen sich nicht schlechter als dünne – und zweitens zeigt die folgende Wortliste, dass die Werbeaussagen nicht so ohne weiteres haltbar sind. In einigen Fällen sind die englischen Wörter deutlich kürzer, in anderen die deutschen. In der Mehrheit der Fälle sind die Abweichungen jedoch geringfügig. Man kann sich somit in der deutschen Sprache ebenso prägnant ausdrücken wie in der englischen – man muss es nur tun.

Vorwort zur 6. Auflage

Von Auflage zu Auflage erfährt das Wörterbuch erhebliche Wandlungen und Verbesserungen. Das liegt vor allem an den vielen freundlichen und kritischen Diskussionsbeiträgen, die wir aus vielen Ländern erhalten.

So ist das Buch nun das Werk einer großen Bürgerinitiative, die sich für den Erhalt des Deutschen als Kultursprache einsetzt.

Brand-Erbisdorf, Paderborn, Mönkeberg, im Februar 2004

Dr. Rudolf Bartzsch
Dr. Reiner Pogarell
Dr. Markus Schröder

Benutzungshinweise

Originäre englische Begriffe sind in der Regel in der englischen Originalschreibweise nach dem „American Heritage Dictionary“, das gleichzeitig das Standard-Herkunftswörterbuch im Amerikanischen ist, aufgeführt.

Der Begriff „Denglisch“ umschreibt Wörter, die deutsche Erfindungen (Handy, Showmaster usw.) oder ein Gemisch beider Sprachen (abtörnen, versnobt usw.) sind. Enthalten solche Wörter deutsche Komponenten, richtet sich die Schreibweise nach dem aktuellen „Duden“ bzw. dem „Großen Duden-Fremdwörterbuch“. Komposita werden demgemäß vorzugsweise ohne Bindestrich zusammengeschrieben. Denglische Begriffe mit ausschließlich englischen Komponenten werden dagegen wie die rein englischen Begriffe behandelt.

Stabile, eingeführte Übersetzungen und geeignete Synonyme sind in normaler Schrift gesetzt.

Bloße Erläuterungen des englischen bzw. denglischen Begriffs, Ergänzungen hinsichtlich der im Einzelfall gemeinten Bedeutung bei mehrdeutigen deutschen Ausdrücken, eine Reihe von denkbaren Übertragungen bzw. passenden Synonymen zu bereits weitgehend im Deutschen aufgegangenen Anglizismen, etliche vorläufige Übersetzungen und schließlich einige wenige gewagtere eigene Neubildungen sind in kursiver Schrift gesetzt. In gleicher Form erscheint eine Reihe von Kommentaren, die Hintergrundinformationen zur Entstehung und zur Verwendung besonders ärgerlicher Anglizismen bieten.

In Klammern gefasste Begriffe (auch in normaler Schrift gesetzte) werden i. Allg. bei Übersetzungen nicht gebraucht, wenn sich der Sinn aus dem Textzusammenhang ergibt.

Nicht in das Wörterbuch aufgenommen worden sind Eigennamen aus dem englischen Sprachraum, da sie natürlich nicht überflüssig sind.

In den meisten Fällen ist bei Personenbegriffen, die für beide Geschlechter gelten, nur die kürzere – meist männliche – Form genannt, was allein der Lesbarkeit des Textes dient und das jeweils andere Geschlecht nicht ausschließen soll.

Gibt es für ein Stichwort mehrere Bedeutungen, so ist das Wort in jeder Bedeutung einzeln aufgeführt und mit hochstehenden Zahlen nummeriert.

A

@: *Zeichen* „at", „Klammeraffe" *(Herzstück einer E-Post-Adresse), siehe auch* **generation @**

a.a.: *siehe* **author's alterations**

ab-: *deutsche Vorsilbe, die in denglischen Mischmasch eingearbeitet wird, so in*

abchecken: prüfen, überprüfen, durchprüfen, klarmachen, erklären, *Denglisch*

abgefuckt[1]: heruntergekommen, verwahrlost, *Denglisch*

abgefuckt[2]: lustlos, gelangweilt, *Denglisch*

abgespact, **abgespaced**: weltfremd, verrückt, *Denglisch*

abhotten: tanzen, *Denglisch*

absaven: absichern, sichern, *Denglisch*

abtörnen, **abturnen**: anwidern, lästig sein, aus der Stimmung bringen, *Denglisch, siehe auch* **antörnen**

aboard: an Bord

abort[1]: Abbruch, abbrechen

abort[2]: Programmabbruch

about: ungefähr, *siehe auch* **roundabout**[1]

above: Obiges, das Obenerwähnte, über

absence: Abwesenheit, Fehlen

absorber: *(Absorptions-)*Kühlschrank

abstract[1]: Kurzfassung, Zusammenfassung, *(kurze)* Inhaltsangabe

abstract[2]: abstrakt, dunkel

academy: Hochschule, Akademie, *in der Praxis sehr oft nur:* Fortbildung, Weiterbildung *oder gar* Schule

accent: Akzent, Aussprache, Ton, Stil, Betonung, Ausdruck

accept: annehmen, *auch in*

acceptable: annehmbar

access: Zugriff *(zum Internet)*, zugreifen, *auch in*

access point: Zugangspunkt

accessories: Beiwerk, Zubehör, Klimbim, Requisiten, Utensilien, Kinkerlitzchen

acclamation: Beifall, Zustimmung

account[1]: Bericht

account[2]: Zugangsberechtigung, Nutzungsrecht, Zugang

account[3]: Konto, Rechnung, *auch in*

accountant: Buchhalter, Rechnungsprüfer

accounting: Buchführung, Zählung, Rechnung, Berechnung

account manager: Buchhalter

account sales: Rechnungslegung, Verkaufsrechnung

accuracy: Sorgfalt, Genauigkeit, Präzision

acid[1]: Säure

acid[2]: Rauschmittel, LSD, *auch in*

acid trip: Drogenrausch

acid[3]: abgefahren, geil, scharf, toll

acknowledgment: Anerkennung

acquisition: Übernahme *(von Unternehmen bzw. Unternehmensteilen)*, Kundengewinnung, Kundenfang, Anheuern

across: quer, quer durch, über

act[1]: Großereignis *(der Popmusik)*, Darbietung, Darstellung, Schau, Anstrengung, Akt

act[2]: Verordnung, Gesetz, z. B. **small business act** *der rot-grünen Bundesregierung*

action[1]: Aktion, Bewegung, Rummel, Spaß, Unternehmung, *auch in*

action painter: Aktionsmaler, Spontanmaler

action painting: Aktionsmalerei, *abstrakt-expressionistische Malerei in den USA*

action weekend: Erlebniswochenende

action[2]: *(spannende)* Handlung, Tat, Bewegung, turbulente Szenen, *auch in*

Actionfilm: Abenteuerfilm, Aktionsfilm, Handlungsfilm, *Denglisch*

action news: Sensationsnachrichten, *unterhaltsame Nachrichten, siehe auch* **infotainment**

action story: Reißer, reißerischer Bericht

action stress: *Überforderung bei Rechnerspielen*

action thriller: Spannungsfilm

action[3]: Sonderangebot, Verkaufsaktion

active: aktiv, handelnd, rührig, *auch falsch „activ" geschrieben*

activity: Aktivität, Tätigkeit, Betätigung, Energie, Handlung, Geschäftigkeit, Rührigkeit

actor: (Film-)Schauspieler, (Film-)Darsteller

actress: (Film-)Schauspielerin, (Film-)Darstellerin

actual: tatsächlich, konkret, *nicht: „aktuell", auch in*

actuality: Wirklichkeit, Realität

ad: *siehe* **advertisement**, *auch in*

ad click: Anzeigenbeachtung *(im Internet)*

ad-click rate: Anzeigenbeachtungsrate

ad game: Werbespiel *(im Internet)*

ad impressions: Werbeeindruck

ad mail: Werbebotschaft *(im Internet)*

adapt: anpassen

add: hinzufügen; kaufen *(Börse), auch in*

added value: Mehrwert, Zusatznutzen, Zusatzleistung *(in der Vermarktung)*

added value tax: Mehrwertsteuer, *Denglisch, im Englischen:* **value-added tax**

additive: Zusatz

add-on: Zusatz, Aufsatz

administration: Verwaltung, *meist als Synonym für die (US-)Regierung gebraucht (in diesem Sinne Denglisch)*

adult: erwachsen, Erwachsener

advance: vorweg, im Vornherein, Vor-, *viele denglische Verbindungen wie:* Advance Reinigungssystem = Vorreinigungssystem, *auch in*

advance booking: Vorverkauf, Vorbestellung, Vorausbuchung, Reservierung

advance notice: Voranzeige, Voranmeldung, Vorwarnung

advance payment: Vorauszahlung

advantage: Vorteil *(im Tennis, aber auch z. B. in Werbeprospekten von Finanzberatern)*

adventure[1]: Abenteuer, *auch in*

adventure holidays: Abenteuerurlaub

Adventurespiel *(Denglisch)*, **adventure**[2]: Abenteuerspiel *(am Rechner)*

advertainment: Werbeunterhaltung, unterhaltende Werbung, Spaßwerbung

advertise: werben, inserieren, *auch in*

advertisement: Werbung; Anzeige, Inserat

advertising: Werbung, Werben, Werbe-

advertising agency: Werbeagentur

advertising manager: Anzeigenbearbeiter, Anzeigenannahme

aerobic: Tanzgymnastik *(Stärkung der körperlichen Verfassung durch tanzerische und gymnastische Übungen), Denglisch, im Englischen „aerobics“*

aerospace: Luft- und Raumfahrt, *auch in*

aerospace industry: Luft- und Raumfahrtindustrie

affair[1]: Sache, Angelegenheit

affair[2]: Liebschaft, Affäre, Verhältnis

affect: einwirken, wirken auf, sich auswirken auf

afresh: erneut, von vorn, von neuem; gestärkt

afro look: Kraushaar

after: nach, hinter, Nach-, *auch in*

afterburner: Nachbrenner *(Formel 1)*

after-business party, **after-office party**: Feier-Abend, Feierabendfeier, Blaue Stunde

after-game party: *(Spiel-)*Nachfeier, *z. B. beim Fußball*

after-hours party: Nachfeier

after sales (service): Nachkauf(-betreuung), Kundendienst, *siehe auch* **post sales**

after-shave (lotion): Rasierwasser, *siehe auch* **pre-shave**

after-show party: *(Veranstaltungs-)*Nachfeier

After-Sun-Produkt: Sonnenschutz(-mittel) *(nach der Sonneneinwirkung zu verwenden), Nach-Sonnenschutz, Denglisch*

after-work party: Feierabendfete

age: Alter, Zeitalter, *auch in*

age explorer: „Altersentdecker", *eine Art Raumanzug, der es einem jungen Menschen ermöglichen soll, sich wie ein alter zu fühlen*

ageism: Veralterung, Vergreisung

ageless: zeitlos, alterslos

aging: Alterung, *z. B. in Werbestrategien für* Antiaging-Mittel *oder Verjüngungskliniken wie:* The Art of Anti-Aging Institute *und* Anti-Aging-Clinic Köln

agency: Vermittler, Vertretung, Agentur, Geschäftsstelle

agenda: Tagesordnung, Plan, Notizbuch, Terminkalender, Merkbuch, *Liste von Gesprächspunkten*

agent[1]: Agens

agent[2]: Spion, *Denglisch*

agent[3]: Künstlervermittler

agent[4]: Kundenbetreuer, Kundenberater *(telefonisch), in manchem* **call center** *ist der* agent *auch nur der* Verkäufer *oder der* Sachbearbeiter

agreement: Vertrag, *(formlose)* Übereinkunft, Abkommen, Abmachung, Absprache, Einklang, Zustimmung, Vereinbarung

aid: Beistand, Unterstützung, Hilfe *(neuerdings gern auch bei Spendensammlungen verwendet)*

air[1]: Luftsprung *beim* **snowboarden**

air[2]: Luft, *auch in*

air bag: Luftsack, Prellsack, Luftkissen, Prallkissen, *siehe auch* **side bag**

air base: Fliegerhorst, Militärflugplatz, Luftwaffenstützpunkt

air box: Luftversorgung *(Formel 1)*

air brake[1]: Luftbremse, Luftdruckbremse, Druckluftbremse

air brake[2]: Bremsklappe *(am Flugzeug)*

airbrush: luftpinseln, sprühmalen; Spritzpistole, Spritztechnik

air-condition, **air-conditioner**, **air-conditioning**: Klimaanlage

air-conditioned: (voll-)klimatisiert

aircraft: Flugzeug, *siehe auch* **airplane**

air crane: Luftschiffkran, *siehe auch* **cargo lifter**

aircrew: Flugzeugbesatzung, Flugpersonal

airfield: Sportflugplatz, Kleinflugplatz
airflow: Luftströmung, Luftstrom
air force: Luftstreitkräfte, Luftwaffe
airframe: (Flugzeug-)Zelle, Flugzeuggerüst
air hole: Luftloch
airing[1]: Lüftung
airing[2]: senden *(über Radio / Fernsehen)*
airless: windstill, luftfrei
airless tires: Vollgummireifen, luftlose Reifen
airline: Fluggesellschaft, Fluglinie
airliner: *(großes)* Passagierflugzeug
airmail: Luftpost, Luftpostbrief
air place: Sendeplatz
airplane, **plane**: Flugzeug
airplay: Radio-, Fernsehausstrahlung
air police: Luftpolizei
airport: Flughafen. *Das Wort verdrängt den deutschen Ausdruck zurzeit auf breiter Ebene, auch auf offiziellen Beschilderungen. Dazu zahlreiche denglische Zusammensetzungen:* Airportmagazin, Airportshop, Airportparking, Airportrestaurant.
airport cityliner: *Zubringerbus zum Flughafen,* Flughafenzubringer
air safety: Flugsicherheit
airship: Luftschiff, Zeppelin, *siehe auch* **blimp**[2]
air show: Flugschau
airsick: luftkrank
air terminal: Abfertigungshalle
air ticket: Flugschein
airtime: Gesprächsdauer, Sprechzeit, *z. B. am Telefon*
alcopop: Sprudel-Alkohol-Mischgetränk *(Kombination von* alcohol *und* **pop**[2]*)*
alert[1]: aufmerksam, wachsam
alert[2]: Alarm, Warnsignal, Alarmbereitschaft
alert line: Frist, Stichzeit, Abgabedatum
aliasing: *Informationsverlust bei Bildkompression,* Verfälschung, Verzerrung *(EDV)*
alien: Fremder, Außerirdischer, Fremdling
alive: lebendig, munter
all: alles, *auch in*
All-Age-Buch: *Buch für alle Altersgruppen, Buch für jedermann, Denglisch*
all for free: alles (für) umsonst, alles kostenlos, *Denglisch*
all included: alles inbegriffen
all inclusive[1]: Gesamtpaket, mit allem, alles inbegriffen, vollständig

all-inclusive[2], **All-inclusive-Angebot**: Gesamtangebot, Pauschal(reise)angebot, *Denglisch*

all-inclusive card, **All-inclusive-Karte**: „Rundum-Karte", „Gesamtkarte" *(damit wird z. B. die Funktion der neueingeführten, vielfach einsetzbaren „Erzgebirgs-Card" beschrieben), Denglisch*

all in one: alles in Einem, vollständig

All-in-one-Gerät: Verbundgerät, Kombigerät, Multifunktionsgerät (MFG), *Denglisch, siehe auch* **multifunctional device**

All-in-one-Rechner: Komplettrechner, *Denglisch*

all over: ganzflächig, vollständig, überall

allover look: *durchgängig (einheitlich) gestaltete Kleidung*

all-purpose: Allzweck-

all right: in Ordnung

all-stars: Auswahlmannschaft, die Besten

all-star team: Auswahlmannschaft, Bestenmannschaft

all-terrain bike: Allgeländerad, Mehrzweckrad, Allzweckrad

all-time high: Allzeithoch, absoluter Höchstkurs *(Börse)*

all-weather: wetterfest, Wetter-

all-you-can-eat: „soviel du verträgst", „soviel Sie wollen", *Essen ohne Beschränkung zum Fixpreis*

alles roger: alles in Ordnung, *Denglisch*

alliance: Bündnis, Verbindung

allowance: *Oberbegriff für:* „finanzielles Zugeständnis", *bereichsspezifische Bedeutungen sind z. B.:* Bewilligung, Anerkennung *(Behörden)*, Zuteilung, Zuwendung, Zuschuss, Taschengeld, Mitgift, Entschädigung, Vergütung, Steuererleichterung

all-round: überall einsetzbar, vielseitig, vielfältig, *auch in*

all-rounder, **all-round man**: Alleskönner

Allrounderin: Alleskönnerin, *Denglisch*

Allroundspieler: Allesspieler, *kann in einer Mannschaft überall spielen, Denglisch*

always: immer, stets *(oft in sinnlosen denglischen Produktnamen wie der bewährten* „always ultra"*)*

a.m.: vormittags, *englische Abkürzung für den lateinischen Begriff* **ante meridiem**, *siehe auch* **p.m.**

ambulance: Krankenwagen

American way of life: amerikanische Lebensart

amnesty: Amnestie, Straferlass

ampersand: *Zeichen* „et", kaufmännisches „Und"

amplification: Erweiterung, Verstärkung, *auch in*

amplifier: Verstärker

amused: erfreut, *Denglisch. Regierungssprecher: „Der Bundeskanzler war nicht* amused.*", auch in*

amusement: Unterhaltung, Zeitvertreib, Vergnügung, Spaß

amusing: amüsant, vergnüglich, nett

an-: *beliebte deutsche Vorsilbe für denglische Begriffe, so in*

anclicken: *Schaltfläche betätigen,* anklicken, *Denglisch, siehe auch* **clicken**

andocken: ankoppeln, *Denglisch*

anpowern: anspornen, antreiben, in Schwung bringen, *Denglisch*

ansurfen: *(im Internet)* anwählen, *Denglisch*

antrailern: *(Fernsehsendungen)* ankündigen, *Denglisch, siehe auch* **trailer**[2]

anturnen, antörnen: reizen, anregen, erregen, in einen Rausch bringen, begeistern, Interesse wecken, *Denglisch, siehe auch* **abtörnen**

analysis tool: Analysehilfe, Auswertungshilfe, Untersuchungshilfe

analyst[1]: Börsenfachmann/frau, Börsenbeobachter/in

analyst[2]: Analytiker

anchor: Halt, Anker, Festpunkt, *auch in*

anchorman[1], **-woman**: Chefsprecher/in, Hauptnachrichtensprecher/in *(viele Fernsehzeitungen verwenden das Wort auch einfach für* Nachrichtensprecher, *z. B. die „Funk-Uhr“)*

anchorman[2]: Schlüsselfigur

angel[1]: Engel

angel[2]: Wirtschaftsberater, *in der Wirtschaft für jede hilfreiche Person, z. B.* **business angel**

Angelshop: *(Geschäft für)* Anglerbedarf, *Denglisch - keineswegs „Engelgeschäft“, siehe auch* **Backshop** *und* **Badshop**

angry: zornig, ärgerlich

animal: Tier, *auch in*

animal point: Tierheim, *Denglisch*

anniversary: Jahrestag *(gerade halbwissenschaftliche Vereinigungen versuchen sich so wissenschaftlich zu machen)*

announce: bekannt geben, *in der Wirtschaft auch als denglisches Verb* announcen („Ich announce“ = „Ich gebe bekannt“), *auch in*

announcement: Ankündigung, Bekanntmachung

annual[1]: jährlich, *auch in*

annually: Jahr für Jahr, jährlich

annual[2]: Jahres- *als Vorsilbe, wie in*

annual fee: Jahresbeitrag

annual financial statement: Jahresabschluss, Geschäftsbericht

annual income: Jahreseinkommen

annual meeting: Jahreshauptversammlung

annual profit: Jahresgewinn

annual salary: Jahreseinkommen, -gehalt

annual turnover: Jahresumsatz

answering machine *(BE)*: Anrufbeantworter

ante meridiem: *siehe* **a.m.**

anthrax: Milzbrand

anti-: *griechische Vorsilbe in überflüssigen Anglizismen, so in*

antiaging: das Altern aufhalten, verzögern, verhindern, Alternsverzögerung, *Verzögern der Alterung, Jugend im Alter*

antiaircraft: Flugabwehr

antialiasing: *Wettmachen von Informationsverlusten bei Bildkompression,* Entfälschung, Entzerrung, Korrektur *(EDV)*

antiblemish: Antipickel-

anticlimax: Tiefstpunkt

Antidialer-Programm: *Schutzprogramm im Internet (Programm zum Schutz vor kriminellen* **dialer**-*Versionen), Denglisch*

anti-dim glass: Klar(sicht)scheibe

anti-dive: Fahrwerkstabilisierung *(Formel 1)*

antifreeze: Frostschutzmittel, Frostmittel, Frostschutz

antiicing: Enteisung *mit Schutz vor erneuter Vereisung, siehe auch* **deicing**

antiknock: klopffest

Antisplash-Reifen: Spritzschutzreifen, Sicherheitsreifen, *Denglisch*

anticipate: erwarten, vorwegnehmen, einplanen, verhindern, vorgreifen, *auch in*

anticipation: Erwartung, Voraussicht, Zuvorkommen, Vorsorge

any: jeder/e/s, *als Vorsilbe auch in*

anybody: jedermann

anytime: jederzeit

anyway: sowieso, wie auch immer, jedenfalls, wie dem auch sei

appeal[1]: Appell, Berufung, Aufruf

appeal[2]: Reiz, Anziehungskraft, Anreiz, Ausstrahlung, *auch in*

appealing: anziehend, reizend

appear: erscheinen, *auch in*

appearance: Erscheinungsbild, Auftreten

appeasement: Beschwichtigung, Beschwichtigungspolitik, Anpassung, Nachgiebigkeit, Beruhigung

appetizer: Appetitanreger, Appetithappen, Aperitif, *häufig auch im übertragenen Sinne gebraucht:* Vorgeschmack

applet: *(kleines)* Anwendungsprogramm *(im Internet)*

application[1]: Anwendung, Programm *(EDV), auch in*

application development: Anwendungsentwicklung

application engineer: Anwendungsingenieur

application service providing: Programmmiete, *Miete für Programme*

application[2]: Anhängsel, Beifügung

application[3]: Antrag(-stellung); Bewerbung

apply[1]: anlegen, anwenden, gebrauchen

apply[2]: sich bewerben

appointment: Verabredung, Termin

appreciaten: schätzen, würdigen, dankbar sein, *Denglisch*

approach: Annäherung, Zugang, *möglicher* (Problem-)Ansatz, Herangehensweise

approximate: approximieren, sich annähern

aptitude: *(anlagebedingte)* Begabung

aqua-: Wasser-, *als Vorsilbe in*

aqua aerobic, **aqua fitness**: *weiterentwickelte* Wassergymnastik, *Denglisch*

aqua jogging: *(sportliches)* Wasserlaufen, *Denglisch*

aquaplaning: Wasserglätte

aqua power[1]: Wasserkraft, Naturstrom

aqua power[2]: Wasserbehandlung *(neues Gesundheitsverfahren)*, *Denglisch*

arbitrator: Schiedsmann, Schlichter, *Mitglied eines Schiedsgerichts, vor allem an der Börse*

arc lighting: Lichterbogen

area: Gebiet, Bereich, Teil, Raum

armchair shopping: Fernseheinkauf, *siehe auch* **online shopping**

arrange: veranstalten, bewerkstelligen, durchführen

arrangement[1]: Vereinbarung, Abkommen

arrangement[2]: Anordnung, Gruppierung

array[1]: (räumliche) Anordnung

array[2]: Reihung, Feld, *indizierte Anordnung gleichartiger Datenelemente (EDV)*

arrival[1]: Ankunft, Eingang

arrival[2]: Ankunft(shalle) *(in Flughäfen)*

art: Kunst, *auch in*

art director[1]: Werbeleiter

art director[2]: Gestalter, Entwerfer

art director[3]: künstlerischer Leiter

artless: natürlich, einfach

artificial intelligence, **AI**: Künstliche Intelligenz, KI

asap (as soon as possible): schnellstmöglich *(Wirtschaft)*

asphalt cowboy: Streuner, Herumtreiber, *Denglisch, im Englischen andere Bedeutung*

assembler[1]: Fließbandarbeiter, *auch in*

assembly line: Fließband, Montagestraße

assembler[2]: Assemblierer, *Übersetzer aus symbolischem Elementarkode in Maschinenkode (EDV)*

assembler[3]: *symbolischer Elementarkode eines bestimmten Rechnertyps (EDV)*

assembling cooking: *Zusammenkochen, aus dem Baukasten kochen (Zusammenführen von frischen, halbfertigen und fertigen Roherzeugnissen), vgl.* **convenience food**

assessment[1]: Ermittlung, Feststellung, Abschätzung, *auch in*

assessment center: Beurteilungszentrale, Auswahlzentrale, Beurteilungstag, *psychologischer Eignungstest, Auswahlverfahren für Stellenbewerber*

assessment[2]: Steuerveranlagung, -bewertung

asset: Anlage, Wirtschaftsgut, Sachwert, Vermögenswert, *auch in*

asset management: Kapitalanlagesteuerung, (Kapital-)Anlagenverwaltung

asset manager: (Kapital-)Anlagenverwalter

assist[1]: unterstützen, *auch in*

assistant: Mitarbeiter, Gehilfe, Hilfskraft, *wird in der Wirtschaft gern als Euphemismus verwendet*

assist[2]: Punktvorbereitung, Torvorbereitung, (Treffer-)Vorlage, Zuspiel *im Sport*

association: Verbindung, Gesellschaft, Verband

assurance: Versicherung

at its best: von bester Qualität, in Bestform

atomizer: Zerstäuber *(oft als Produktbezeichnung)*

atom power: Atomkraft, Kernkraft, *Denglisch für:* **nuclear power**

attach: anfügen, anhängen, *auch in*

attachment: Anhang, Beipack, Dateianhang *(bei E-Post)*

attendance: Anwesenheit, Begleitung, Erscheinen

attention: Aufmerksamkeit, Vorsicht

attest: bestätigen, bescheinigen, *auch in*

attester: Zeuge, *siehe auch* **witness**

attract, **attractive**: reizend, anziehend

audience: Zuhörerschaft, Publikum, Zuschauer, *auch in*

audience flow: Zuschauerfluss, *vor allem während der Fernsehwerbeblöcke, Zuschauer, die „dranbleiben“*

audio-: *griechische Vorsilbe in Anglizismen, siehe auch* **Video**, *so in*

audio book: Hörbuch

audio description: Hörfilm

audio (guide) system: Audioführer *(z. B. in Museen)*

audioline: Audioausgang, -leitung

audio room: Tonraum, Aufnahmeraum, Hörraum

audit[1]: Anhörung

audit[2]: Überprüfung, Revision, *besonders in der Vergabe von Zertifikaten wie ISO 9002 u. ä., auch in*

auditieren: (über-)prüfen, *Denglisch*

audit manager: Leiter (der) Qualitätsprüfung

auditor: Rechnungsprüfer, Wirtschaftsprüfer

auf-: *beliebte deutsche Vorsilbe in denglischen Wörtern, so in*

auffeaturen: aufmöbeln, aufschneiden, hochjubeln, *Denglisch*

aufpeppen, **peppen**: in Schwung bringen, aufmöbeln, *Denglisch*

aufsplitten: aufspalten, aufteilen, *Denglisch*

aufstylen: aufmöbeln, *Denglisch*

augmented reality, **AR**: erweiterte Wirklichkeit *(Filmtechnik)*

aus-: *beliebte deutsche Vorsilbe in denglischen Wörtern, so in*

auschecken: abmelden, abfertigen, *Denglisch, siehe auch* **einchecken**

ausflippen: ausrasten, explodieren, aus sich heraus gehen, *Denglisch*

ausgeburnt: ausgebrannt, *Denglisch*

ausgepowert: ausgelaugt, ausgepumpt, kraftlos, schlapp, entmutigt, fertig, erschöpft, kaputt, verausgabt, *Denglisch (wörtlich eigentlich: ausgebeutet, verarmt, verelendet)*

ausknocken, **ausnocken**: kampfunfähig machen, niederschlagen, ausschalten, *Denglisch*

ausleveln: ausbalancieren, ausgleichen, einebnen, *Denglisch*

ausloggen *(sich)*: abmelden *(im Netz)*, *Denglisch, siehe auch* **log-out** *und* **einloggen**

auspowern: sich verausgaben, *Denglisch*

auszoomen: vergrößern, *Denglisch, siehe auch* **zoomen**

Aussie food: australisches Essen

austerity: Sparzwang, spartanisches Verhalten

Austria: Österreich, *z. B. in der österreichischen Fernsehserie* Hello Austria, Hello Vienna, *neuerdings auch Landesname auf einigen österreichischen Briefmarken, wobei hier eventuell die lateinische Benennung gemeint sein kann*

authentic shirt: Nationaltrikot *(Fußball)*

author: Autor, *auch in*

authoring: Autorenschaft

author's alterations, **a.a.**: *Verbesserungen des Verfassers (an Texten)*, Autorenänderungen, Zitatänderungen

authorship rights: Urheberrecht(e)

auto-: *griechische Vorsilbe in unnötigen Anglizismen, so in*

autocross: Gelände-Wagenrennen, Geländerennen, *Querfeldein-Autorennen*

automation: Selbststeuerung, Automatisierung

auto reverse: Selbstrücklauf, Selbstrückspulen

auto-stop: per Anhalter, *Denglisch*

auto zoom: selbst fokussierend, autofokus, *automatische Scharfeinstellung durch die Kamera*

available: erhältlich, erreichbar, verwendbar, verfügbar

aviation: Luftfahrt, *auch in*

aviation industry: Luftfahrtindustrie

award: Preis, Auszeichnung - *mit rasanter Geschwindigkeit verdrängt der Anglizismus zurzeit ohne irgendeinen Sinn das deutsche Wort, wie z. B. beim* „Deutschen Umwelt Reporting Award" *der Firma BASF oder beim* „Grimme-Online-Award" *des renommierten Adolf-Grimme-Instituts für besondere Leistungen im Internet, siehe auch* **She-Study-Award**

awareness: Bewusstsein, Sensibilität; Beachtung *(z. B. von Werbung)*

away shirt: Auswärtsspielkleidung, Trikot für Auswärtsspiele *(überall im Fußball üblich), siehe auch* **home shirt**

B

baby: Säugling, Kleinkind, *auch als Kosewort, auch in*

baby blues: „Heultage" *(Depressionsphase nach einer Geburt)*, Wochenbettpsychose

baby boom: plötzlicher *oder* starker Geburtenanstieg

baby face: Kindergesicht, Milchgesicht

babylifting: *(zweifelhafte) Adoptionspraxis*

baby look: *Kleinkindaussehen*

baby on board: Kind im Auto

baby-sit, **babysitten**: Kinder betreuen, *Kinder hüten, Denglisch*

baby-sitting: Kinderbetreuung

baby bonds: *gestückelte Schuldverschreibungen,* Kleinschuldverschreibungen

baby leg: Kleinstativ

bachelor[1]: Bakkalaureat, Bakkalaureus *(akademischer Titel, der auch in deutsche Hochschulen einzieht), siehe auch* **master**[1]

bachelor[2]: Junggeselle

back: hinten, zurück, gegen, *auch in*

back again: wieder da

backbencher: Hinterbänkler

backbone: Hauptverkehrsader, Hauptdatenbahn, Hauptleitung *(Internet), eigentlich: „Rückgrat"*

backdoor pilot: Pilotfilm, Probefolge *einer Fernsehserie, über deren Fortsetzung die Zuschauer entscheiden können*

backend: Hintergrundprogramm, *Gegenstück zum* **frontend**

backfire: zurückschlagen, Gegenschlag

backfire bomber: Überschallbomber

background[1]: Hintergrund

background[2]: Lebenserfahrung, Herkunft

background music: Hintergrundmusik

Backgroundsänger: *Gesangsbegleitung im Hintergrund, Denglisch*

backhand: Rückhand

backlash: Gegenschlag, Gegenbewegung

backlink: Rückverweis

backlist: Lieferliste, Verlagskatalog; Altbestand *(früher herausgegebene Bücher), siehe auch* **frontlist**

backlog: (Liefer-)Rückstand

back office: Verwaltung *(in Dienstleistungsunternehmen)*, bearbeitendes Büro, *im Gegensatz zum* **front office**

backout[1]: Rückzug

back out[2]: sich zurückziehen

backpack: Rucksack

backpacker: Rucksackreisender

backroom: Hinterstübchen

backslash: rückwärtiger Schrägstrich (\), Rückschrägstrich, Rückstrich, *siehe auch* **slash**

backspace: Rücktaste

backstage: hinter der Bühne, hinter den Kulissen, *oft auch:* Hinterbühne, Kleinbühne, Probebühne

back to the basics: zurück zu den Ursprüngen / Anfängen / Wurzeln

backup[1], **backuppen** *(Denglisch)*: Datensicherung, Sicherheitskopie, Sicherungsabzug; absichern, sichern

backup[2]: Reserve, Vertreter

backwoodsman: Hinterwäldler

Back Factory: *keine Hinterhof- oder Rückenfabrik, sondern der einfallslose denglische Name einer Ladenkette für den Verkauf vor- und fertiggebackener Backwaren*

Backshop: Bäckerei, Backladen, Backstube, *Denglisch, siehe auch* **Angelshop** *und* **Badshop**

bacon: Schinken, Speck, Frühstücksspeck

bad: schlecht, böse

bad bank: Risikobank

badge: Abzeichen, Ausweis-, Namensschild

bad girl: Zicke

Badshop: *(Geschäft für)* Sanitäreinrichtungen, *Denglisch - keineswegs „mieses Geschäft" oder „übler Laden", siehe auch* **Angelshop** *und* **Backshop**

bad silly English, **bad simple E.**, **BSE**: *primitives Englisch, das dem Denglisch nahe steht*

bag: Beutel, (Einkaufs-)Tasche, *auch in*

baggy pants: Sackhosen, Pluderhosen

bagpack: Rucksack, *Denglisch*

baggage tag: Gepäckanhänger, -aufkleber

Bahncard, **BahnCard**: Bahnkarte, Bahnpass, *Denglisch*

balance: Gleichgewicht, Ausgleich, *eigentlich rein französisch, auch in*

balanced scorecard: Kennzahlenanalyse *(zugleich Instrument der Qualitätssicherung)*, „Firmenspiegel"; *auch: Hilfsmittel für Leitungskräfte mit den wichtigsten Firmendaten*

balance of power: Machtausgleich, Kräfteausgleich

ballooning: Ballonfahren, *siehe auch* **hot-air ballooning**

ballroom: Tanzsaal, Ballsaal

ballyhoo: Tamtam, Trara, Rummel

balm: Balsam

band: (Musik-)Gruppe, Kapelle, *(kleines)* Orchester, *auch in*

bandleader: *(musikalischer)* Leiter

bankabel, **bankable**: prominent, kreditwürdig, *Denglisch*

banker: Bankfachmann/frau, Bankangestellte/r, Bankier, Bankprofi, *Bänker*

bank holiday: Bankfeiertag, gesetzlicher Feiertag

banking: Bankgeschäfte tätigen, *als Substantiv:* Bankgeschäftsabwicklung, Kontoabwicklung, Bankverkehr

bankrupt: bankrott, zahlungsunfähig, pleite

banner[1]: Flagge

banner[2]: Werbebotschaft, Werbebalken, Alarmbalken *auf dem Grafikschirm (EDV)*

barbecue: Grillessen, Grillfeier, *oft einfach nur:* Grillen

bar code: Streifenkennung, Balkenschlüssel, Balkenkode, Strichkode

bargaining: verhandeln, fälschen, Vertragsabschluss

barkeeper: Kneipier, Wirt; Barmixer, Barmann, *Denglisch (im BE nur: „bartender")*

Bartergeschäft: Tauschgeschäft, Kompensationsgeschäft, *Denglisch*

basecap: Schirmmütze *(Kurzform von* „baseball cap"*)*

basement: Untergeschoss, Keller, Tiefparterre, Tiefgeschoss

basic: grundlegend, *auch in*

basics: Grundlagen, Wesentliches, Grundausstattung

basket: Aktienkorb, Korb *(Börse)*, *auch in*

basket warrant: Korboptionsschein, *Optionsschein auf einen Aktienkorb*

bass drum: große Trommel *beim Schlagzeug*

batch: Satz, Haufen, Stapel, Los, *auch in*

Batchdatei: Stapeldatei, *Denglisch*

batch mode: Stapelverarbeitungsmodus, Stapelmodus

batch processing: Stapel(daten)verarbeitung, Stapelbetrieb

batch sampling: Stichprobenentnahme

bath soap: Badeseife

battle: *(sportlicher)* Kampf, Wettstreit

Baucontrolling: Bauüberwachung, *Denglisch*

bazaar: Basar

B2B: *siehe* **business-to-business**

B2C: *siehe* **business-to-consumer**

BCC: *siehe* **blind carbon copy**

beach: Strand, *auch in*

beach party: Strandfeier, Strandvergnügen

beach soccer: Strandfußball

beach volleyball: Strandvolleyball
beachwear: Strandbekleidung
beam: Strahl, strahlen, *auch in*
Beamantenne: Richtantenne, *Denglisch*
beamen[1]: strahlen, glänzen, *Denglisch*
beamen[2]: (ent-)materialisieren, teletransportieren, *in Zukunftsfilmen, Denglisch*
beamer: Bildwerfer, (Video-)Projektor
bear market: Kursrückgänge *(Börse mit rückläufigen Kursen)*
beat: Schlag, Rhythmus, *auch in*
beats per minute, **bpm**: Taktschläge je Minute
beauty: schön, Schönheit, *auch in*
beautiful: wunderschön
beauty case: Kosmetikkoffer, Schminkkoffer, Kosmetiktasche
beauty center: Kosmetikladen, -abteilung, -salon
beauty farm: Schönheitsklinik
beauty fluids: Schönheitselixiere, Schönheitsmittelchen
beauty organizer: Kosmetikkoffer
beauty parlor: Schönheitssalon
beauty queen: Schönheitskönigin
beauty salon: Schönheitssalon
bed and breakfast, **b&b**: Übernachtung mit Frühstück, ÜF
Bedienpanel: Front-, Bedienplatte, Konsole, Schalttafel, *Denglisch*
bed-in: *siehe* **rooming-in**
beep: Kunst-, Signal-, Warnton, *auch in*
beeper[1]: *Pieper (elektronisches Fernrufgerät)*
beeper[2]: *persönlicher Standortbestimmer, persönlicher Lokalisierer (mit Hilfe von Satellitennavigation), siehe auch* **hiper**
beer: Bier, *oft in Produktbenennungen wie:* Beer meets Cola
beetle: Käfer, *siehe auch* **New Beetle**
before-dinner drink: Aperitif
behavior scan: Verhaltenskontrolle, *Untersuchung des Kaufverhaltens,* Kundenüberwachung *(bei Umfragen)*
be-in: drin sein
believer: Gläubiger, *sowohl religiös als auch weltlich gebraucht*
below: unter, unten, hinab
belt: Gurt, Gürtel, Riemen, *auch symbolisch*
benchmark[1]: Vergleichstest, Testprogramm(-sammlung) *(EDV)*
benchmark[2]: Maßstab, Leistungsvergleich, Messlatte *(EDV)*, *auch in*
benchmarking[1], **benchmarken** *(Denglisch)*: vergleichen, testen

benchmarking[2]: Abteilungsvergleich, Leistungstest *(EDV)*, Leistungsmessung, Leistungsvergleich

benchmark-orientiertes Controlling: vergleichende Unternehmensanalyse, *Denglisch, siehe auch* **controlling**[1]

benchmark test: *siehe* **benchmarking**[2]

benefit: Nutzen, Vorteil, Vorzug *(in vielen industriellen Zusammenhängen wird das deutsche Wort* Nutzen *fast verdrängt:* **customer benefit** *usw.)*

besprayen: besprühen, *Denglisch*

best: bestmöglich, bester/e/s, *auch in*

best ager: *(Person)* „im besten Alter", *(zahlungskräftiger)* Senior *(in der Werbung)*

best boy: Lichtassistent, Bühnengehilfe

best case: günstigster Fall, Bestfall, Glücksfall

best choice: erste Wahl

best-first search: Bestensuche

best man: Trauzeuge

best of: das Beste von ..., Höhepunkte, Glanzlichter, *auch in absurden Werbungen wie:* best of Udo Lindenberg

best offer: bestes Angebot, Spitzenangebot

best practice: Synergieeffekt, *„Lerne von den Besten" - bei einem Vergleich mehrerer Arbeitsweisen in verschiedenen Abteilungen wird von allen gleichermaßen die bewährteste übernommen*

bestseller: Spitzenreiter, Verkaufsschlager, Erfolgsbuch, Verkaufsrenner

bestseller appeal: Spitzenreiterruf

Bestshot-Funktion: *selbsttätig optimierende Einstellung bei Digitalkameras, Denglisch*

Bestellhotline: Bestelltelefon, *Denglisch, siehe auch* **hotline**

Bewerber-Recruiting-Management, **BRM**: Bewerbungsverwaltung, *Denglisch, siehe auch* **customer relationship management**, **employee relationship management**

bias: Verzerrung *(Wissenschaft)*, Abweichung, Unschärfe, *auch in*

bias(s)ed: voreingenommen, parteiisch

bid-ask spread: Geld-Brief-Spanne

bidirectional: ambivalent, in zwei Richtungen gehend, Zweirichtungs-

Bi-Fuel-Fahrzeug: Zweistofffahrzeug, *Denglisch*

big: groß, mächtig, *auch in*

big band: Tanzorchester, Großkapelle

big bang: Urknall, „Großer Knall"

big biggies: die ganz Großen, die Allergrößten

big boss: Magnat, Bonze, Chef, Vorgesetzter

big box: großer Karton

Big Brother: *staatliches Zentralüberwachungssystem,* „Großer Bruder"

big business: das große Geschäft, große Geschäftswelt, Großindustrie

bigger than life: schöner als in Wirklichkeit, besser als echt

big pack: Großpack, Großpackung

big points: entscheidende Punkte, Gewinnpunkte *im Sport*

big science: Großforschung, *große wissenschaftliche Unternehmen, staatlich oder privat*

bike: Zweirad, *gemeinsam für: Fahrrad, Mofa, Moped, Motorrad, auch in*

bike line: Radwanderweg

biken: Rad fahren, radeln, *Denglisch*

bike park: Fahrradparkhaus

biker: Zweiradfahrer, *wie* **bike**, *allerdings Schwerpunkt* Motorradfahrer

biketights: Radlerhose

bike trial: *Gelände-Kunstradfahren (Radsportart)*

bikewear: Zweiradbekleidung *(Fahrrad, Motorrad)*

biking: Rad fahren, radeln

billboard system, **BBS**: Forumrechner, Forumsystem

billing: Umsatz *(Wirtschaft), oft aber einfach:* Rechnung, Abrechnung, *so in*

billing center: Verkaufsabrechnung

binary: binär, *auch in*

binary digit: *siehe* **bit**

binary file: Binärdatei, Binärprogramm, Programmdatei

binary image: Binärbild

binary tree: Binärbaum

binge eating: Heißhungerattacke

bingo: genau, du sagst es, Volltreffer, alles klar

biochip: Molekülplättchen, *Rechnerplättchen aus organischen Verbindungen*

biofeedback: Körperrückmeldungen, -antwort *(Medizin)*

biofood: Bionahrung, *biologisch (meist ökologisch) erzeugte Nahrungsmittel, Denglisch (im Englischen heißt es „organic food")*

biotech: Biotechnik, Biotechnologie, Gentechnik, Gentechnologie

Biotechfirma: Biotechnologieunternehmen, *Denglisch*

bit, **binary digit**: Binäreinheit, *kleinste elementare Dateneinheit der EDV*

black: schwarz, *auch in*

black belt: „schwarzer Gürtel", *vom Judo übernommene ehrende Auszeichnung für Mitarbeiter, die in ihren Unternehmen nachweislich beträchtliche Kosten einsparen, ohne auf Entlassungen zurückzugreifen*

blackboard: Tafel

black box: Flugschreiber, Fahrdatenschreiber, Fahrtenschreiber

blackmail: Erpressung, erpressen

blackout[1]: *vorübergehende* Ohnmacht, Aussetzer, Filmriss, Denkloch, Denkaussetzer, Mattscheibe, Bewusstseinsstörung

blackout[2]: Stromausfall, Verdunkelung

blade: Klinge *(oft in Produktaufschriften)*

blank: Leerstelle, Leerzeichen, Zwischenraum

blend: Mischung, Gemisch *(oft in Produktaufschriften)*

blessing *(be a)*: „Sei gesegnet!", *häufig bei deutschen Kirchentagsveranstaltungen verwendet*

blimp[1]: Schallschutzhaube, -gehäuse

blimp[2]: lenkbares Luftschiff, Prallluftschiff, *erhält seine Form durch Überdruck der Gasfüllung, im Gegensatz zum Starrluftschiff, Zeppelin*

blind carbon copy, **BCC**: Blinddurchschlag

blind copy: verdeckte Kopie, *nicht ausgewiesene Kopie*

blind date: Erstbegegnung, Verabredung mit einem/r Unbekannten

blister: *transparente* Kunststoffverpackung, Durchdrückpackung, *siehe auch* **Skinverpackung**

blizzard: Schneesturm

blockbuster: Kinoerfolg, „Straßenfeger", Kassenschlager, Erfolgssendung, „Bombenerfolg"

blog: *siehe* **weblog**

blowup[1]: (Bild-)Vergrößerung

blowup[2]: Explosion

blue: blau, *symbolisch auch „traurig", auch in*

blue box: Kunsthintergrund, blauer Hintergrund, *künstlich projizierter Hintergrund*

blue chip: hochwertige Aktie, Erfolgsaktie

blue hour: Dämmerstunde

blue movie: Erotikfilm

blueprint: Blaupause, technische Zeichnung, Zeichnungskopie

blues: Depression, *siehe auch* **baby blues** *und* **Herbstblues**

bluetooth: *kabellose Datenübertragung in Räumen, auch von Mobiltelefonen zu einer Freisprecheinrichtung Im Kfz*

bluff: Täuschung, Irreführung, Drohung, Hochstapelei, *auch in*

bluffen: täuschen, irreführen, blenden, *Denglisch*

board[1]: Brett, Bord, Tafel, *auch in*

boarden[1]: *siehe* **skateboarden**

boarder cross: Querfeldein-Schibrettlauf

boarder jump: Schibrettspringen

board[2]: Ausschuss, Gremium, Direktion, Vorstand, *auch in*

board level: (auf) Vorstandsebene

board meeting: Aufsichtsratssitzung, Ausschusssitzung

board[3]: beköstigen, Kost, *auch in*

boarding house: Pension, Gasthaus

board[4]: Platine, Leiterplatte *(EDV)*

board[5]: Bord, *auch in*

board card, **boarding card**: Einstiegskarte, Bordkarte

boardcase, **Bordcase** *(Denglisch)*: Bordgepäck, kleiner Koffer *(für Flugreisen)*

boarden[2]: einsteigen, *Denglisch*

boarding[1]: Einsteigen, Einstiegsverfahren, an Bord gehen

boarding[2]: Kontrolle von Schiffsladungen *(Marine)*

boarding pass: Einstiegskarte, Bordkarte, Zustiegsausweis, Zustiegskarte

board movie: Bordfilm, Filmvorführung *im Flugzeug*

board restaurant, **Bordrestaurant** *(Denglisch)*: Speisewagen

boat people: Bootsflüchtlinge

bob, **bob sleigh**: Bobschlitten

body: Körper, Leiche, Leib, *auch in*

body art: Körperkunst

body bag: Leichensack, *in der Produktwerbung einer Kaffeekette sollte es* Körpertasche (= Umhängetasche) *heißen, bei anderen Firmen geht es vom* Bauchtäschchen *bis zum* Tornister *und* Rucksack *- aber den Vogel schießt die Lufthansa ab, die während des Flugs unter dieser Bezeichnung gut gemeinte* Beutel mit Augenklappen, Pantoffeln und Ohrstöpseln *verteilt*

bodyball: gymnastische Ballübungen

bodybuilder: Körperbildner, Muskelmann

bodybuilding: Körperformung, Körperbildung

body check: Rempler, Körperstoß, Anschlag *(Sport)*

bodyforming: Körperformung, *Problemzonenbehandlung (Sport)*

bodyguard: Leibwächter, Personenschützer

body lotion: flüssige Körperpflege

body mass index, **BMI**: Körpermassenzahl, „Fettleibigkeitsindex“, „Korpulenzindex“

bodypainting: Körperbemalung

bodypiercing: *siehe* **piercing**

body scanner: Körper(ab)taster *(zum Maßnehmen für geschneiderte Bekleidung)*

body sculpture: *menschliche Skulptur - ein Kunstwerk, das aus einem veränderten (bemalten, beklebten), bewegungslos verharrenden Menschen besteht*

bodyshaped: körpergeformt

bodyshaper: Turngerät, Sportgerät

body shaping: Körperformung

body shop: Drogerie, *fälschlich für: Geschäft für Körperpflegemittel*

body stocking: *(eng anliegende weibliche) Unterbekleidung*
body styling: Körperpflege
body suit: *(eng anliegende einteilige weibliche) Unterbekleidung*
bodywear: Unterwäsche

boiler: Durchlauferhitzer, Heißwassergerät, Warmwasserbereiter

bold: (halb-)fett, *Schriftschnitt in der Typografie*

bombast: Schwulst, Überladenheit, Wortschwall

bond: Festzinsschuldverschreibung, Anleihe, Pfandbrief, Schuldschein

bondage: Fesselung; Sklaverei

book: Buch, *auch in*

book crossing: "Freilassen von Büchern“, „Internetbibliothek“, Internet-Buchtauschring, *kostenlose Buchweitergabe an Interessenten mit Hilfe des Internets*

booklet: (Werbe-)broschüre, Beiheft *(zur CD)*, Heft

bookletieren: *(schriftliche Unterlagen)* binden, *im Sinne von: ein Heft binden, Denglisch*

bookmark: Lesezeichen, Merker

book on demand: Buch bei Bedarf, Buch auf Bestellung, *siehe auch* **printing on demand**

bookbuilding[1]: *(Festlegung der)* Emissionspreisspanne *(im Vorfeld eines Börsengangs)*

bookbuilding[2]: *(endgültige Festlegung des)* Emissionspreis*(es) (Börse)*

boom: Hochkonjunktur, sehr starke Nachfrage, Hochnachfrage, sehr starker Anstieg, Wirtschaftsaufschwung, Aufschwung, Blüte, *auch in*

boomen: blühen, gedeihen, sich ausdehnen, stark wachsen, *Denglisch*

Boomregion: Wachstumsregion, *Denglisch*

boomtown: Hochkonjunkturstadt, Stadt im Aufschwung, aufstrebende Stadt

boomer: Tonassistent

boost: anschieben, verstärken; ausdehnen, ausweiten, *also wie* **boom**, *jedoch aktiv betrieben, auch in*

booster: Hilfstriebwerk, Zusatzrakete, Zusatzverstärker

boot[1]: Stiefel, (hoher) Schuh

boot[2]: Hochfahren, Start *eines Rechners oder komplexen Programms (EDV), auch in*

booten: *(Rechner)* hochfahren, *(Rechner)* (neu-)starten *(EDV), Denglisch*

bootleg, **bootlegger**: Raubpressung *(einer Schallplatte)*

bootlegging[1]: *(eine Schallplatte)* raubpressen

bootlegging[2]: schwarzbrennen

bootstrap: Selbstaufbau, Selbstübersetzung *(EDV)*

boot-up: Systemstart *(EDV)*

Bordcase: kleiner Koffer *(für Flugreisen), Denglisch, siehe auch* **boardcase**

bordercrossing: grenzüberschreitend, *auch symbolisch*

borderline case: Grenzfall

Bordrestaurant: Speisewagen *(englische Aussprache), Denglisch, siehe auch* **board restaurant**

Börsenboom: *Drang an die Börse, Denglisch*

Börsencrash: Börsenzusammenbruch, Börsenkrach, Börsensturz, *Denglisch*

boss: Leiter, Unternehmer, Geschäftsinhaber; Chef, Vorgesetzter; Anführer *einer Gruppe, auch in*

bossing: herumkommandieren, schikanieren

bottle: Flasche, *auch in*

bottle bank: Altglasbehälter *(Entsorgungsbranche)*

bottleneck: Flaschenhals, *symbolisch:* Engpass

bottle party: Mitbringfeier, Trinkgelage

bottom-up: von unten nach oben, aufwärts, aufsteigend, *z. B. in der Unternehmenskommunikation*, Aufwärtskommunikation, *Gegenstück zu* **top-down**

Bowie-Messer: Jagdmesser, Jagddolch, Hirschfänger, *nach dem Fährtenleser David Bowie*

box[1]: Kiste, Kasten, Karton, Schachtel, Dose, Büchse

box[2]: Garage, Montageplatz, Stand

box[3]: Pferdestall

box[4]: Postfach, *siehe auch* **postbox** *und* **post office box**

Boxenstopp: *Zwischenhalt (Formel 1), Denglisch*

box office: Kasse

boy[1]: Junge, Knabe

boy[2]: (Hotel-)Diener, Bote

boycott: Ausschluss, Nichtbeachtung, Ächtung, *benannt nach einem irischen Gutsverwalter*

boykottieren: ächten, ausschließen, *Denglisch*

Boy Scout: Pfadfinder

bracket: Eckklammer, eckige Klammer

brain: Gehirn; Vordenker, *auch in*

brain drain: Wissensabwanderung, Beutewissenschaftler, Intelligenzabwanderung, Intelligenzabwerbung

brainfood: Gehirnstimulanz, Hirnnahrung

brainie: kluger Kopf, Kopfmensch, Hirnmensch

brainjogging: Gehirnakrobatik, Gehirntraining

brainpower: *(besondere)* Geisteskraft

brainstorm, **brainstormen** *(Denglisch)*: angestrengt nachdenken, Ideen sammeln, brüten, *um die Wette denken, seinen Grips anstrengen*

brainstorming: Gedankensammlung, Ideensammlung, Ideenkonferenz, Denkwerkstatt, *Köpferauchen, gemeinsame* Problembewältigung

brain trust: Beratungsausschuss, Beratungsgremium, Expertenausschuss

brainwashing: Gehirnwäsche

brainwork: Kopfarbeit

brake: Bremse, bremsen *(Formel 1)*

branch: Zweigstelle, Niederlassung, Zweig, Abteilung, *auch in*

branch office: Zweigstelle, Zweigniederlassung, Filiale

brand: Marke, Warenzeichen, *auch in*

branding[1]: Brandzeichnung, Brandmarkung, Malbrennung

branding[2]: Namensprägung, *gezielte Erfindung eines Markennamens*

brand name: Markenname

brand-new: nagelneu, brandneu, funkelnagelneu; *auch symbolisch, wie:* hochaktuell, noch warm, druckfrisch

brass band: Blechbläserkapelle, Blaskapelle

Brassmusik: Blasmusik, *Denglisch*

break[1]: Werbeeinblendung, Werbeunterbrechung

break[2]: Pause, Unterbrechung, Einschnitt, *auch in*

breakdown: Zusammenbruch

break-even (point): *Punkt des Umbruchs,* Kostendeckungspunkt, Gewinnbeginn, Gewinnschwelle, Rentabilitätsschwelle, Übertrittspunkt

breaking news: letzte Meldung, letzte Nachrichten

break out: aussteigen, ausbrechen

break[3] **(point)**. Haltepunkt, Unterbrechung *(EDV)*

break-through: Durchbruch, entscheidender Fortschritt

break[4]: *Gewinn eines Spiels bei gegnerischem Aufschlag (Tennis)*

breakfast: Frühstück

breeches: Reithosen

bridge: Brücke, *auch in*

bridging, **Bridge-System**: Brückensystem *(Wechsel in den vorgezogenen Ruhestand), Denglisch (z. B. bei der Bundesanstalt für Arbeit und im Hartz-Konzept der rot-grünen Bundesregierung)*

brief: kurz, *auch in*

briefen: instruieren, einweisen, unterrichten, unterweisen, *Denglisch*

briefing: Einweisung, Einsatzbesprechung, Lagebesprechung, Informationsgespräch, Leitlinie, Einleitung, Instruktion, Unterweisung *- in der betrieblichen Praxis oft für alle Besprechungen, in denen irgendwelche Informationen verbreitet werden, siehe auch* **Pressebriefing**

bright: hell, *auch in*

brighten: aufhellen

bring: (her-)bringen, *auch in*

bring down: herunterbringen, herabsetzen, senken, reduzieren

bring home: überzeugen

bring out: herausbekommen, herausholen, deutlich machen; veröffentlichen, herausbringen

britcom: *typisch britische* Situationskomödie, *siehe auch* **sitcom**

broad: breit, weit, umfassend, allgemein; offenkundig, *auch in*

broadcast[1]: Funkübertragung, Rundfunksendung

broadcast[2]: Meldung *(an alle Benutzer eines Subnetzes / Rechners)*

broadcasting: *per Funk* senden, übertragen

broadside: Breitseite

broken home: zerrüttete Familie

broken windows: Nulltoleranz-Prinzip

broker: Börsenmakler, Händler, Verhandler, Makler, Aktienhändler, *auch in*

brokerage[1]: Wertpapiergeschäft *(von Privatanlegern)*, Maklergeschäft

brokerage[2]: Maklergebühr, Maklerprovision, Makleranteil

brown: braun

browse, **browsen** *(Denglisch)*: schmökern, stöbern, sich umsehen, blättern, navigieren, *auch in*

browser: Ansichtsprogramm, Darstellungsprogramm, Navigator, Leseprogramm, Zugangsprogramm, Blätterprogramm, *Brauser*

brunch: Gabelfrühstück, Vormittagsbuffet, zweites Frühstück, *kombiniertes Frühstück und Mittagessen,* Spätfrühstück, Großfrühstück, *auch in*

brunchen: frühstücken, *einen* **brunch** *einnehmen, Denglisch*

brush up: *(Kenntnisse)* auffrischen

bubble: Blase, *auch in*

bubble economy: Luftblasenwirtschaft, *wirtschaftliche Luftschlösser,* Scheinblüte

bubblegum: Kaugummi, *mit Blasenbildung im Gegensatz zum* **chewing gum**

buddy: Freund, Kumpel

Buddyprinzip[1]: Kumpanei, Klüngelei, Seilschaften, *Denglisch*

Buddyprinzip[2], **Buddysystem**: *Betreuung durch Gleichrangige (an Universitäten Betreuung von Gaststudenten durch einheimische Studenten, in der betrieblichen Praxis fachliche Betreuung neuer Mitarbeiter durch gleichrangige ältere), Denglisch*

budget manager: Leiter (der) Budgetierung

buffer: Puffer(-speicher) *(EDV)*

bug[1]: Programmfehler *(EDV)*

bug[2]: Abhörwanze

bug[3]: Käfer, Wanze

buggy: *kleiner, zusammenklappbarer* Kinderwagen, Sportkarre
Bühnenshow: Bühnenschau, *Denglisch*
builder: Bauunternehmer, Baumeister
build-upper: Werbeleiter, *Denglisch*
built-in: eingebaut, integriert
bulk[1]: (große) Masse, *auch in*
  bulk carrier: Massengutfrachter
  bulk mailing: Massenversand
bulk[2]: lose, unverpackt
bull[1]: Börsenspekulant, Hausspekulant
bull[2]: Bulle, *auch in*
  bulldog: Schlepper, Trecker, Traktor
  bulldozer: Planierraupe, Großräumpflug, Schubraupe
  bullshit: Scheiße, Mist, Unsinn, Bockmist
bulletin board: Notizbrett, *Datei für Notizen im Internet*, Schwarzes Brett
bull market: Kursanstieg *(Börse mit stetig steigenden Kursen)*, *Bullenmarkt*, freundliche Börse, Hausse(-markt), Käufermarkt
bully[1]: Freistoß, Schiedsrichterball *(im Eishockey)*
bully[2]: Rüpel, *auch in*
  bullying: Schikane, Terrorisierung *(unter Schülern)*, im *AE Schülervariation zu* **mobbing**, *im BE gleichbedeutend mit* **mobbing**
bundle: Bündel, Paket, *auch in*
  bundling: Koppelangebot, Warenzusammenstellung
bunkern: horten, bevorraten, *Denglisch*
burnout[1]: Erschöpfung, Zusammenbruch; ausgebrannt, *im Rennsport auch:* durchdrehende Reifen, *auch in*
  Burn-out-Syndrom: Erschöpfungserscheinungen, *Denglisch*
burnout[2]: Brennschluss *(Raumfahrt)*
burn rate: Kapitalabnahmerate *(Wirtschaft)*
Bürotower: Büroturm, *Denglisch*
bus: Datenleitung *(EDV)*
business: Geschäft(sleben), Unternehmen, Gewerbe, *auch in*
  business angel: Gründerbetreuer, „Gründervater"
  business area: Geschäftsfeld, Geschäftsbereich
  business as usual: weitermachen wie bisher, alles wie immer
  business card: Geschäftskarte, Visitenkarte
  business case[1]: Geschäfts(vor)fall, Geschäftsvorgang
  business case[2]: *Köfferchen für Geschäftsleute*
  business center: Geschäftskundenbereich *(auf Messen)*
  business class: Geschäftsklasse, gehobene Klasse *(„zweite" Klasse bei Flugreisen)*

business executive: Geschäftsführer, *Denglisch*

business hours: Geschäftszeiten, Öffnungszeiten

business intelligence: *(rechnergestützte) individuelle Kundenwerbung, siehe auch* **data mining**[2], **data warehousing**, **knowledge discovery**

business jet: Firmenflugzeug, Geschäftsflug

business journey: Geschäftsreise

Businessleute: Geschäftsleute, *Denglisch*

businesslike: geschäftsmäßig, sachlich, praktisch

BusinessMail: *spezieller Tarif der Telekom, Denglisch*

businessman: Geschäftsmann

business manager: Geschäfts(stellen)leiter

business outfit: Geschäftsanzug, Geschäftskleidung

business outlet: Geschäftsverkauf

Businessplan: Geschäftsplan, *Denglisch*

business (process) reengineering: Geschäftsprozessoptimierung

business school: Wirtschafts(fach)schule, Handelsschule, *nicht mit der staatlichen (höheren) Handelsschule zu verwechseln*

business seat: *Firmenplatz (das sind Sitzplätze in Stadien, z. B. in Stuttgart, die Unternehmen für ihre Gäste nutzen können, abgespeckte Variante einer* **VIP lounge***)*

business television: Firmenfernseher *zur Mitarbeiterschulung*

business tower: Büroturm

business trip: Geschäftsreise

business unit: Geschäftsbereich, -einheit

business unit manager: Geschäftsbereichsleiter

Businesswetter: (Geschäfts-)Reisewetter, *Denglisch*

businesswoman: Geschäftsfrau

business world: Geschäftswelt

business-to-business, **B2B**: Firmenkunden, *(Geschäfte)* zwischen Unternehmen, von Firma zu Firma *(mitunter auch als sinnentleerte Bezeichnung für Seminare, in denen Menschen sprechen)*

business-to-consumer, **B2C**: Endverbraucher, von Firma zu Kunde

bust[1]: Nahaufnahme, Großaufnahme

bust[2]: geplatztes Geschäft, Pleite, Bankrott

busy: fleißig, beschäftigt, arbeitsam, verkehrsreich, belebt, *auch in*

busybody: Wichtigtuer

butler: *im übertragenen Sinne:* ausgenutzte Hilfskraft

butterfly: Schmetterling, *auch in*

butterfly knife: Doppelgriffmesser, Klappmesser

Butterflystil: Schmetterlingsstil, Schmetterlingsschwimmen, *Denglisch*

button[1]: Knopf, Abzeichen

button[2]: Schaltknopf, Schaltfläche

buy: kaufen, erwerben, *auch in*

buyaholic: Kaufsüchtiger, *dem Kaufrausch verfallene Person, siehe auch* **credit junkie**

buyers' market: Käufermarkt

buy out[1]: aufkaufen, freikaufen

buy-out[2]: *siehe* **management buyout**

buy side: Käuferseite

buzzword: *Technoworthülse,* Modewort, *Begriff der für Gesprächsstoff sorgt*

by: an, bei, neben, mittels, durch, *oft verwendet im Sinne von „mit"*

bye-bye: Tschüss, Servus, auf Wiedersehen

bypass: Umgehung, *im Deutschen hauptsächlich als medizinischer Begriff gebraucht:* Umleitung der Blutbahn am Herzen

byte: *Binäreinheitssequenz, meist benutzt für 1 Druckzeichen (EDV, 1 byte = 8* **bit***)*

by the way: übrigens, nebenbei (bemerkt), beiläufig gesagt

by wire: per Draht, *elektronische statt mechanische Ansteuerung von Funktionselementen eines Kfz (Gaspedal, Lenkung, Bremse usw.)*

C [vgl. auch K und Z]

cab: Taxi *(tatsächlich bei einigen Taxiwerbungen zu sehen), siehe auch* **charter cab**

cabin: Kabine, Zelle, Kajüte

cache: Zwischenspeicher, Pufferspeicher *(EDV)*

caching: Zwischenspeicherung *(EDV)*

CAD: *siehe* **computer-aided design**

caddie[1]: Einkaufswagen

caddie[2]: Golfkarre, *Golfsherpa*

cake: Keks, Kuchen, Plätzchen

call: rufen, anrufen; Ruf, Anruf, Bitte, *auch in*

> **Callagent**: Telefonist, Sachbearbeiter, *Denglisch*
>
> **callback**: Rückmeldung *(eines Dienstes beim Klienten)*
>
> **Call-back-Verfahren**: Rückrufverfahren, *Denglisch*
>
> **call-billing center**: Kundendienst
>
> **call box**: elektronischer Briefkasten, *siehe auch* **mailbox**[1]
>
> **callboy**: Gigolo, Anschaffer, Prostituierter
>
> **call by call**: Einzelwahl *(von Telefonanbietern ohne Vertrag)*, Auswahlnummer, *fallweises Wählen, Denglisch, siehe auch* **Internet by call**
>
> **call center**: Anruferzentrum, zentraler Kundendienst, Kundendienst
>
> **Callcenteragent**: *ausgebildeter* Kundenberater, Telefonberater, *Denglisch*
>
> **callen**: anrufen, *Denglisch*
>
> **call for**: anfragen, bitten um
>
> **call for papers**: Vortragsanfrage, -aufruf
>
> **call for tenders**: Ausschreibung *(Entsorgungsbranche, auch sonst im öffentlichen Dienst neuerdings beliebt)*
>
> **call girl**: Prostituierte
>
> **calling**: rufen, anrufen, herbeirufen
>
> **Call-in-Sendung** *(Denglisch)*, **call-in show**: Reinrufsendung, Mitmachsendung, interaktive Sendung, *Hereintelefonieren der Zuschauer in eine Fernsehdiskussion*
>
> **call sheet**: Tagesdisposition
>
> **call-through**: Durchwahl *(bei Mobiltelefonen)*

call[2] **(option)**: Kaufoption, *auch in*

> **calls**: Optionspapiere *auf steigende Aktien*

CAM: *siehe* **computer-aided manufacturing**, *vgl.* **CIM**

camcat: „fliegende Kamera“, *an Seilen aufgehängte, bewegliche Kamera (im Sport)*

camcopter: fliegende Kamera *(meist Hubschrauber)*

camcorder: *Kombination von Kamera und Rekorder, heute meist:* Digitalkamera

campaign: Kampagne, Aktion, Werbefeldzug

cancel, **canceln** *(Denglisch)*: streichen, ungültig machen, absagen, abbrechen, löschen

cancelling[1]: Kündigung, Entwertung

cancelling[2]: Abbruch

candle: Kerze, *auch in*

  candlelight: Kerzenlicht

  candlelight dinner: Essen bei Kerzenlicht, Romantikessen

candy: Zucker, Süßigkeit, *oft im Sinne von „süß“, „niedlich“, auch in*

  candy colours *(BE)*, **c. colors** *(AE)*: Bonbonfarben

canvassing: „Klinkenputzen“ *der Politiker im Wahlkampf,* „Schirmchentag“, *d. h. Sonnenschirm mit Parteisymbol aufstellen, Informationszettel verteilen, Hände schütteln*

canyoning: Wildwasser fahren, *schluchteln, siehe auch* **rafting**

cap: Mütze, Kappe, Deckel, Abdeckung

capability: Fähigkeit, Begabung, Möglichkeit

capable: fähig, geeignet

capacitance: (Energie-)Speichervermögen

capacity: Umfang, Kapazität, Stellung, (geistiges) Vermögen

cape: Umhang, *siehe auch* **Regencape**

Cape Town: Kapstadt - *die Verwendung der Originalbenennung im deutschen sprachlichen Umfeld erinnert an die Praxis der DDR, wo aus politischen Gründen unbedingt Brünn durch Brno und Stettin durch Szczecin ersetzt werden musste, während niemand auf die Idee kam, Milano statt Mailand oder Venezia statt Venedig zu sagen*

capital[1]: Geld, Kapital, Vermögen, *auch in*

  capital investment: Kapitalanlage

capital[2]: Hauptstadt

capital[3]: Großbuchstabe

capital[4]: Kapital-, *auch in*

  capital crime: Kapitalverbrechen

  capital error: Kapitalfehler, kapitaler Fehler

car: Auto, PKW, Kfz, Wagen, *auch in*

  car cocooning: Autoeinschweißung, Autolagerung *durch Einschweißen in Schutzhüllen*

  car ferry: Autofähre

  Car-Hifi-Anlage: (Hochleistungs-)Autoradio, *Denglisch*

carjacking: Autoentführung, -diebstahl, *siehe auch* **home carjacking**

car kit: Autobausatz

car napping: Fahrzeugdiebstahl, Autoklau

car pool: Fahrbereitschaft, Fahrgemeinschaft

carport: Autounterstellplatz, Autoschuppen

car rig: Autostativ

car sharing: Auto teilen, *mehrere Personen teilen sich die Nutzung eines Autos,* Fahrgemeinschaft, Autogemeinschaft, *geteilte Autos*

car sharing station: Autogemeinschafts-Station

car wash: Autowaschanlage, Autowäsche, Waschstraße

caravan: Wohnwagen, *auch in*

caravan(n)ing: Wohnwagentouristik

carbon copy, **CC**: Durchschlag

card: Karte - *ein besonders beliebter Anglizismus mit einer interessanten Bedeutungsverschiebung. Seit einigen Jahren erleben wir eine wahre Karteninflation. Tankstellen, Möbelhäuser, Lebensmittelmärkte, Bäckereien, Stromlieferanten, sie alle bieten ihren Kunden irgendeine Karte mit irgendwelchen geringfügigen Vorteilen an. Selbstverständlich heißen all diese Karten „card". Somit steht „card" fast schon für: „wertlose Karte", was den Anbietern ernsthafter Karten (z. B. Deutsche Bahn) bald Probleme bereiten dürfte. Am Rande bemerkt: Die Firma Comcard Falkenstein, einer der Großen der Branche, stellt ungeachtet ihres Firmennamens immer noch alle diese „cards" als „Karten" her!*

care: Hilfe, Unterstützung *(viele frühere* Kundendienste *nennen sich heute* **customer care***)*

career: Laufbahn, Beruf, Karriere

care of, **c/o**: bei, über, wohnhaft bei *(wörtlich: unter der Obhut von)*

cargo: Fracht, Ladung *(selbst der Güterbereich der Deutschen Bahn musste sich in* „DB Cargo" *umbenennen), auch in*

cargo checker: Tallymann

cargo handling: Frachtumschlag

cargo hold: Laderaum

cargo insurance: Frachtversicherung

cargo lifter: Frachtluftschiff, *Denglisch*

cargo plane: Fracht-, Transportflugzeug

cargo ship: Frachtschiff, Frachter

cargo tram: Güterstraßenbahn, *Denglisch*

carriage: Beförderung(skosten), Fracht, Frachtkosten

carriage return: Zeilenumbruch, Wagenrücklauf

carrier[1]: Träger, Zubringer, *oft auch nur* Zug, *z. B. Die Bahn - Offizieller Carrier der Expo*

carrier[2]: Netzbetreiber

carry: tragen

carry away: zum Mitnehmen

carry on: weitermachen, fortführen, *übertragen auch:* sich lustig machen über

cartoon[1]: Karikatur, Bildwitz, *auch in*

cartoonist: Karikaturist, Witzzeichner

cartoon[2]: Bildergeschichte, Zeichentrickfilm

cartridge: Patrone, Kassette, Kartusche

carve, **carving**[1]: schnitzen, einritzen, einschneiden, markieren

Carvingski: taillierter Schi, *neue Form des normalen Sportgerätes, für den Hochleistungssport entwickelt, Denglisch, auch in*

carving[2], **carven** *(Denglisch)*: *(mit dem)* **Carvingski** fahren

case[1]: Behälter, Tasche, Schachtel, Kästchen

case[2]: Fall, *auch in*

case history: Fallstudie; Krankengeschichte

case management[1]: Sachbearbeitung

case management[2]: Einzelfallbetreuung, *Wiedereingliederung langzeitkranker Arbeitnehmer*

case manager, **Fallmanager** (Denglisch): (Fall-)Sachbearbeiter *beim Arbeitsamt (im Hartz-Konzept der rot-grünen Bundesregierung benutzt)*

case of conflict: Konfliktfall

case[3] **(upper**, **lower)**: Groß- *bzw.* Kleinschreibung

cash: bar, Bargeld, Bares, Barzahlung, Sofortzahlung, *auch in*

cash advance: (Bar-)Vorschuss

cash-and-carry: Mitnahmepreis; Abholgroßhandel, Abholmarkt

cash audit: Kassenprüfung

cash-burn rate: *Zeitraum, der benötigt wird, bis (bei schlechter Börsenlage) ein in Aktien oder Fonds angelegtes Kapital vernichtet ist*

CashCall: *geistloses Geldgewinnspiel bei den verschiedensten Medienanstalten, Denglisch*

cash counter: Barkasse

cash cow: „Goldesel", „Gans, die goldene Eier legt" - *in der Wirtschaft für den eigentlichen und profitablen Geschäftsbereich eines Unternehmens verwendet*

cash desk: Kasse *(in Warenhäusern)*

cash flow: Bargeld, Liquidität, Geldumlauf, Geldfluss, Überschuss *nach Abzug aller Unkosten*

cash in advance: Vorauszahlung

cash turnover: Barumsatz

cash value: Barwert, Kapitalwert, Kurswert, *meist einfach nur: „Wert"*

cashable: einlösbar

cast: *(schauspielerische)* Besetzung

casting[1], **casten** *(Denglisch)*: auswählen; Sichtung, Vorsprechen, Vorspielen, Vorsingen, Rollenbesetzung

casting[2]: Trockenangeln, Turnierangeln *(Sportart)*

casting vote: Zünglein an der Waage, ausschlaggebende Stimme

casual: salopp, sportlich, *auch in*

  casual outfit, **casualwear**: Freizeitkleidung, lässige Kleidung

cat: Katze, *oft in Werbung für Katzenfutter*

catch: Fang, fangen, *auch in*

  catchen: *schauringen, Denglisch*

  catcher: *Schauringer*

catch-as-catch-can: regellose Prügelei, *im übertragenen Sinne, z. B. in der Wirtschaft, auch:* auf's Ganze gehen, *siehe auch* **wrestling**

caterer: Gastronom, Kantinenbewirtschafter, Gastverpfleger, Verpfleger, Beköstiger, *Festeausrichter*

catering: Gastronomie, Verpflegung, Beköstigung, Versorgung *(mit Speisen und Getränken)*, Bewirtung *in Luft-, Schifffahrt, auch in*

  Catering am Set: *Imbiss am Drehort, Denglisch*

  catering service: Gastronomie-, Beköstigungsdienstleistung, Verpflegungswesen, Versorger *in Luft-, Schifffahrt*

catwalk: Laufsteg, *auch in*

  catwalk beauty: Laufstegschönheit

caution: Vorsicht, Achtung

CBT: *siehe* **computer-based training**

CC: *siehe* **carbon copy**

C2C: *siehe* **customer-to-customer**

CD: *siehe* **compact disc**[1]

CD-player: CD-Spieler, CD-Abspielgerät

CD-ROM: *siehe* **compact disc**[2]

celebrate: zelebrieren, feierlich begehen, *etwas* feiern

celebrity: Berühmtheit, *berühmte* Persönlichkeit

cell: Zelle, Feld

center[1] *(AE)*, **centre** *(BE)*: Zentrum, Mitte, Mittelpunkt, *auch in*

  center court: Hauptplatz, Haupt(tennis)platz

  Centerfiliale: Hauptstelle, Mittelpunktfiliale, Innenstadtfiliale, *Filiale mit erweitertem Dienstleistungsangebot (Deutsche Post), Denglisch*

center[2]: Einkaufsmarkt, Einkaufszentrum; Laden, Fachgeschäft

center policy: zentrale Richtlinie; zentrale Verfahrensweise, grundsätzliche Verfahrensweise

central: mittig, innen, zentral, *auch in*

  central processing unit, **CPU**: Zentraleinheit *(des Rechners)*, ZE *(EDV)*

CEO: *siehe* **chief executive officer**

cereal: Getreide, Müsli, *das Wort feiert zurzeit große Erfolge in der Werbung, z. B. in lustigen Aussagen wie:* Da glaubst du, dass die Cerealien gerade erst in die Milch gefallen sind.

chairman: Vorsitzender, *auch in*

chairmanship: Vorsitz

chairperson: *politisch korrekt für* **chairman**

challenge: Herausforderung, Ansporn, *auch in*

challenger: Herausforderer

challenge tour: Herausforderungsreise, Streifzug, Turnier

champion, **champ**: Sieger, Bester, Meister, *auch in*

championship: Meisterschaft

Champions League: Meisterliga, *meist allgemein:* Europaliga

chance: Möglichkeit, Gelegenheit, Aussicht

change[1]: Kleingeld, Wechselgeld

change[2]: Wechsel, Tausch, *auch in*

change agent: Veränderer, Umgestalter

change management: Wechseldurchführung, Veränderungsorganisation, radikaler Unternehmensumbau, *in der sprachlichen Praxis innerhalb der Wirtschaft oft nur* Veränderung *oder* Erneuerung

changer: Wechsler *von Schallplatten, CDs ...*

change[3]: Wechselstube, Geldwechsel, *Denglisch (im Englischen heißt es „exchange“)*

changeover: Überarbeitung *(in jeglicher Form)*

channel: Kanal, *(Fernseh-)*Programm, *auch in*

channel hopping: *(Fernseh-)*Senderspringen, *ständiges* Umschalten, *siehe auch* **zapping**

channel distribution manager: Bereichsleiter *(in einem Waren- oder Versandhaus)*

character: Zeichen, Buchstabe, Schriftzeichen, *auch in*

character code, **character set**: Zeichensatz

Chargekarte: *Kreditkarte ohne Kreditrahmen,* Pseudo-Kreditkarte, *Denglisch*

charity: Wohltätigkeit, Nächstenliebe, *auch in*

Charitybewusstsein: Gemeinsinn, *Denglisch*

charity event: Wohltätigkeitsveranstaltung

charming: Verführen, Bezaubern, *auch in*

charming loser: sympathischer Verlierer

chart: Statistik, Rangliste, Schaubild, *auch in*

chart breaker, **Chartstürmer** *(Denglisch)*: Listenstürmer

charter: Transportmittelvermietung, *auch in*

charter cab: Sammeltaxi *(die übliche deutsche Schreibweise* CharterCAB *ist Denglisch)*

Charterflug: Bedarfsflug, Mietflug, Sammelflug, *Denglisch*

chartern: anmieten, mieten, heuern, *Denglisch*

charts[1]: Bestenliste, Rangliste; Schlagerparade, *auch in*

charts topper: Listenstürmer

charts[2]: Tabellen, Auflistungen

chat: Geplauder, Unterhaltung, Gesprächsrunde *(im Internet)*, Netztratsch, *siehe auch* **voice chat**, *auch in*

chat cafe: *siehe* **chat room**

chat community: Gesprächsrunde, *Gemeinschaft, die sich im Internet in virtuellen Klatschstuben trifft*

Chatforum: *(sachlich begrenzter)* Treffpunkt *(im Internet)*, *Denglisch*

chat room: Plauderstube, Treffpunkt, Plauschstube, Klatschraum, Austauschforum, Mitteilungsforum *(im Internet)*

chat slang: *spezielle, meist stark verkürzte Internetsprache, siehe auch* **cyberslang**

chatten: plaudern, quasseln, tratschen, schwatzen, schnattern, sich unterhalten, *Denglisch*

chatter: Plauderer

cheat: Schummelpaket, Mogelvariante, Lösungshilfe *(bei Rechnerspielen)*

check[1]: Prüfung, Probe, Abfrage, Kontrolle, Hindernis, *auch in*

check-back: Rückfrage

check-in (point): (Flug-)Abfertigung, Anmeldung, Schleuse

Checkliste: Frage-, Kontroll-, Merk-, Prüfliste, *Denglisch*

checkout: Abfertigung, Abmeldung, Schleuse

checkpoint: Kontrollpunkt, Grenzkontrollpunkt

checkup: Vorsorgeuntersuchung; Prüfung, Untersuchung

check[2]: Rempler

check[3] *(AE)*: Scheck

checken[1]: verstehen, begreifen, durchschauen, raffen, schnallen, merken, *Jugendsprache, Denglisch*

checken[2]: nachprüfen, überprüfen, kontrollieren, abfragen, *Denglisch*

cheek: Backe, Wange, *auch in*

cheek to cheek: Wange an Wange

cheerio, **cheers**: Prost, zum Wohle; *von England ausgehend auch zurzeit Modewort für:* auf Wiedersehen, Tschüss

cheerleader: Jubelmädchen, Anfeuerer, Stimmungsmädchen *(im Sport)*

cheese: bitte lächeln, bitte recht freundlich *(Fotografie)*

cheque *(BE)*: Scheck

chewing gum: Kaugummi, *ohne Blasenbildung im Gegensatz zum* **bubblegum**

chicken[1]: Huhn, *auch in*

chicken wings: Hähnchenflügel. *Galten* Hähnchenflügel *eher als minderwertig, so werden nunmehr die* **chicken wings** *als Spezialität angesehen - ein erstaunliches Phänomen, von dem wahrscheinlich bald die Vertreiber von Hühnerhälsen lernen werden.*

chicken[2], **chick**: Mädchen

chief administrative officer, **CAO**: Personalchef

chief engineer: Chefingenieur

chief executive committee: Vorstand, Geschäftsführung

chief executive officer, **CEO**: Vorstandsvorsitzender, Geschäftsführer, Unternehmensvorstand

chief financial officer, **CFO**: Finanzvorstand, Leiter des Finanzwesens, Leiter der Finanzabteilung

chill out: ausklingen lassen, sich entspannen, sich ablenken, sich erfrischen

chip[1]: Marke, Spielmarke, Spielgeld, Plättchen

chip[2]: Mikroschaltkreis, *elektronisches Bauteil, auch in*

Chipkarte: elektronische Karte, *meist für: Versichertenkarte (SV-Karte), Denglisch, siehe auch* **smart card**

Chipkartenticket: *Eintrittskarte mit elektronischen Funktionen, Denglisch*

choice box: Auswahlfeld

choke, **choker**: Kaltstarthilfe, Luftklappe *(am Vergaser)*

chopper: Hackmesser, Zerhacker, Lichtunterbrecher

Christmas: Weihnachten, *auch in*

Christmas countdown: Advent, Warten auf das Christkind, Vorweihnachtszeit

Christmas event: Weihnachtsveranstaltung, Weihnachtsfeier

Christmas tree: Weihnachtsbaum

CIM: *siehe* **computer-integrated manufacturing**

cinema: Kino, Lichtspieltheater, Lichtspielhaus, *auch in*

cinemascope: Breitwandaufnahmeverfahren *(beim Film)*

cinematographer: Kameramann

circle: Kreis, *in der Wirtschaft gern für:* Runde

circuit training: Zirkelübung *(Sport)*; Rennstreckentraining *(Autorennen)*

city: Innenstadt, Stadtkern, Altstadt, Zentrum, Stadtmitte, Geschäftsviertel - *ursprünglich die ganze (Groß-)Stadt, auch in falschen Verbindungen wie:* Mexico-City *für* Mexico-Stadt (Ciudad de México), Palma-City *für* Palma Ciudad *sowie in Dutzenden denglischen Konstrukten, etwa in* Hafencity *(Viertel in Hamburg),* Kai-City *(neues Hafenviertel in Kiel), auch in*

Citybahn: Stadtbahn, Städtebahn, *Denglisch*

city bike: Stadt(fahr)rad, *Denglisch*

city bus: Innenstadtbus, Stadtbus, *Denglisch*

city call: Ortsgespräch

city card: „Rundum-Karte“, „Gesamtkarte“ *(für Touristen bei Stadtbesuchen), je nach Verwendungszweck auch:* Tagesfahrkarte, Sammeleintrittskarte, *siehe auch* **all-inclusive card**

city carrier: *örtlicher* Telefonanbieter, *Denglisch*

city center[1] *(AE)*, **c. centre** *(BE)*: Stadtzentrum, Innenstadt

city center[2]: Stadt-Verkaufsbüro

city guide: Stadtführer, Stadtplan

citylike: städtisch, *für die Stadt passend, für die Stadt geeignet*

cityliner: Stadtverkehrsmittel, *Denglisch*

city look: Stadtansicht

city management: Stadtverwaltung

city nightline: Hotelzug, Nachtzug

City-Parkhaus: Zentrum-Parkhaus, Stadt-Parkhaus, *Denglisch*

city point: *einfallslose denglische Bezeichnung für die Geschäftsstelle einer Krankenkasse*

Cityrad: Stadtfahrrad, *Denglisch*

city shuttle: Pendelbus, Städtependler *(Bus, Bahn)*

Citytarif: Stadttarif, *Denglisch*

city ticket: *Verbundfahrschein der Deutschen Bahn, Ergänzung zur* **Bahncard** *im Nahverkehr, Denglisch*

citywalker: Roller, Stadt(tret)roller, *siehe auch* **kickboard**

city weekend: Städtekurzreise, *Denglisch*

claim: Anspruch, Forderung, Besitztitel

clan: Gruppe, Lebensgemeinschaft, Sippe, Stammverband

clanning: Stammbildung, *z. B. von Wohngemeinschaften*

clash of civilization(s): Kollision der Zivilisationen, Zusammenprall der Zivilisationen, *fälschlich auch:* **crash of civilization(s)**

clash of culture(s): Aufeinanderprallen von Kulturen, Kollision der Kulturen, Zusammenprall der Kulturen, *fälschlich auch:* **crash of culture(s)**

classic: klassisch, Klassiker - *der Anglizismus hat inzwischen seine eigentliche Bedeutung weitgehend verloren. Er wird besonders gern bei Produktbenennungen dann eingesetzt, wenn das Produkt nichts Besonderes zu bieten hat und der Werbefirma überhaupt nichts einfallen wollte. Bei verschiedenen Mineralwassermarken heißt das normale Produkt gern „classic“ im Gegensatz zu den Produkten mit wenig Kohlensäure. Bei der Strommarke „avanza“ heißt der alte, unveränderte Tarif „classic“. Insofern hat das Wort eher die Bedeutung von „normal“, „alt“, „bewährt“ oder „traditionell“ angenommen.*

classics: *Sportveranstaltung mit langer Tradition, renommierte Sportveranstaltung*, Klassiker

clean: sauber, rein, untadelig, anständig, entgiftet, entwöhnt, frei von Drogen; seuchenfrei, *auch symbolisch und auch in denglischen Zusammensetzungen wie:* Colgate Mediclean, *auch in*

clean air: optimaler Luftstrom
cleansing emulsion: Reinigungsemulsion
clean the frame: Bild frei

clear[1]: klar, rein, *auch in*
clearance certificate: Zollabfertigungsschein
clear certificate: Unbedenklichkeitsbescheinigung
clearness: Klarheit
clear space: Toleranzbereich, Toleranzfeld

clear[2]: löschen, säubern, leeren, *auch in*
clear away: aufräumen, wegräumen
clear out: abmelden, Hotel verlassen, *wie* **auschecken**

clearing[1]: Leerung, Entlastung, *meist einfach:* „Klärung" *oder* „Aussprache", *auch in*
clearing papers: Zollpapiere

clearing[2]: Verrechnung, Abrechnung, Datenprüfung *(EDV)*, *auch in*
clearing agreement: Verrechnungsabkommen
Clearingstelle: Verrechnungs-, Abrechnungsstelle; Schiedsstelle *(im Verbraucherschutz)*; Nach- und Rücksendestelle *(hieß es früher bei der Deutschen Post)*, *Denglisch*

clever: klug, schlau, gescheit, begabt, pfiffig, gewitzt, gerissen, *auch in*
cleverness: Klugheit, Gewandtheit, Gewitztheit

clicken: anklicken, klicken, *Denglisch*

client[1]: Anwenderprogramm *(EDV)*, anfragender Rechner

client[2]: Kunde, Anfrager, Klient, *auch in*
client management: Kundenbetreuung
client-server (system), client-server model: Kunden-Dienst(-System), Mandantendienst-System

cliff: Klippe, Schlucht, *auch in*
cliffhanger: Spannungshalter
cliffhanging: Schluchtenüberquerung *per Seil*, Schluchtenhangeln *(Abenteuersportart)*

climber power: Kletter(konditions)schulung *(neue Trendsportart)*

climbing: Klettern

clinch[1]: sich verklammern, festhalten

clinch[2]: Streit, Streiterei

clinic: Klinik, Krankenhaus, *z. B. Anti-Aging-Clinic Köln, auch in*
clinical engineering: Klinikwirtschaft, -bewirtschaftung
clinical practice guideline: Hinweistafel *(im Krankenhaus)*, *wörtlich: praktische Klinikleitlinie*

clip[1]: Werbefilm, (Kurz-)Film

clip[2]: Halter, Klemme, Klammer, Spange, *auch in*
clipboard: Zwischenablage, Klemmbrett

clipper: Friseur, Haarschneider

clone: nachbauen, nachahmen, kopieren *(z. B. ein Rechnerprogramm)*

close to balance: *nahezu ausgeglichener Haushalt, Euphemismus für:* Negativbilanz

close to home: haushaltsnah

close-up: Nahaufnahme, Großaufnahme; Nahlinse

club wear: Vereinskleidung

cluster: Ballung, Bündel, Traube, Gruppe, Haufen, zusammenhängende Einheit, *auch in*

> **cluster computer**: Parallelrechner, *ein aus Standardkomponenten zusammengesetzter Rechner*
>
> **clustern**: anhäufen, ballen *(Wirtschaft), Denglisch*
>
> **cluster of computers**: Rechnerverbund
>
> **Clustertechnologie**: *Rechneraufbau aus Standardkomponenten, Denglisch*

c/o: *siehe* **care of**

coach: Leiter, Ausbilder, Repetitor, Übungsleiter, Tutor, Mentor, Betreuer

coaching, **coachen** *(Denglisch)*: Unterstützung, Anleitung, Betreuung *bei der Arbeit, intensive* Einzelbetreuung, *praxisnahe Beratung;* betreuen, anleiten

Coachingsendung: Ratgeber-, Lebenshilfesendung, *Denglisch*

coating: Lack, Lackierung, lackieren, *auch in Firmennamen wie* „BASF Coating"

cockpit: Pilotenkanzel, Pilotenkabine, Steuerkabine, Fahrersitz *in einem Rennwagen*, Führerstand, Kanzel

cocooning: Abkapselung, Isolierung

code, **coding**: Schlüssel, Zeichenzusammenhang, Verschlüsselung, Kodierung, Kennwort, Geheimzahl, *auch in*

> **codeswitching**: Sprachwechsel

coffee: Kaffee, *auch in*

> **coffee shop**: Kaffeehaus
>
> **coffee to go**: Kaffee zum Mitnehmen, Kaffee „über die Straße", *siehe auch* **food to go**

cold: kalt, *auch in*

> **cold calling**: *(unerwünschte)* Werbepost, *vor allem über Mobilfunktext (SMS), siehe auch* **e-mail spam**
>
> **cold mailing**: *(unerwünschte)* Werbepost, Kaltakquise

collection[1]: Zusammenstellung

collection[2]: Abholung *(Entsorgungsbranche), auch in*

> **collection rate**: Erfassungsquote *(Entsorgungsbranche)*

Cologne: Köln - *zahlreiche Kölner Unternehmen verwenden lieber die englische Bezeichnung und Aussprache*

colour *(BE)*, **color** *(AE)*: Farbe, *auch in*

> **coloration**: Färbung, Einfärbung

colouring: färben, bunt machen

colourless: farblos

column: Spalte

come: komm!, kommen, *auch in*

comeback: Wiederauftreten, Neubelebung, Wiederkehr, Rückkehr, Neuanfang, Wiederantritt, Wiedereinstieg

comebacker: Rückkehrer, Wiedereinsteiger, *Denglisch (bemerkenswerter Beitrag des ZDF-Sportchefs zur Weiterentwicklung der englischen Sprache)*

come in: hereinkommen, herein!

come-together: Zusammenkunft

comedian: Komödiant, Spaßmacher

comedy: Komödie, Lustspiel, Schwank, *siehe auch* **sketch comedy**

Come-in-and-find-out-Gottesdienst: *besonders „jugendgemäße" Form eines Gottesdienstes, Denglisch (ursprünglich von der Parfümeriekette Douglas kreierter Werbespruch)*

comic (strip): Bilderzählung, Bild(er)streifen

Coming-of-Age-Film: Initiations-, Reifefilm, *Film über das Erwachsenwerden, Denglisch*

Coming-of-Age-Roman: Initiations-, Reiferoman, *Roman über das Erwachsenwerden, Denglisch*

coming-out: öffentliches Bekenntnis, Selbstenttarnung, Selbstentlarvung, *meist zur eigenen Homosexualität*

command: Befehl, Kommando, *auch in*

command processor: Befehlsprozessor

comment: Kommentar, Erklärung, Auslegung, Erläuterung

commerce: Handel

commercial: Werbung, Werbefilm

commercial banking: Kreditgeschäft *der Banken*

commercial waste: Gewerbeabfall *(Entsorgungsbranche)*

commission: Übertragung, Auftrag

commission rates: Provisionssätze

commit: sich verpflichten, Zusagen geben, *auch in*

commitment: Versprechen, Verpflichtung

committed[1], **committet** *(Denglisch)*: verpflichtet, eingeschworen, *inzwischen in den unsinnigsten Zusammenhängen:* Wir wurden committet = informiert, eingewiesen, eingestimmt. Wir haben uns committed = Wir haben uns vorgenommen, verpflichtet *(oft beschönigend als gemeinsame Entscheidung für eine Sache, die dem kleineren Partner aufgezwungen wurde).*

committed[2]: begeistert, einer Sache ergeben

committee: Ausschuss

commodities: Rohstoff- und Warenhandel

common: allgemein, üblich

Common-Rail-Diesel, **Common-Rail-Turbodiesel**, **CRDi**: Speichereinspritzung, Speichereinspritz(ungs)diesel, *neuartiger Dieselmotor, Denglisch*

common sense: natürliche Logik, gesunder Menschenverstand, allgemein anerkannte Regel

communication: Kommunikation, Verständigung, Verbindung, *auch in*

communication highway: Datenautobahn *(EDV), siehe auch* **information highway**

communication manager: Pressesprecher, Leiter Öffentlichkeitsarbeit, Leiter interne Öffentlichkeitsarbeit, *je nachdem was gemeint ist, könnte es auch ein* Kommunikationsbeauftragter *sein*

communication services: Kommunikationsdienstleistungen

communicator: *Verständigungshilfe jeglicher Art, wie:* Übersetzer, Übersetzungsprogramm, Kleinfunkgerät, Sprachnachrichtenübermittler *usw.*

community: Gemeinschaft, Gemeinde; Interessengemeinschaft *(z. B. im Internet), auch in*

community policing: bürgernahe Sicherheit

commutability: Austauschbarkeit

compact: kompakt, gedrungen, zusammengepresst, *oft einfach nur:* klein, *auch in*

compact disc[1], **CD**: (digitale) Schallplatte, (Musik-)Scheibe, „Silberscheibe"

compact disc[2], **CD-ROM**: Speicherplatte, Speicherscheibe *(EDV), Kompaktdiskette (spezieller Datenträger)*

company: Firma, Gesellschaft, *auch in*

company doctor: Betriebsarzt, Werksarzt

comparable: vergleichbar

comparison: Vergleich, Gegenüberstellung

compatibility: Vereinbarkeit, Verträglichkeit

compensate: ausgleichen

compensation manager: Leiter (der) Lohnbuchhaltung

competence: Fähigkeit, Möglichkeit, Fachzuständigkeit, *auch in*

competence center: Fachzentrum, Kompetenzzentrum

competencies: Fertigkeiten, Kompetenzen; Kompetenzträger, Führungskräfte - *in der Wirtschaft zurzeit ein absolutes Modewort, mit dem die wirklich nicht neue Erkenntnis verkauft werden soll, dass Führungskräfte neben Sachkompetenzen auch menschliche Fähigkeiten besitzen sollten*

competition: Wettbewerb

compilation-CD: individuelle *(digitale)* Schallplatte, *siehe auch* **compact disc**[1]

compile, **compilieren** *(Denglisch)*: übersetzen, kompilieren *(EDV), auch in*

compiler: Übersetzer, Übersetzungsprogramm

complete: vollständig, umfassend, *auch in*

completeness: Vollständigkeit

compliance: Einwilligung, Willfährigkeit, Komplizenschaft

complicated: kompliziert, schwierig, verwickelt

compose: komponieren, setzen, verfassen, zusammensetzen, *auch in*

composer: Komponist, Setzer, Verfasser

composite picture: zusammengesetztes Bild, Kollage

Compoundmaschine: Verbundmaschine, *Denglisch*

compress: packen *(EDV)*, komprimieren, verdichten, *siehe auch* **uncompress**

computational science: rechnergestützte Naturwissenschaft

computer: EDV-Anlage, Rechner, Digitalrechner, Rechenautomat, *veraltet auch:* Elektronengehirn, *auch in*

computer-aided design, **CAD**: rechnergestützter Entwurf

computer-aided manufacturing, **CAM**: rechnergesteuerte Fertigung, *vgl.* **CIM**

computer-based training, **CBT**: Lernprogramm *im Rechner, siehe auch* **e-learning**

computer game: (Rechner-)Spiel

computerisieren: Rechentechnik einführen, für Rechner aufbereiten, *Denglisch*

computer-integrated manufacturing, **CIM**: rechnergesteuerte Produktion *(EDV)*

concept car: Autostudie *(Konzept für ein neues Auto)*

concern: Angelegenheit, Sache

concert: Vorführung, Aufführung, Konzert *(manche Künstler geben keine Konzerte mehr, sie sind nur noch* **in concert***)*

conclusion: Ergebnis, Schlussfolgerung, Folgerung

condition: Zustand, Bedingung

conditioner: Festiger, Stabilisator

conditioning: Festigen, Stabilisieren

conductor: Zugbegleiter, *(veraltet:)* Schaffner *(Deutsche Bahn)*

conference call: Telefonkonferenz(-schaltung), Rundruf

confidential: vertraulich, geheim

conflict handling: Umgang mit Konflikten, Konfliktbearbeitung

congratulation: Glückwunsch

connection: Verbindung, Beziehung(en)

consult: beraten, *auch in*

consultant: (Unternehmens-)Berater, Gutachter

consultation: Beratung

consultative: beratend

consulting: (Unternehmens-)Beratung, Beratertätigkeit

Consultingunternehmen: Beraterfirma, Beratungsunternehmen, *Denglisch*

consumer: Verbraucher, *auch in*

consumer care: Verbraucherschutz; Kundenbetreuung

Consumermarkt: Verbrauchermarkt, *Denglisch*

consumer-to-consumer, C2C: *siehe* **customer-to-customer**

consumer view: Verbrauchersicht

consumption: Verbrauch, Konsum

contact: Anschluss, Kontakt

contain: enthalten, fassen, beinhalten, *auch in*

container: (Groß-)Behälter, *Frachtbehälter,* Kasten, Kiste

container terminal: Umschlagplatz

containment: *Zusammenhalt durch gemeinsame Stärke*

contemporary: zeitgenössisch

content: Inhalt, *auch in*

content management: *Ausgestaltung von Arbeitsinhalten,* inhaltliche Ausgestaltung

content manager: Arbeitsgestalter, *Gestalter von Arbeitsinhalten*

content solutions: Inhaltsklärung

contest: Wettkampf, Wettbewerb, Vergleich

contiguous: aneinandergrenzend, aufeinanderfolgend

continuing education: Fortbildung, *auch in*

continuing medical education, CME: zertifizierte Fortbildung *(Medizin)*

contract: Vertrag, *auch in*

contracting-out: vertragliche Vereinbarung, *in der Presse auch in der unmöglichen Form* Contractingvertrag *(Denglisch) zu finden*

control[1]: Kontrolle, Prüfung, *auch in*

controller[1]: Kostenrechner, Kostenplaner, Überprüfer, Buchhalter

controlling[1]: Erfolgssteuerung; (Rechnungs-)Prüfung, Rechnungswesen, Unternehmensanalyse, Unternehmenssteuerung

controlling[2]: überwachen, prüfen, kontrollieren

control[2]: Steuerung, Planung, *auch in*

controller[2]: Steuereinheit, Steuerungseinrichtung *beim Rechner*

convection: Leitung, Strömung, Konvektion

convenience: Annehmlichkeit, Bequemlichkeit, *auch in*

convenience food: Fertigessen, Fertigkost, Beikost

convenience goods: unverzichtbare Güter

Convenienceprodukt: Vorfertigungsprodukt *(z. B. Tiefkühlkost, Fertiggerichte), Denglisch*

convenience shop, **Conveniencemarkt** *(Denglisch)*: Nachbarschaftsladen, Tankstellenladen, „Laden um die Ecke“

convention: Tagung, *auch:* Jahrestagung

cookie[1]: Keks

cookie[2]: „Luger", „Hineinseher", *Datei, in der im Internet eingesehene Seiten verzeichnet werden*

cool[1]: ruhig, nüchtern, beherrscht, gelassen, lässig, kaltschnäuzig, kaltblütig, unverfroren, besonnen, überlegen, unbeeindruckt, arrogant, *kuhl, auch in*

cool down[1]**!**: beruhige dich!, bleib locker!

coolness: Gelassenheit, Kühle, Nüchternheit, Besonnenheit, Kaltblütigkeit

cool[2]: kühl, *auch in*

cool down[2]: abkühlen, Temperatur senken

cooling kit: Kühlsystem *für den Rechner*

cool[3]: *in der Sprache einfacher Geister für alles verwendet, was irgendwie angenehm ist*: toll, gut, erstaunlich, interessant, schön, anziehend, attraktiv, anmutig, lieblich, betörend, liebenswert, hübsch, gut aussehend, niedlich, allerliebst, süß, goldig, anregend, spannend, spitze, geil, stark, ansprechend, prickelnd, ergreifend, packend, lesenswert, sehenswert, außergewöhnlich, klasse, super, edel, hervorragend, beeindruckend

coolen: kühlen, *Denglisch*

cooperation: Zusammenarbeit, Mitarbeit

copy: Kopie, Ablichtung, Durchschlag, Zweitschrift, *auch in*

copyright: Urheberrecht, Verlagsrecht

copy shop: Kopierladen

cordless: schnurlos, *siehe auch* **wireless**

core: Kern, Inneres, Kern-, *auch in*

core business: Kerngeschäft

core competences: Kernfähigkeiten, zentrale Fähigkeiten, Kernkompetenz, *Beschränkung eines Unternehmens auf das Gebiet, in dem es die besten Fähigkeiten hat, auch beschönigend für den Verkauf von Tochterunternehmen*

corn: Mais, *auch in*

corn flakes: Frühstücksflocken, Maisflocken

corned beef: Büchsen(rind)fleisch

corner: Ecke *(mitunter in Kneipennamen wie* „Peter's Corner"*)*, *siehe auch* **fan corner**

corporate: Firmen-, *als Vorsilbe, auch in*

corporate branding: einheitliches Markenauftreten *einer Firma*; „Sprachregelung" *(wird u. a. in Bezug auf die Umgestaltung der Arbeitsämter verwendet)*

corporate citizenship: gemeinwohlorientiertes Handeln *einer Firma*, „Unternehmer als Bürger", *siehe auch* **private-public partnership**

corporate communication: Kommunikationskultur, Unternehmenskommunikation

corporate culture: Unternehmenskultur

corporate design: Unternehmensgestaltung, Erscheinungsbild *einer Firma nach außen*

corporate governance, **Corporate-Governance-Kodex** *(Denglisch): (Wohl-)Verhaltenskodex für Unternehmen und deren Führungskräfte, der das Vertrauen der Anleger in den Kapitalmarkt stärken soll*

corporate identity: Unternehmensidentität, Erscheinungsbild *einer Firma nach innen*, Unternehmensgestalt, Betriebsbild, Firmenidentität, Firmenbewusstsein

corporate profiler: Firmenprofilierer, *ein Unternehmensberater, der die strategische Neuausrichtung eines Unternehmens plant*

corporate redesign: Unternehmensumgestaltung, -restrukturierung

corporate university: Firmenhochschule, Haushochschule, *meist einfach nur:* Weiterbildungszentrum *oder* Ausbildungszentrum

corporate volunteering: bürgerschaftliches Engagement, *z. B. ein Projekt der Stadt Mülheim, dessen ursprünglich englische Benennung einsichtigen Bürgervertretern nicht gefallen hat*

correctness: Richtigkeit, Korrektheit

corridor warrior: „Vorzimmerlöwe", *siehe auch* **Lobbyist**

cost: Kosten, Aufwand, *auch in*

cost-benefit analysis: Kosten-Nutzen-Analyse

cost containment: Sparen, Sparmaßnahmen, Sparbemühungen, Kosteneingrenzung - *die Deutsche Bank nennt ihre Sparaktivitäten wohl deshalb so, um sich auch weiterhin von den Sparkassen abzuheben*

costcutter: „Kostensparer", *jemand, der in einem Unternehmen Einsparungspotenzial aufdeckt*

cost-effective: kostenwirksam, preiswert

cotton: Baumwolle, Baumwollstoff

count, **counting**: Anzahl, Zählung, zählen, *auch in*

countdown[1]: Startvorbereitung, -ablauf, -phase, Startzählung, *auch symbolisch - Jahrzehnte nach den „countdowns" der vielbeachteten Weltraumexpeditionen feiert das Wort fröhliche Urständ in allen Situationen, in denen auf irgend etwas gewartet werden muss. Kurz vor dem örtlichen Schützenfest verkündet die Lokalzeitung, dass der „countdown" nun begonnen habe (hier also im Sinne von „es ist bald soweit, noch x Tage"), den Vogel hat sicherlich das Mobilfunkunternehmen abgeschossen, das den* **Christmas countdown** *erfand.*

count down[2]: herunterzählen, (Geld) hinzählen

counter[1]: Theke, Schalter, Tresen, Ladentisch, *die deutsche Bahn hat ihre Schalter durch* **counter** *ersetzt, ihrem Personal jedoch nichts davon mitgeteilt, siehe auch* **ticket counter**, *auch in*

counter display: Werbeständer *für Theken*

counter[2]: *Vorsilbe* gegen, *z. B. in*

countercheck: Gegenprüfung

counterpart: Gegenstück, Gegenspieler; einheimische Fachkraft *(bei Projekten in Entwicklungsländern)*

counter[3]: Zähler *(EDV)*

countertenor: Männersopran, Hochtenor, Gegentenor

country: Land, ländlich, *auch in ulkigen Produktnamen wie:* kinder country

courier: (Eil-)Transportunternehmen, *Denglisch*

court[1]: (Tennis-)Platz

court[2]: Gericht, Gerichtshof, *auch in*

court-TV: Gerichtsfernsehen, *Denglisch, siehe auch* **Gerichtsshow**

cover[1]: Deckblatt, Titelblatt, Titelbild, Umschlag(-blatt), *auch in*

cover address: Deckadresse

cover boy: Titeljunge

cover girl: Titelmädchen

cover page: Deckblatt

cover story: Aufhänger, Hauptartikel, Titelgeschichte

cover[2]: Hülle

cover[3], **covern**[1] *(Denglisch)*: abkupfern, berichten *(Journalismus)*

coverage: (Gesamt-)Berichterstattung, Reportage; alles abdeckend

covered warrant: gedeckter Optionsschein *(Börse)*

covern[2]: nachahmen, neueinspielen, *Denglisch, auch in*

cover version: Nachahmung, Neueinspielung *von Musiktiteln*

cowbell: Kuhglocke *(Musik)*

CPU: *siehe* **central processing unit**

crack: Fachmann, Spezialist, Alleskönner; Spitzensportler, *auch im übertragenen Sinne*

cracker[1]: Knabbergebäck, Knuspergebäck

cracker[2]: Hacker *(EDV)*, (Kopier-)Schutzbrecher

crash: Aufprall, Krach, Zusammenstoß, Zusammenbruch, Absturz, *in Rennsportsendungen im deutschen Fernsehen auch einfach nur:* Unfall, *auch in*

crash box: Knautschzone

crashen: zusammenstoßen, zusammenbrechen, einen Unfall verursachen, *Denglisch*

crash kids: Autoschrotter, *Jugendliche, die Autos stehlen und bewusst zu Schrott fahren*

crash of civilization(s): *siehe* **clash of civilization(s)**

crash of culture(s): *siehe* **clash of culture(s)**

crash test: Aufprallversuch, Aufprallprüfung, Härteversuch

Crashkurs: Schnelllehrgang, Schnellkurs, Kurzlehrgang, Kurzausbildung, Intensivkurs, *Denglisch*

crazy: verrückt, *so in dem Slogan eines Internetbuchhändlers:* crazy for you = *etwa:* Wir machen uns für Sie verrückt. *oder* Für Sie tun wir alles.

cream[1]: Creme

cream[2]: Sahne, *auch in*

cream fudge: Sahnebonbon

creating producing: schaffendes Produzieren

creation: Schöpfung, Werk

creative: kreativ, schöpferisch

creative consultant[1]: „Frühstücksdirektor", *kreativer Mensch, der das Denken in betriebswirtschaftlich orientierten Firmen anreichern soll*

creative consultant[2]: Werbeberater

creative director: (Werbe-)Agenturleiter

creative producer: Ideenfinder

credibility: Glaubwürdigkeit, Vertrauenswürdigkeit

credit junkie: Kaufsüchtiger, *dem Kaufrausch verfallene Person, siehe auch* **buyaholic**

credits: Vorspann, Abspann *(z. B. beim Film und auf Film-***DVD***)*

crew: Mannschaft, Besatzung, Belegschaft, *auch in*

crewman, **crew member**: Mannschafts-, Besatzungsmitglied

crime: Verbrechen, *auch in*

crime time: Krimi(sende)zeit *(im Fernsehen)*

Crimpverbindung: Klemm-, Quetschverbindung *(von Kabeln)*, *Denglisch*

crisp, **crispy**: knusprig, frisch

cross: Kreuz, Kreuzung, quer, *in der Wirtschaft in allen möglichen Verbindungen wie:* Crosstabelle (= Kreuztabelle *oder* T-Tabelle), Crossmeeting (= Gemeinschaftssitzung, Entscheidertreffen), *auch in*

crossbike: *siehe* **Crossrad**

crosscheck[1]: *(regelwidriger)* Rempler *(im Eishockey)*, *siehe auch* **body check**

crosscheck[2]: Prüfung, Gegenprobe *(Wirtschaft)*

cross compliance: „Überkreuzverpflichtung" - *EU-Subventionen im Agrarbereich werden in voller Höhe nur noch gezahlt, wenn eine Reihe von Anforderungen erfüllt wird (z. B. Umwelt und Sicherheit)*

cross-country: Querfeldein(-lauf, -rennen)

Crosslauf: Querfeldeinlauf, *Denglisch*

Crossmarketingaktion: Verbundwerbung(saktion), *Denglisch*

crossover[1], **cross-over**: Kreuzung, Übergang, Wechsel; bereichsübergreifend

crossover[2]: „Kfz-Mischling", *keiner der üblichen Klassen zuordenbares Kraftfahrzeug*

cross-platform: plattformübergreifend

cross promotion: gegenseitige Reklame, Kreuzwerbung

Crossrad: *geländegängiges Rennrad, Denglisch (nicht identisch mit dem* **mountain bike***)*

cross rate: Kreuzkurs *zweier ausländischer Währungen an der Börse*

cross reference (list): Querverweis(-liste) *(EDV)*

crossroads[1]: Straßenkreuzung

crossroads[2]: Ökumene, *wird jetzt im Zusammenhang mit Jugendgruppen in der Kirche gebraucht*

cross-selling: Mitverkauf

cross border leasing, **CBL**, **Cross-Border(-Geschäft)** *(Denglisch)*: Leihvertrag, Leihgeschäft *mit Hilfe eines in den USA üblichen Steuersparmodells, dem auch zahlreiche deutsche Kommunen verfallen sind*

crown: Krone, Kranz, *der Pizzabäcker um die Ecke bietet jetzt statt der* „Pizza Krone“ *die* „Pizza Crown“ *an*

cruise: kreuzen, herumfahren, *auch in*

cruiseliner: Kreuzfahrtschiff

cruisen: kreuzen, herumfahren, *Denglisch*

cruiser bike: Gelände(fahr)rad

cruise center: Sporthafen *(z. B. in Hamburg)*

cruise missile: Marschflugkörper

crunch: verdichten, komprimieren, packen *(EDV)*

Ctrl: *eine Taste auf der normalen Rechnertastatur (Kurzform von „Control“), die auf neueren Tastaturen korrekt in* Strg *(Kurzform von „Steuerung“) umgesetzt worden ist. Trotzdem wird diese deutsche Taste gern „String-Taste“ genannt, was offensichtlicher denglischer Unfug ist.*

cult label, **Kultlabel** *(Denglisch)*: modischer Markenname

culture: Kultur

cup[1]: Pokal, Siegerpreis; Pokalwettbewerb, *auch in*

cupholder[1]: Pokalverteidiger, amtierender Meister

cupwinner: Pokalsieger

cup[2]: Körbchen *des Büstenhalters*, Körbchengröße *(BH)*

cup[3]: Tasse, *auch in*

cupholder[2]: Becherhalter *(bspw. im Auto)*

curb: Randstein *(Formel 1)*

curling: Eisstockschießen

currency: Währung, *auch in*

currency board: *(Anbindung an eine)* Leitwährung

currency peg: *(Bindung an eine)* Leitwährung

current[1]: Strömung, Tendenz, Strom

current[2]: derzeitig, aktuell

currently: gegenwärtig, momentan

cursor: Läufer, Laufmarke, Blinkzeichen, Schreibmarke, Mauszeiger, Kursor

custom: Gewohnheit, *nicht zu verwechseln mit* **customs**

customer: Kunde, *auch in*

customer benefit: Kundennutzen, -vorteil

customer care: Kundenbetreuung, Kundendienst

customer care center: Kundendienstzentrale

customer relationship management, **CRM**: *Pflege der Kundenbeziehungen, im speziellen Fall:* Bewerbungsverwaltung, *siehe auch* **Bewerber-Recruiting-Management, employee relationship management**

customer satisfaction: Kundenzufriedenheit

customer service: Kundendienst

customer support: Kundenbetreuung, Kundendienst

customer-to-customer, **C2C**: von Kunde zu Kunde

customize, **customizen** *(Denglisch)*: anpassen, pflegen *(z. B. ein Rechnerprogramm)*

customs: Zoll, *nur Plural, siehe im Gegensatz* **custom**

cut: Schnitt, *auch in*

cut-and-go: schneiden und gehen *(Frisör)*

cut-and-paste: schneiden und kleben, ausschneiden und einfügen *(EDV)*

cut-in: Einschnitt

cut-out: Ausschnitt

cutten: schneiden, *Denglisch*

cutter: Filmbandschneider/in, Schnittmeister/in

cutback: *finanzielle* Einsparung, Rückgang

cutdown: *finanzielle* Einsparung, Streichung

cyber-: Internetrealität, *nur als Vorsilbe gebraucht, etwa in*

cybercafe: Internetcafé, *Denglisch*

cybercash: Zahlung im Internet

cyber cash wallet: *(symbolische) Geldbörse für Internetzahlung*

cybercops: Internetpolizei

Cyberprofessor: Fernlehrer *(über das Internet)*, *Denglisch*

cyber shop: Internetkiosk

cyberslang: *spezielle, meist stark verkürzte Internetsprache, siehe auch* **chat slang**

cyberspace: künstliche Welt, Computerrealität, virtueller Raum, virtuelle Scheinwelt

cybertour: virtuelle Rundreise

cyborg: Menschmaschine

D

daddy: Vati, Papi, Papa

daily: (all-)täglich, *bei deutschen Kurierdiensten inzwischen ein alltägliches Wort, selbst in so ulkigen Zusammenhängen wie:* daily Zürich-München *(LKW-Aufschrift), auch in*

daily soap (opera): tägliche Seifenoper, *siehe auch* **soap opera**

daily talk: tägliche Gesprächsrunde *(im Fernsehen)*, *siehe auch* **talk show**

damage: Schaden, *auch in*

damage report: Schadensbericht

damned: verdammt, *Fluch*

dance: tanzen, Tanz, *auch in*

dance floor: Tanzboden, -fläche

dance night: abendliches *bzw.* nächtliches Tanzvergnügen

dance performance: Tanzdarbietung

dancer: Tänzer

dancing: tanzen, Tanzveranstaltung

danger: Gefahr, *besonders ärgerlich als Hinweis auf deutschen Maschinen in Deutschland, auch in*

danger area: Gefahrenzone

dangerous: gefährlich

danger point: Gefahrenpunkt

danger zone: Gefahrenzone, Warngebiet

darkroom: Dunkelraum; Dunkelkammer *(Fotolabor)*

dart: Pfeil, Wurfpfeil *beim* **Dart-Spiel**, *auch in*

dartboard: Zielscheibe *beim* **Dart-Spiel**

darts, **Dart-Spiel** *(Denglisch)*: Pfeilwerfen

dash[1]: Schuss, Spritzer *(bei Mischgetränken)*

dash[2]: Bindestrich *(EDV)*

data: Material, Daten, Messwerte, (Versuchs-)Ergebnisse, *auch in*

database, **data base**: Datenbank, Datenbasis *(EDV)*

database manager: „Datenbankdetektiv" - *ein fachlich versierter Mitarbeiter, der Statistiken führt*

data block: Datenblock, Datenverbund

data center: *(persönliche)* Daten*(verarbeitungs)*einheit, *z. B. Mobilrechner, siehe auch* **notebook**[2]

data highway: Datenautobahn

data medium: Datenträger

data mining[1]: Datenschürfen, Datenbergbau, *intelligente* Datenanalyse, *siehe auch* **information retrieval**

data mining[2]: *(rechnergestützte) individuelle Kundenwerbung, siehe auch* **business intelligence**, **data warehousing**, **knowledge discovery**

data recording: Datenerfassung, -aufzeichnung

data retrieval: Datenwiedergewinnung, *siehe auch* **information retrieval**

data transfer switch: Datenübertragungsschalter

data warehouse agent: Datenauswerter *(spezialisierter Unternehmensberater)*

data warehousing: *(rechnergestützte) individuelle Kundenwerbung, siehe auch* **business intelligence**, **data mining**[2], **knowledge discovery**

date[1]: Termin, Zeitpunkt; Datum

date[2]: Verabredung, Rendezvous, Treffen, *auch in*

dating: Verabredung, *ursprünglich eher für Galanterien. In der Wirtschaft aber inzwischen für jede Verabredung, jeden Termin.*

Datingvermittlung: Partnervermittlung *(im Internet)*, *Denglisch*

Datenhighway: Datenautobahn, *Denglisch*

Dauerpower: Durchhaltevermögen, *Denglisch*

daughterboard: Tochterplatine *(Rechner)*, *Gegenstück zu* **motherboard**

day: Tag, *auch in*

day-and-night hotline: durchgehender Kundendienst, 24-Stunden-Kundendienst *(z. B. bei der Telekom)*

daydream: Wunschvorstellung, (Tag-)Träumerei, Schwärmerei

day money, **day-to-day money**: Tagesgeld

day time: Tagessendezeit *(Fernsehen)*, *Denglisch*

day trader: Börsenzocker, Netzspekulant

day trading: Tagesgeschäft

daypack, **daybag**: Tragetasche, *(Plastik-)*Rucksack

dead: tot, leblos, energie-, bewegungslos, abgestellt, ausgepumpt, *in der Wirtschaft in unzähligen meist denglischen Zusammensetzungen, z. B. in*

dead building: ungenutztes Gebäude

dead capital: totes Kapital

dead letter: unzustellbarer Brief

dead money: totes Geld

deadline: Stichtag, letzter Termin, Fälligkeit, Redaktionsschluss, Einsendeschluss, Frist, Fristende

deal[1], **dealen** *(Denglisch)*: *(illegal)* handeln *(speziell mit Drogen)*, verteilen, verkaufen, in Verbindung stehen, *auch in*

dealer[1]: (Drogen-)Händler, Hehler, Lieferant, Verteiler

deal[2]: krumme Tour, *(unsauberer Geschäfts-)Abschluss*

deal[3]: Vertrag, Geschäft, Vereinbarung, Handel, Abmachung, *auch in*

dealer[2]: (Börsen-)Händler

dear: lieb, teuer, reizend; Liebste/r

death-com: *Internetfirma ohne Zukunftsaussichten, gescheiterte Firma, siehe auch* **dot-com** und **dotgone**

debater: Debattierer

debentures, **debenture stocks**, **debenture bonds**: Obligationen, Schuldverschreibungen

debug, **debugging**: entwanzen, Fehler beseitigen, bereinigen; Fehlerbehebung

debugger[1]: Fehlersuchprogramm, Testhilfe

debugger[2]: Kammerjäger

debugger[3]: Minensucher

decision: Entscheidung, Entschluss, Entschlossenheit, *auch in*

decision-maker: Entscheidungsträger, Verantwortlicher

decision-making: Entscheidungsfindung

declaration: (öffentliche) Erklärung

decoder: Entschlüssler, Entzifferer, *Gegenteil von* **encoder**

defaults, **Defaultwerte** *(Denglisch)*: Standardeinstellung, *voreingestellte Werte*

defender: Verteidiger, *auch symbolisch*

deficit spending: Defizitfinanzierung, *ungedeckte öffentliche Ausgaben*

defroster: Enteiser

degree: Grad, Rang; Graduierung

deicing: Enteisung *ohne Schutz vor erneuter Vereisung, siehe auch* **antiicing**

delay: Verspätung *(Flughafen)*

delete, **deleten** *(Denglisch)*: löschen, streichen, tilgen

deleted scenes: (heraus-)geschnittene Szenen *(Bestandteil der Zugaben bei Film-***DVD***), siehe auch* **feature**[3]

delicious: köstlich

delisted: insolvent, pleite *(Euphemismus)*

delivery: Lieferung, Auslieferung

demand: Nachfrage

demarketing: weniger Werbung, leise Vermarktung

democratic studies: Demokratiestudien

demolish: abbrechen, zerstören

denial of service: Datenbombardement, Hackerangriff *(Internet)*

dental floss: Zahnseide

department: Abteilung, Fachbereich. *Der Rektor der Ludwig-Maximilians-Universität München hat die Fachbereiche seiner ehrwürdigen Einrichtung in* departments *umbenannt, siehe in diesem Zusammenhang auch* **bachelor**[1] *und* **master**[1]*, auch in*

department director: Abteilungsleiter, Hauptabteilungsleiter

department manager: Abteilungsleiter

department store: Warenhaus, Kaufhaus

departure[1]: Abreise, Abfahrt, Abflug

departure[2]: Abflugbereich, Abflug(-halle) *(Flughafen)*

derby[1]: Lokalrivalität, *lokales Aufeinandertreffen*

derby[2]: Pferderennen; *allgemein auch:* Wettbewerb, Wettkampf

derrick: Drehkran

design: Form, Gestalt; Entwurf, Muster; Entwerfen, Konstruktion, (Form-)Gestaltung, Formgebung, *auch in*

designen: entwerfen, konstruieren, *Denglisch*

design engineer: Konstrukteur

designer: (Form-)Gestalter, (Mode-)Macher, Konstrukteur, Planer

design gap: Entwicklungsrückstand

Designerdroge: Chemiedroge, *künstliches Rauschgift, Denglisch*

designer food: *siehe* **Genfood**

desk: Schreibtisch, Pult, *auch in*

desk research: Schreibtischforschung, *Recherchieren vom Schreibtisch aus, Auswertung statistischen Materials*

desk sharing: gemeinsamer Schreibtisch, geteilter Schreibtisch

desktop[1]: Arbeitsoberfläche, Tischfläche, *auch in*

desktop publishing, **DTP**: Bildschirmsatz, Bildsatz *(Drucktechnik)*

desktop[2]: Tischgehäuse, Tischrechner, Tischgerät, *auch in*

desktop computer: Tischrechner, *stationärer Rechner*

desoxyribonucleic acid, **DNA**: Desoxyribonukleinsäure, DNS *(die auch im Deutschen üblicherweise verwendete Abkürzung* DNA*, z. B. in* DNA-Analyse, *ist und bleibt Denglisch!)*

destination: Bestimmung, Bestimmungsort, Zielflughafen, Reiseziel

develop: entwickeln, erarbeiten

developer: Entwickler

development: Entwicklung, Wachstum

device: Gerät, Vorrichtung

diagnosis related group: diagnosebezogene (Patienten-)Gruppe, DBG, Fallpauschale

dial: wählen, *auch in*

dialer, **Dialerprogramm** *(Denglisch)*: Telefoneinwahlprogramm *(im Internet) mit kriminellem Hintergrund (vom Nutzer unbemerkte teure Einwahl)*

die: verscheiden, dahinschwinden, umkommen, sterben, *auch in*

die-in: tot stellen, Scheinsterben

diet: Diät, *oft aber auch für alle möglichen ähnlichen Dinge wie Abnahmeprogramme, Leichtprodukte usw., z. B.* big diet = *Unterhaltungssendung*

digest: Buchauszug, Zeitschriftenauszug, Zusammenfassung, Auswahl, Überblick

digit: Ziffer *(einer elektronischen Anzeige)*

digital light processing, **DLP**: *neuartige* Videoprojektion *mit Hilfe von winzigen Kippspiegeln*

digital subscriber line, **DSL**: digitale Kundenanschlussleitung, Internetstandleitung *(ein gegenüber* **ISDN** *wesentlich schnellerer Internetzugang)*

digital versatile disc, **DVD**: Speicherplatte, Speicherscheibe *(Film, EDV) - mit höherer Kapazität als bei* **CD** *bzw.* **CD-ROM**

diner: Speisewagen, Speiselokal, Imbissbude, *nicht zu verwechseln mit* **dinner**, *auch in*

> **dining room**: Ess-, Speisezimmer

dink (double income no kids): *(junges) gut verdienendes kinderloses (Ehe-)Paar, Doppelverdiener ohne Kinder*

dinky: unbedeutend

dinner: festliches Essen, Hauptmahlzeit, Abendessen, *nicht zu verwechseln mit* **diner**, *auch in*

> **dinner card**: Tischkarte
>
> **dinner for fun**: *Spaßessen, Essen aus Spaß*
>
> **dinnern**: fein essen, speisen, *Denglisch*
>
> **dinner party**: Abendgesellschaft

dip[1]: eintauchen, eintunken

dip[2]: Soße, Tunke *bzw. eine andere Flüssigkeit, in die etwas eingetunkt werden kann*

dipping, **dippen** *(Denglisch)*: eintauchen, (ein-)tunken

direct: unmittelbar, *auch in*

> **direct mailing**: Direktwerbung, *(gezielte)* Werbepost
>
> **direct marketing**: Direktvermarktung, Direktwerbung

direct action: Selbsthilfe, Demonstration

direct hit: Volltreffer

directness: Geradheit, Offenheit, Direktheit

director[1]: Filmregisseur

director[2]: Vorsitzender, Geschäftsführer, Direktor, Leiter, *auch in*

> **director engineering**: Chefingenieur
>
> **director human resources**: Personalchef, Leiter (des) Personalwesen(s)

director of photography, **DOP**: Hauptkameramann, erste Kamera

director's cut: Fassung des Regisseurs, Spielleiterfassung, Langfassung

directorship: Direktur

directory[1]: Vorstand

directory[2]: (Inhalts-)Verzeichnis, Leitfaden

directory[3]: Ordner, Katalog *(EDV)*, *siehe auch* **folder**[2]

directory[4]: Adressbuch

Direktbroker: Internetmakler, Netzmakler, *Denglisch, siehe auch* **online broker**

dirty: dreckig, schmutzig, *aber auch Jugendsprache:* „abgefahren"

dirty air: Luftverwirbelung, *oft in Rennsportsendungen im deutschen Fernsehen*

dirty trick: hinterlistiges Vorgehen

disagree: streiten, nicht übereinstimmen, nicht einverstanden sein, sich nicht einig sein, *auch in*

  disagreement: Unstimmigkeit, Uneinigkeit, Meinungsverschiedenheit

disc: *siehe* **disk**[1] *bzw.* **disk**[2]

disclaimer: Haftungsausschluss, *auch im übertragenen Sinne:* Hintertür

discount: Rabatt, (Preis-)Abschlag, Nachlass, *auch in*

  discounter, **Discountladen** *(Denglisch)*: Supermarkt, Billigmarkt, Billigladen, Grabbelmarkt

  Discountkette: Supermarktkette, *Denglisch*

  Discountpreis: Billigpreis *(in Supermärkten)*, *Denglisch*

discount broker: Direktanlagebank, Wertpapierhändler *für Privatanleger*, „Rabattmakler"

discovery: Entdeckung

disease: Krankheit, *auch in*

  disease management program, **DMP**: Betreuung chronisch Kranker, Betreuungsprogramm *(für chronisch Kranke)*

  disease manager: Betreuer *(von chronisch Kranken)*, Krankenbetreuer

disengagement: Auseinanderrücken *(der Machtblöcke)*

disk[1]: Schallplatte, Platte, *auch in*

  disk jockey, **DJ**: Musikvorführer, (Platten-)Aufleger

disk[2]: Speichermedium, Platte, Festplatte, Diskette *(EDV)*, *auch in*

  disk drive: Plattenlaufwerk *(EDV)*

  Diskfilmer: *spezielle* Digitalkamera, *die eine* **DVD** *als Speichermedium nutzt, Denglisch, siehe auch* **camcorder**

dispatch: abfertigen, schnell erledigen, ein Ende setzen

dispatcher: Produktionsorganisator; Flugorganisator, *Denglisch*

dispenser: Portionierer, Abgabegerät, Verteiler, Spender

displaced person: Vertriebener, Staatenloser

display[1]: Sichtfeld, Anzeigefeld, Anzeige, Bildschirm

display[2]: Warenpräsentation, Werbeaufsteller

dissen: beschimpfen, bloßstellen, schmähen, schneiden, verächtlich machen, jmd. auf die Füße treten, *Denglisch*

distance: Abstand, Entfernung, *(zeitliche, räumliche)* Distanz, *auch in*

distance learning: elektronisches Lernen, elektronische Hochschule, elektronisches (Fern-)Studium *(über das Internet), siehe auch* **notebook university**, **e-learning**

distribution: Verbreitung, Verteilung, Vertrieb

district: Bezirk, Gebiet, *auch in*

district manager: Bereichsleiter

disturb: stören, beeinträchtigen

dive: tauchen, *auch denglisch:* Anti-dive-System, *auch in*

diver: Taucher

dive school: Tauchschule

diversification: Veränderung, Umgestaltung; Verteilung, Verbreiterung *(der Produktpalette)*

diversity: Verschiedenheit, Mannigfaltigkeit, Auswahl

division: Abteilung

DJ: *siehe* **disk jockey**

DJane: Musikvorführerin, (Platten-)Auflegerin

DJing: Platten auflegen

DNA: *siehe* **desoxyribonucleic acid**

doc, **doctor**: Doktor, Arzt

docken: ankoppeln, *Denglisch*

docking station: Koppeleinheit *(für mobile zu stationären Rechnern)*

documents against payment: Dokumente, Unterlagen gegen Zahlung

dog: Hund, *auch in*

dogfight: Nahkampf, *(ursprünglich:)* Luftkampf

dogfood: Hundefutter

doghouse: Hundehütte

doggy bag: Restebehälter

do-it-yourself: Heim-, Eigenarbeit, Selbst ist der Mann, *wörtlich: mach es selbst*

Dokusoap: *Dokumentarserie mit Spielszenen, Denglisch*

dolly: Kamerawagen

domain[1]: Funktionsbereich, Arbeitsgebiet, Bereich

domain[2] **(Internet-)**: Netzbereich, (Netz-)Domäne, Namensraum, Länderkennung, Bereichskennung *(Teil der Internetadresse, Kurzform von* **top-level domain***)*

domestic standard: *unteres Börsensegment (im Ergebnis einer Neueinteilung des deutschen Aktienmarktes), Denglisch, siehe auch* **prime standard**

don't panic: keine Panik, nur die Ruhe

don't worry - be happy: sorge dich nicht - sei glücklich

doorman: Türsteher, Portier

dope, **Dopingmittel** *(Denglisch)*: *Aufputschmittel, medikamentöse Leistungssteigerung*

dopen *(Denglisch)*, **doping**: *aufputschen*

Doppeljobber: Doppel- *oder* Mehrfachbeschäftigung, *Denglisch*

dopper loader: Materialassistent

Dosentopper: Dosenverschluss, *Denglisch (im Englischen heißt es „can cap")*

dot-com, **Dotcomfirma** *(Denglisch)*: Internetfirma, *zumeist für Firmen ohne Zukunftsaussichten verwendet, siehe auch* **death-com** und **dotgone**

dotgone: *Internetfirma ohne Zukunftsaussichten, gescheiterte Firma, siehe auch* **death-com** und **dot-com**

double: Doppel, zweifach, doppelt; Doppelsieg *eines Sportlers, auch in*

> **double bind**: hin- und hergerissen, Doppelbindung, Zwiespalt
>
> **double-click**: Doppelklick *(am Rechner)*
>
> **double dip**: wiederholte Reinfälle
>
> **double feature**: Doppelvorstellung *(im Kino)*

down: hinab, unten, am Boden, ausgebrannt, niedergedrückt, erledigt, geschafft, kraftlos, *auch in*

> **downgrade**: herunterstufen, abrüsten, abspecken, abwerten, *vgl.* **upgrade**
>
> **downhill**: Hangabfahrt *(Radsport)*
>
> **downhill assist control**, **DAC**: Abfahrhilfe, *Bergabfahrunterstützung von Toyota, siehe auch* **hill-start assist control**
>
> **downknocken**: niederschlagen *(Boxen)*, *Denglisch*
>
> **downlight**[1]: Tiefpunkt
>
> **download**, **downloaden** *(Denglisch)*: (herunter-)laden, abrufen, überspielen, holen; *als Substantiv:* Herunterladen *(Vorgang)*; heruntergeladene Datei *(Ergebnis)*

downer: Beruhigungsmittel, beruhigende Droge, Antidepressivum, *siehe auch* **upper**[2]

downlight[2]: Deckenstrahler

downshifting[1]: Entrümpelung, *zurzeit ein Modebegriff für den gar nicht neuen Sachverhalt der Sammelwut. Auf diese muss dann die Entrümpelung folgen.*

downshifting[2]: Herunterschalten, „kürzer treten"

downsizing[1]: Arbeitsplatzabbau, Stellenreduzierung

downsizing[2]: Gesundschrumpfen, Abspecken, Verkleinern

downtown: Innenstadt, *siehe auch* **uptown**

draft[1]: Entwurf, Skizze, *auch in*

> **draftsman**: technischer Zeichner

draft[2]: Auswahl, jmd. heranziehen; Kommando, Einziehung *(Armee, Sport)*

draft[3]: Belastung

drag: ziehen, schleppen, *auch in*

> **drag-and-drop**: ziehen und fallen lassen, ziehen und ablegen *(EDV)*

dreadlocks: Rastalocken

dream: (Tag-)Traum, Wunschbild, Wunder, *auch in*

dream team: Traummannschaft, Traumtruppe, Spitzenmannschaft

dress[1]: (Dienst-)Kleidung, Aufzug, Uniform; Sportkleidung, *auch in*

dress code: Kleiderordnung

dressman: *männliches Model,* Modevorführer, *Denglisch, siehe auch* **model**[2]

dress[2], **dressing**[1]: ankleiden, verbinden *(Wunde), siehe auch* **tapen**, *auch in*

dressing down[1]: sich ungezwungen kleiden

dressing up: verkleiden, *anputzen*

dressing[2]: (Salat-)Soße

dressing down[2]: abkanzeln, eine Standpauke halten, *abwatschen, herunterputzen*

drift: Rutschen, Schleudern *(Auto)*

drink: (alkoholisches) Getränk, Trunk, Trank, *auch in vielen Produktbeschriftungen wie:* milk-drink *usw.*

drive[1]: fahren, Ausfahrt, *oft auch in deutschen Eigennamen wie in* Bitburger Drive *für ein alkoholfreies Bier, auch in*

drive by wise: Gassteuerung

drive in[1]: hineinfahren

drive-in[2]: mit dem Auto zugänglich, *Fahr-rein,* Autobedienung *(d. h. im Gegensatz zu* **drive-in**[3] *feste Verkaufseinrichtung)*, Straßenrandlokal, Auto-

drive in[3]: Backmobil *(Bäckerei)*, Vorfahrgeschäft, Autotheke, Fahrtheke, Fahrverkauf *(d. h. mobile Verkaufseinrichtung)*

driver[1]: Fahrer

driving school: Fahrschule

drive[2]: Getriebe

drive[3]: Zug, Antrieb, Vorwärtsdrang, Drang, Elan, Schwung; *zielstrebiges Instinktverhalten*

drive[4]: Treibschlag, Weitschlag *(Golf)*

drive[5] **(disk)**: (Platten-)Laufwerk *(EDV)*

driver[2]: Treiber, Treiberprogramm *(EDV)*

drop[1]: Tropfen

drop[2]: ablegen, fallen lassen, *siehe auch* **drag-and-drop**

dropout: ausfallen, Versager, Aussteiger, (Studien-)Abbrecher

drops: *saure Fruchtbonbons*

drug: Droge, Arznei

drugstore: Drogerie, *siehe auch* **pharmacy**

drum: Trommel, Schlagzeug

drummer: Schlagzeuger, Trommler

dry: trocken, herb, *auch in*

dryer: Wäschetrockner

DSL: *siehe* **digital subscriber line**

DTP: *siehe* **desktop publishing**

dubbing: Neumischung, Tonmischung, Synchronisation

duck: Ente

due diligence: (mit) gebührende(r) Sorgfalt, seriös*; auch: Bewertungsverfahren bei Unternehmensverkäufen*

dumbbell: Hantel

dumbing down: *(die Masse, die Kunden, das Volk)* dumm halten

dummy: (Versuchs-)Puppe, Unfallpuppe, Attrappe, Nachahmung

dump[1]: Speicherauszug *(EDV)*

dump[2]: wegwerfen, *auch in*

dumping: Schleuderpreis, Preisdrücken, *Unterbieten der Preise*

Dumpingpreis: Schleuderpreis, Kampfpreis, *Denglisch*

durchchecken: durchprüfen, überprüfen, *Denglisch*

durchgestylt: komplett modisch gestaltet, „aufgedonnert“, „aufgebrezelt“, *Denglisch*

durchstylen: durchgestalten, komplett (modisch) gestalten, *Denglisch*

Düsenjet: Düsenflugzeug, *Denglisch, siehe auch* **jet**

Dutch: holländisch, niederländisch

Dutchman: Holländer, Niederländer

duty[1]: Pflicht, Schuldigkeit

duty[2]: Zoll, *auch in*

duty-free: zollfrei, abgaben- und steuerfrei

duty-free shop: Zollfreiladen

DVD: *siehe* **digital versatile disc**

DVD-player: DVD-Spieler, DVD-Abspielgerät

dye: Speicherschicht *eines* **CD-** *bzw.* **CD-ROM**-*Rohlings*

E

eagle: Adler, *oft im Sinne von* Taler *als Scheinmünze in Vereinen und Organisationen*

ear: Ohr, Gehör, *auch in*

earwig: Ohrwurm, -stopfen

early: früh, *auch in*

earliness: Frühe, Frühzeitigkeit

early bird: Frühaufsteher, *siehe auch* **latecomer**

early warning system: Frühwarnsystem

earnings before interest and taxes, EBIT: Gewinn vor Zinsen und Steuern

earnings before interest, taxes, depreciation, and amortization, EBITDA: Gewinn vor Zinsen, Steuern, Abschreibungen und Amortisationen

earth: Erde, Diesseits

earthly: bodenständig, realistisch

east: Ost(en)

Easter: Ostern, *selbst als Anglizismus nicht bekannt, aber verwendet in*

Easter Bunny: Osterhase

Easter egg: verstecktes Programm *(EDV)*

eastern: Asia-Abenteuer(-film), *Gegenstück zum amerikanischen Western*

Eastgate: „Tor des Ostens", *für das künftige größte Einkaufs- und Erlebniszentrum des Ostens in Berlin-Marzahn vorgesehene denglische Bezeichnung (Begründung des Investors: nur ein englischer Titel sei der ungeheuren Größe des Objekts angemessen)*

easy[1]: unbeschwert, unbekümmert, angenehm, gefällig, locker, *auch in*

easygoing: Gelassenheit, Unbeschwertheit, Leichtlebigkeit - *von einer Politikerin verwendet für:* artgerechte Tierhaltung *(könnte sie „leichtlebig" mit „leichtes Leben" verwechselt haben?)*

easy[2]: (kinder-)leicht, simpel, einfach, mühelos, *auch in*

easy entry: Komfort-, Schnelleinstieg, „einfach rein" *(spezieller Mechanismus bei Kfz von Audi und Daimler-Chrysler)*

EasyGate: Schnellzugang *(Telekom)*

easy listening: leichte Radiounterhaltung, Fahrstuhlmusik, Rasiermusik

easy money: leichtes Geld, *z. B. in einer denglischen Werbung eines Mobiltelefonanbieters*

easy skiing: Anfängerschischule, *denglischer Name eines Projekts mehrerer deutscher Bundesländer, mit dessen Hilfe Schülern auf einfache Weise das Schifahren beigebracht werden soll*

easyware: Kurzanleitung, Kurzeinführung *(für die PC-Nutzung)*

eat-art: Esskunst, *Kunstwerke aus essbaren Materialien*

e-banking, electronic banking: elektronische Bankdienste, E-Bankverkehr

e-bike: Elektrorad, E-Rad

EBIT: *siehe* **earnings before interest and taxes**

EBITDA: *siehe* **earnings before interest, taxes, depreciation, and amortization**

e-book: E-Buch, elektronisches Buch

e-business, electronic business: Internetgeschäfte, E-Geschäfte, elektronische Geschäfte, elektronischer Geschäftsverkehr, netzgestützte Geschäftstätigkeit

e-card: E-Postkarte *(im Internet)*

e-cash, electronic cash: E-Zahlung, *elektronische Barzahlung mit Buchung vom Girokonto*

e-check: *normgerechte Überprüfung elektrischer Anlagen und Geräte (hier also ausnahmsweise „e-" wie „Elektro-")*

eco...[1]: wirtschaftlich, Öko..., *Kurzform für* **economical**

eco...[2]: ökologisch, *Kurzform für* **ecological**

e-commerce, electronic commerce: Internethandel, E-Handel, elektronischer Handel, Netzhandel, E-Gewerbe, *siehe auch* **e-trading**

economic: wirtschaftlich, *auch in*

economic status: wirtschaftlicher Stand

economy[1]: Ökonomie, Wirtschaft, Handel

economy[2]: *Brieftarif der Deutschen Post*

economy class: Touristenklasse *(„dritte" Klasse bei Flugreisen)*

economy of scale: *größenbedingte Einsparung,* Größenvorteil

e-crash: *Zusammenbruch der elektronischen Wirtschaft (nicht: elektronischer Zusammenbruch)*

ecstasy: Verzückung, Ekstase, *auch synthetische Euphoriedroge*

edit, editieren[1] *(Denglisch)*: herausgeben, redigieren

editieren[2]: *(Daten)* aufbereiten, manipulieren, verändern, edieren, *Denglisch*

edition: Ausgabe, Edition

editor[1]: *(Buch-)*Herausgeber

editor[2]: Textbearbeitungsprogramm *(EDV)*

editorial: Leitartikel, Einleitung, Vorwort

EDP: *siehe* **electronic data processing**

edutainment: Infounterhaltung, Unterhaltungsinfo, *siehe auch* **infotainment**

effect: Wirkung, Ergebnis, Effekt; bewirken

efficiency: Leistungsfähigkeit, Wirtschaftlichkeit

effortless: mühelos

e-game: Internetspiel, Netzspiel, E-Spiel

e-gaming: Spielen im Internet, Spielen im Netz

egghead: Eierkopf, *ugs. für:* Intellektueller, Schlaukopf

Egotrip: Selbstfindung, *negativ auch*: Selbstsucht, *Denglisch*

e-government, **electronic government**: *digitale Verwaltungsdienstleistungen,* digitale Verwaltung, elektronische Verwaltung, *Vernetzung elektronischer Informations- und Kommunikationswege zwischen Bürgern, Verwaltung und Wirtschaft*

e-greetings: elektronische Grüße *(über das Internet)*

e-health: *elektronisch unterstützte Medizinprodukte und -dienstleistungen*

eigenvalue: Eigenwert *(Wirtschaft - in diesem Zusammenhang Denglisch), englischer Fachausdruck aus dem deutschen Begriff abgewandelt!*

eincashen: Geld verdienen, Gewinne einstreichen

einchecken: anmelden, sich abfertigen lassen; abfertigen, *Denglisch*

einclicken: sich einwählen *(in ein EDV-Programm)*

eincomputern: *in den Rechner* eingeben, *Denglisch*

einloggen: sich *in Computersysteme* einwählen *(EDV)*, sich anmelden, *Denglisch, siehe auch* **log-in**

einscannen: einlesen, abtasten, abrastern, *einskännen, Denglisch, siehe auch* **scannen**

Eins-zu-eins-Marketing: *individuelle, „maßgeschneiderte"* Kundenbeeinflussung, *Denglisch, siehe auch* **one-to-one marketing**

einzoomen: verkleinern, *Denglisch, siehe auch* **zoomen**

Eiscrusher: Eiszerkleinerer, *Denglisch*

Eject-Taste: Auswurf, *etwa beim Kassettenrekorder, Denglisch*

elder statesman: Altpolitiker, *analog zu Altbundeskanzler*

e-learning: internetgestütztes Lernen, E-Lernen, elektronisches Lernen *über Programme (siehe* **CBT***) oder das Netz bzw. Firmennetz (siehe* **WBT***), auch: elektronische Kurse einer Fernuniversität*

electronic: Elektronik, elektronisch, Elektronen-; *bei Wortverbindungen siehe auch* **e-...**, *auch in*

> **electronic circuit**: elektronische Schaltung
>
> **electronic communication**: *technische Kommunikationsmöglichkeit*
>
> **electronic data processing**, **EDP**: Elektronische Datenverarbeitung, EDV

e-mail, **electronic mail**: elektronische Post, E-Post, Netzpost; Rechnerpost, elektronische Mitteilung, E-Mitteilung, Mitteilung über das Internet, E-Brief, Netzbrief, Digitalpost

e-mail spam: (unerwünschte *elektronische*) Werbepost, *siehe auch* **cold calling**, **spamming**

embedded system: eingebettetes Betriebssystem *(z. B. in einem Haushaltsgerät eingesetzt)*

emergency: Notaufnahme

emerging markets: aufstrebende Märkte, Schwellenländermärkte

emoticon: Gefühlssymbol, -zeichen *(im Internet)*, *siehe auch* **smiley**

emotion: innere Bewegung, Gefühl, Rührung, Gefühlszustand, Regung

employee relationship management, **ERM**: Bewerbungsverwaltung, *siehe auch* **Bewerber-Recruiting-Management**, **customer relationship management**

employment: Beschäftigung, Verwendung, Arbeit

empowerment: Ermächtigung

empty: lustlos, leer, schlaff, erschöpft

encoder: *(Daten-)*Verschlüssler *(Gerät bzw. Rechnerprogramm), Gegenstück zum* **decoder**

encodieren, **enkodieren**: verschlüsseln, *Denglisch*

encounter: Begegnung, *vorwiegend übersinnlich (UFOs, Geister usw.)*

endless: endlos

enduro[1]: *geländegängiges Motorrad, Denglisch*

enduro[2]: *Langstreckenrennen der Motorradgeländesportler (in Großbritannien eher zum Zwecke der Materialdauerbelastung durchgeführt)*

Enduser: Endnutzer, Endverbraucher, *Denglisch*

energetics: Energetik

energy: Kraft, Leistungsfähigkeit, Tatkraft, Energie, *in vielen deutschen Firmennamen verwendet, wie z. B.* „Nordex Energy" *(Windkraft) oder* „RWE Energy", *auch in*

> **energy broker**: Stromhändler
>
> **energy drink**: Energiegetränk, Krafttrunk
>
> **energy pool**: Strombündelung

engagement[1]: Einsatz, Einsatzfreude, persönlicher Einsatz, *germ.-franz. Rückläufer*

engagement[2]: Anstellung, Verpflichtung

engine: Motor, Maschine, Triebwerk

engineer: Ingenieur

engineering: Ingenieurtätigkeit, Ingenieurwesen

enhancement: Verstärkung, Hervorhebung

enjoy: genießen, *in der Werbung meist als Imperativ verwendet:* enjoy Coca-Cola! = genieße Coca-Cola!

enjoyment: Vergnügen, Unterhaltung

enterprise: Geschäft, Unternehmen, *auch in*

> **enterprise resource planning**, **ERP**: Unternehmensressourcenplanung, URP

entertain: unterhalten, *auch in*

> **entertainer**: Vortragende/r, (Allein-)Unterhalter/in, *als Beruf*
>
> **entertainment**: Unterhaltung, Belustigung, Repräsentation, Darbietung

Enter-Taste: Zeilenumbruchtaste, Eingabetaste *(EDV), Denglisch*

entourage: Begleitung, Begleitmannschaft, Tross, Gefolge, Umgebung

e-payment system: *Internet-Bezahlungssystem, siehe auch* **micropayment**

e-procurement: *netzgestütztes Beschaffungswesen,* elektronische Beschaffung, E-Beschaffung

e-publishing: elektronische Veröffentlichung

equalizer: Entzerrer, Frequenzregler, Klangregler

equal pay: „Gleicher Lohn für gleiche Arbeit", *Lieblingsanglizismus des Ministers Clement*

equipment: Ausstattung, Ausrüstung, Apparatur, Anlage, Geräte, *auch in*

equipment leasing: *Ausleihverfahren für Maschinen*

e-recruiting: *elektronisch gestützte Anwerbung*

ergonomics: Arbeitswissenschaft, Ergonomie, *siehe auch* **human engineering**[1]

eros center: Bordell, Freudenhaus

error: Irrtum, Fehler, Versehen, Fehl(er)anzeige

escape[1]: Flucht

escape[2]: Hinaus, Fluchtweg, Abbruch, *auch in*

Escape-Taste: Abbruchtaste, *Denglisch*

escort: Begleitung, Schutz

e-script: E-Drehbuch *(gemeinschaftlich im Internet erarbeitetes Drehbuch)*

e-shopping: Internet(ein)kauf

e-sports, **electronic sports**: E-Sport *(wettbewerbsmäßig betriebene, meist brutale Spiele am Rechner, auch mit Hilfe des Internets)*, *siehe auch* **Killerspiel**

essay: *knappe, kürzere* Abhandlung, Aufsatz, *literarischer oder wissenschaftlicher Art*

essential: wesentlich, entscheidend, unentbehrlich

essentials[1]: Grundlagen, Grundzüge, Wesentliches, *auch in der Produktbenennung* Ariel Essentials = *etwa:* Extrakt *oder* Konzentrat

essentials[2]: Erfordernisse, Bedingungen

establishment: *(einflussreiche)* Oberschicht, Führungsschicht

eternal: dauerhaft, *„unkaputtbar",* immerwährend

eternity[1]: Ewigkeit, Jenseits, *die Beerdigungsbranche nennt Ihre Messe so!*

eternity[2]: *in Wortverbindungen:* dauerhaft, *„unkaputtbar", „ewig haltend" (z. B.* eternity watches = ewig haltende Uhren*)*

ethno food: fremde Esskultur, exotisches Essen, *internationale Spezialitäten*

e-trading: Internethandel, E-Handel, elektronischer Handel, Netzhandel, *siehe auch* **e-commerce**

Eurocity, **EC**: Europaschnellzug

Europe: Europa

evaluation: Abschätzung, Einschätzung, Schätzung, Bewertung, Auswertung

event[1]: Ereignis, Erlebnis, Geschehen, Attraktion, *auch in*

event manager: Veranstaltungsorganisator

event-marketing: Ereigniswerbung, Veranstaltungsvermarktung

event movie: *Film nach echten Geschehnissen*

eventreich: ereignisreich, *Denglisch*

event show: *organisiertes Großereignis, Ereignisschau*

event[2]: Auftritt, Veranstaltung, Feier, Wettkampf - *in Wirtschafts- und Marketingkreisen für jedes nichtgeschäftliche Geschehen, also auch ein gutes Essen, einen Theaterbesuch oder einen Stadtrundgang, in diesem Sinne also eher* Begleitprogramm *oder* Rahmenprogramm, *auch in*

event-catering, **Event-Catering-Firma** *(Denglisch)*: Veranstaltungsbelieferung

evergreen: Ohrwurm, Dauerschlager, Dauerbrenner

everlasting lipstick: Dauerlippenstift

every: immer, dauerhaft; jeder/e/s

everybody: jeder, jedermann, *auch in*

everybody's darling: allseits beliebt, jedermanns Liebling

everything: alles

everywhere: überall

evidence[1]: Offenkundigkeit, Klarheit, Augenschein

evidence[2]: Beweismittel, *auch in*

evidence-based medicine, **EBM**: wissensbasierte Medizin, WBM

e-voting: elektronische Abstimmung *(im Parlament und dgl. per Tastendruck)*, E-Abstimmung

example: Muster, Beispiel

exchange[1]: Aus-, Ein- *oder* Umtausch, Geldwechsel, Wechselstube

exchange[2]: Börsenkurs, Börsenplatz, *auch in*

exchange business: Wechsel-, Börsengeschäft

exchange report: Börsen-, Kursbericht

executable, **exekutierbar** *(Denglisch)*: ausführbar, *auch in*

executable (file): ausführbare Datei, Programmdatei

exhibition: Ausstellung, Darbietung

exit[1]: Ausgang, Ausfahrt *(weder in deutschen Flugzeugen noch in deutschen Flughäfen findet man noch einen „Ausgang")*, *auch in*

exit option: Ausstiegsklausel - *die Möglichkeit, ohne Gesichtsverlust aus Verhandlungen auszusteigen*

exit[2]: Tod

expander: Muskelformungsgerät, Muskeltrimmgerät

expatriate: *im Ausland lebender, aber noch mit dem Heimatland verbundener Mensch (kein Emigrant!)*

Expertenhearing: Expertenanhörung, *Denglisch*

Expertenpool: Expertenring, *Ring von Fachleuten, Denglisch*

explorer: Entdecker, Forschungsreisender; *in der EDV einfach nur:* Dateiverwaltung

expression: Ausdruck

extension: (Datei-)Erweiterung

extra dry: besonders herb, sehr trocken

extra large: sehr groß, *Kleidergröße XL, jetzt auch: spezielle Paketgröße (Deutsche Post)*

extremely: sehr, *siehe auch* **X**[1]

eye: Auge, *auch in*

- **eye-catcher**: Blickfang, *vor allem in der Werbung*
- **eyeliner**: Lidstrich(-stift), Lidzeichner
- **eye make-up remover pads**: Lidschattenentferner
- **eye-tracking**: Augensteuerung *(von Geräten)*
- **eyewear**: Brillenmode, Sehhilfe

F

face: Gesicht, Antlitz, Züge, Mimik, *auch in*

face cream: Gesichtscreme

face credibility: Glaubwürdigkeit

face-lift, **face-lifting**, **faceliften** *(Denglisch)*: *(operative)* Gesichtsstraffung, Gesichtsverschönerung, *auch im übertragenen Sinne:* Modernisierung *(z. B. bei Autos)*

face-powder: Gesichtspuder

face-to-face meeting: persönliches Treffen, *im Gegensatz zu einer Telefon- oder Netzkonferenz („face to face" = wörtlich: von Angesicht zu Angesicht)*

face value: Nennwert *(einer Aktie)*

facilitation: Förderung

facilities[1], **Faszilitäten**[1] *(Denglisch)*: Einrichtungen, Anlagen, technische Gegebenheiten

facilities[2], **Faszilitäten**[2] *(Denglisch)*: Möglichkeiten, Notwendigkeiten

facilities[3]: Toiletten

facility concept: Hausverwaltung

facility management: Gebäudeverwaltung, Hausverwaltung, Hausmeisterei, Immobilienverwaltung

facility manager[1]: Leiter zentrale Dienste, Leiter Organisation und Struktur

facility manager[2]: Gebäudeverwalter, Hausmeister

facing: Verputz, Verschalung

facsimile: Kopie, Abschrift, Reproduktion

fact: Tatsache, Realität, Tatbestand, *auch in*

fact sheet: (Tatsachen-)Bericht

fact story: Tatsachenbericht

factoring: Rechnungs-, Forderungsaufkauf

factory: Fabrik, *auch in*

factory-outlet (center), **FOC**: Werks-, Firmen-, Fabrikverkauf(szentrum)

factory-outlet manager: Werksverkäufer, Leiter Fabrikverkauf

fading[1]: Bremsschwächung

fading[2]: Ein- und Ausblenden *von Musik oder Bildern*

Fahr-Dynamic-Control: *Motorleistungssteuerung, denglische Konstruktion des deutschen Unternehmens BMW*

fail: Fehlversuch, *auch in*

fail-safe: ausfallsicher

failure: Ausfall, Fehler, Störung

fair: anständig, gerecht, sportlich, ehrenhaft, redlich, *auch in*

fairness: anständiges Verhalten *im Wettkampf*, Sportsgeist, Ehrlichkeit

fair play: ehrliches Vorgehen, sportliche Anständigkeit, ehrliches Spiel, *siehe auch* **fairness**

fake: Vortäuschung, Vorspiegelung, Schwindel, Fälschung

faken: fälschen, türken, vortäuschen, vorschwindeln, *Denglisch*

Fallmanager: *siehe* **case manager**

fallout: *(schadstoffreicher, radioaktiver) Niederschlag,* Atomregen

false friends: „falsche Freunde", *bestimmte englische Wörter, die zu gleich oder ähnlich lautenden deutschen Wörtern überraschenderweise gravierende Bedeutungsunterschiede aufweisen, siehe z. B.* **actual** *oder* **flair**

family[1]: Familie, Verwandtschaft, Herkunft, Anverwandtschaft, Sippe, *u. a. auch Bestandteil zahlreicher Fahr- oder Stromtarife städtischer und überregionaler Anbieter, auch in*

family card: Familienausweis, Familienpass

family farm: familienfreundlicher Bauernhof

family pack: Familienpackung

family yard: (Familien-)Ferien auf dem Bauernhof, *Familienhof*

family[2]: Gemeinschaft, *z. B. in unzähligen Kundenklubs wie:* Ikea family = Ikea Kundenklub

famous: erstklassig, berühmt

fan[1]: Anhänger, Verehrer, *(begeisterter)* Liebhaber, *Kurzform für:* **fanatic** (Fanatiker), *auch in*

fan club: Anhängerschaft, Anhängerverein, Unterstützungsverein

fan corner: Interessentenecke, *Ecke für den* **fan**[1]

fan shop: *Laden für den* **fan**[1]

fan[2]: Lüfter, Ventilator, Gebläse, aktiver Kühler

fantastic: fantastisch, toll, großartig, *siehe auch* **phantastic**

fantasy: Fantasie, Einbildung, Märchen, Fabelwelt, *auch in*

fantasy film: Fantasie(märchen)film

fantasy game: Rollenspiel

Fantasykomödie: Fantasiekömodie, *Denglisch*

fanzine: Liebhabermagazin, Liebhaberzeitschrift, *Zeitschrift für den* **fan**[1]

FAQ: *siehe* **frequently-asked questions**

farewell: Lebewohl, Auf Wiedersehen, Abschiedsgruß

farm: landwirtschaftlicher Betrieb, Bauernhof, Hof, Landgut, Farm

farmer: (Groß-)Bauer, Gutsbesitzer, Landwirt

fashion: Form, Gestalt, (Zu-)Schnitt, Mode, *auch in abwegigem Zusammenhang gebraucht, z. B. als Bezeichnung für eine Wohnanlage im sächsischen Limbach-Oberfrohna, die auf dem Gelände einer ehemaligen Textilfabrik entstanden ist:* „Tricot Fashion", *auch in*

fashionable: elegant, fein, modisch schick, letzter Schrei, modern

fashion bag: *modische, „fetzige"* (Hand-)Tasche

fashion guide: Modezeitschrift, Modeinfo, Modewegweiser

fashion house: Modehaus

fashion magazine: Modezeitschrift

fashion shop: Modeladen, Modegeschäft

fashion store: Modehaus, Modegeschäft

fast: schnell, *auch in*

fast back[1]: Schnellrücklauf *(Film)*

fast break: Konter, Steilangriff

fast food: Schnellgericht, Schnellkost, Schnellimbiss, *im Gegensatz zu* **slow food**

Fast-Food-Literatur: Groschen-, Billigliteratur, *Literatur „von der Stange", Denglisch*

Fast-Food-Musik: *einfallslose Musik, Musik „von der Stange", Denglisch*

fast-food soap: *einfallslose Seifenoper, Seifenoper „von der Stange", Denglisch, siehe auch* **soap**[2]

Fastpass-System: Festzeitsystem *(Besuch von Attraktionen, z. B. Disneyland, zu festgelegten Zeiten ohne Anstellen), Denglisch*

fast-reading: Schnelllesen

fastback[2]: Steilheck

fasten your seat belt!: Sicherheitsgurt anlegen! *(Flugzeug) - der Hinweis wird neuerdings auch in deutschen Taxis ohne Übersetzung angebracht*

fatburner program: Fettverbrennungsprogramm, *gymnastisches Programm*

fatburning: Schlankheitskur, Diät, Abspecken, Entfettung

favor *(AE)*, **favour** *(BE)*: Gefallen, Vorteil

favorable *(AE)*, **favourable** *(BE)*: günstig, vorteilhaft, gewogen

fax polling: Faxabruf, *Fernkopieabruf;* Faxumfrage

fear generation: Angstgeneration, *siehe auch* **fun generation**

feasibility study: Machbarkeitsstudie

feature[1]: Grundzug, (charakteristisches) Merkmal; Funktion, Eigenschaft

feature[2]: Dokumentarbericht *im Radio*, Beitrag, Bericht, Dokumentation, Themenartikel

feature[3]: Zugabe *(bei Film-***DVD***), siehe auch* **special edition**

fee: Honorar, Vergütung

feed: Futter, Nahrung, *auch symbolisch, auch in*

feeding and breeding: füttern und aufziehen, „glucken"

feedback: Rückkopplung, Antwort, Rückmeldung, Informationsrückfluss, Resonanz

Feel-good-Gottesdienst: *besonders „jugendgemäße" Form eines Gottesdienstes, Denglisch*

feeling: (Fein-)Gefühl, Sinn, Empfindung, Stimmung, Gespür, Ahnung

fellow: Freund, Genosse, Kumpel, *auch in*

fellowship: Kollegialität

fender: Schutzpolster *an Schiffswänden*

Ferienjob: Ferienarbeit *von Schülern, Denglisch*

ferry: Fähre

festival: *(Film-, Musik-, Theater-)*Festspiele

fetch: holen, abholen, ergreifen

fetish: Fetisch, Götzenbild

fever: Fieber, Erregung, Aufregung

fiber *(AE)*, **fibre** *(BE)*: Faser, *vor allem Pflanzenfaser in Getreidekost, auch in*

fiber optics *(AE)*, **fibre o.** *(BE)*: Glasfasertechnik

fiction: erfundene Geschichte, Fantasie, *siehe auch* **science fiction**

field: Feld, Zelle *(EDV), auch in*

field research: Feldversuch, *Erhebung von Daten im Außendienst*

field researcher, **field worker**: Außendienstmitarbeiter, Feldversuchswissenschaftler

field marketing: Haustürverkauf, Hausverkauf

fifties: fünfziger Jahre

fifty-fifty: halb und halb, Halbe-Halbe

fight, **fighten** *(Denglisch)*: Gefecht, Kampf, Wettkampf; *(hart)* kämpfen, schlagen, Wettkampf austragen, *auch in*

fighter: Kämpfer

fighting: Kampf(-kraft), Gefecht

fight night: Wettkampfnacht

file: Akte, Datei, Ordner, Werk, *auch in*

file server: Dateiverwaltungsprogramm, Dateiverwalter

file-sharing: gemeinsamer Dateizugriff

file system: Dateisystem

file transfer: Dateiübertragung

filler: *auch*. Abfüller *(Entsorgungsbranche)*

final[1]: Endspiel, Finale

final[2]: endgültig, unwiderruflich

finance: Finanz(-wesen), *auch in*

finance company: Finanzgesellschaft

finance director: Finanzchef

financial planning: Finanzplanung

fine: gut, fein

fine arts: Kunstwissenschaft *(Studiengang an der Universität Greifswald)*

fine-liner: Faserschreiber

finger food: Fingeressen, *Spezialitäten mit den Fingern zu essen,* Häppchen

fingerprint: Fingerabdruck, *(charakteristisches)* Kennzeichen, Merkmal

finish[1]: Ende, Ziel(-einlauf), Endlauf; Vervollkommnung, letzter Schliff, *auch in*

finishen: beenden, zum Endlauf ansetzen; vollenden, *Denglisch*

finish[2]: Oberflächenbearbeitung, -behandlung; Oberflächenzustand

fire: Feuer, *als einzelner Anglizismus nicht belegt, doch in mehreren albernen Zusammensetzungen wie z. B.:* Quizfire = Feuerwerk der Fragen, *auch in*

firefighter: Feuerwehrmann, Brandbekämpfer

firewall[1]: Brandmauer, Schutzmauer, Einbruchsschutz

firewall[2]: Zugriffsschutz *von außen auf den Rechner*, Schutzschild, Schutzwall

firewire: *Schnittstelle für die Verbindung zwischen Rechner und Videokamera*

first: erster/e/s, zuerst, erstklassig, *auch in*

first class: erstklassig, erste Klasse *(auch bei Flugreisen)*, sehr gut, luxuriös, *von gehobenem Standard*

first-class hotel: Hotel erster Klasse, Spitzenhotel, Luxushotel

first come, first served: wer zuerst kommt, mahlt zuerst

first draft[1]: erste Wahl

first draft[2]: Erstfassung, erster Entwurf, erste Version *(eines Buches usw.)*

first guess: erste Abschätzung, auf den ersten Blick

firsthand: aus erster Hand, neu

First Lady: Präsidentengattin, Landesmutter, erste Dame des Staates

first responser: erste Hilfe, *so in der RTL-Sendung* Notruf *im Zusammenhang mit einem Wespenstich. Zur Hilfe kam dann das* first responser team.

first draft[3]: Andruck

first grip: Kamerabühnenchef

fischen *(als Freizeitsport)*: angeln, *Denglisch (im Deutschen benennt* fischen *stets eine professionelle Tätigkeit)*

fishing: angeln *(als Freizeitsport)*

fishing for compliments: nach Komplimenten angeln, nach Beifall gieren, um Anerkennung betteln

fit: geeignet, tauglich, gesund, leistungsfähig, passend, *auch in*

fit for fun: bereit für Spaß, ich will Spaß

fit machen: Leistung steigern, leistungsfähig machen, ertüchtigen, *Denglisch*

fitness: Tauglichkeit, Gesundheit, Ausdauervermögen, Leistungsfähigkeit, Kondition, *gute körperliche Verfassung, auch in*

fitness bike: *Konditions(fahr)rad, Denglisch*

fitness biking: *Konditions-, Gesundheitsradfahren, Denglisch*

fitness center: Konditionsraum, Trimmdichstätte, Gesundheitszentrum, Übungsraum, (Sport-)Gerätezentrum, Kraftgerätezentrum, *Denglisch*

fitness check: Gesundheitstest

Fitnesseinrichtung: Gesundheitseinrichtung, Gesundheitsstudio, *Denglisch*

Fitnessprogramm: Gesundheitsprogramm, *Denglisch*

Fitness-Studio: *Kraftstall, Trimmdichstätte, Denglisch*

Fitnesstrainer: Konditionslehrer, *Denglisch*

fitten: passen, anpassen, reparieren, *Denglisch, auch in*

fitting[1]: Anpassung, Ausstattung

fitting[2]: Rohrverbindung

five o'clock tea: Fünfuhrtee

fix[1]: besorgen, festmachen, befestigen

fix[2]: (Fehler-)Behebung, Auflösung *(EDV)*

fixen[1]: *(Ergebnisse)* festhalten, verschriftlichen, *in schriftliche Form bringen*

fixen[2]: lösen *(z. B. entstandene Probleme)*, *Denglisch*

fixing: Schlusskurs *(Börse), auch: Feststellung dieser Kurse*

Flachdisplay: Flachbildschirm, *Denglisch*

Flächenrecycling: *Wiedernutzbarmachung kontaminierter Flächen, Denglisch*

flagship store: repräsentatives Geschäft, Hauptgeschäft, *Vorzeigegeschäft (z. B. einer Ladenkette)*

flair: Gespür *(für etwas)*, Spürsinn *(nicht wie im Deutschen:* flair = Fluidum, gewisses Etwas*)*

flame: Schmähbrief, Hasstirade, Verbalinjurie; schmähen, schelten, geifern, *auch in*

flame festival, **Flamefest** *(Denglisch)*: Schlammschlacht

flash: Blitz; (Eil-)Kurzmeldung, *auch in*

flashback: Einblendung, Rückblende, Rückblick, Geistesblitz, Momentaufnahme, *auch symbolisch gebraucht*

flashlight[1]: Blitzlichtgerät, Lichtblitze

flashlight[2]: Diskolicht

flashlight[3] *(AE)*: Taschenlampe

flash mob, **flash mobbing**: „Blitzmenge", „Klub des Plötzlichen", *Massen-Spaßveranstaltung in der Öffentlichkeit*

flashover: Stichflamme, Verpuffung, Feuerwalze

Flashspeicher: nichtflüchtiger Speicher, *der die Informationen auch nach Abschalten der Betriebsspannung beibehält (Elektronik), Denglisch*

flat[1]: flach, platt, eindimensional; Halbton tiefer, *auch in*

flat pack: Flachgehäuse

flat screen: Flachbildschirm

flat[2]: Mietwohnung, Kleinwohnung

flat fee: Pauschalpreis *(für den Zugang zu einem Dienst)*

flat rate[1]: Pauschalpreis, Pauschal-, Dauertarif, *(monatlicher)* Festpreis

flat rate[2]: Standleitung

flat tax: Proportionalsteuer

flavor *(AE)*, **flavour** *(BE)*: Geschmack, Duft, Aroma

fleece: *synthetischer* Flausch, Vlies, Webpelz

flexible response: Flexibilität, flexible Erwiderung

Flexspace-Konzept: Flexraum, *flexible Raumaufteilung bei Opel-Kfz, Denglisch*

flight[1]: Flug, *auch in*

flight bag: Flugtasche

flight safety: Flugsicherheit

flight[2] **(recorder)**: Flugschreiber

flip[1]: *alkoholisches Mischgetränk*

flip[2]: schnippen, *auch in*

flip chart: Schreibblocktafel

flip-flops: (Steg-)Badesandalen, *spezielle* „Badelatschen"

flipper[1]: Spielautomat, *Denglisch, im Englischen „pinball machine"*

flipper[2]: Flosse

flippy, **flippig** *(Denglisch)*: unkonventionell, verrückt, ausgefallen, locker, kess, flott

flirten: anbandeln, schöne Augen machen, balzen, umwerben, *Denglisch*

floaten *(Denglisch)*, **floating**: freies Schwanken *(des Wechselkurses)*; den Wechselkurs freigeben

floating home: „Wasserwohnung" - *solche an Hausboote erinnernde, frei schwimmende Wohneinheiten in Ufernähe sollen demnächst in Berlin errichtet werden*

floating-point number: Gleitkommazahl

floor[1]: Stock, Geschoss, Stockwerk

floor[2]: Fußboden(-belag), *auch in*

floor polish: Fußbodenreiniger, Bohnerwachs

flop: Reinfall, Pleite, Misserfolg, Fehlschlag

floppen: zum Misserfolg werden, *Denglisch*

floppy (disk): Diskette *(Datenträger), siehe auch* **disk**[2], *auch in*

Floppylaufwerk: Diskettenlaufwerk, *Denglisch*

flow[1]: Fluss, fließen

flow[2]: *in seiner Tätigkeit völlig aufgehen, Beruf als Berufung*

flower: Blume, Blüte, *auch in*

flower power: *Begriff aus den 60ern für die* Blumenkinderbewegung, *siehe auch* **hippie**; *neuerdings von einer Politikerin profan verwendet für:* Obst und Gemüse

flower shop: Blumenladen

Flowpackung: Schlauchpackung, *Denglisch*

fluid: Flüssigkeit, *in der Kosmetikwerbung für jede Flüssigkeit, für die auf die Schnelle kein besserer Name zu finden war, auch in*

fluid make-up: flüssige Schminke, *flüssige Gesichtstönungscreme*

flush[1]: Wallung, Hautröte

flush[2]: *(Puffer)* leeren *(EDV)*

fly, **flying**: fliegen, *auch in*

fly-away day: Abreisetag, *an dem Seminarteilnehmer bis ihr Zug/Flug abgeht noch an einem Rahmenprogramm teilnehmen können*

flyer: Handzettel, Flugblatt, fliegendes Blatt, Flugschrift, Faltblatt, Werbezettel

fly-in: Fliegertreffen

Flying Dutchman: Fliegender Holländer, *Bootsbauweise*

flying safety: Flugsicherheit

flyover: Hochstraße, Überführung

focus, **Fokus**: *im übertragenen Sinne (= Denglisch):* Brennpunkt, Schwerpunkt

focus puller: Scharfzieher

folder[1]: Faltblatt, Faltbroschüre, Prospekt

folder[2]: Ordner *(auch in der EDV)*, Mappe, Schnellhefter, *siehe auch* **directory**[3]

foley waker: Geräuschetechniker, Geräuschemacher

follow me: folge mir, bitte folgen

follow-up: Nachbehandlung, Nachsorge; Folgeveranstaltung, Fortsetzung

font: Schrifttyp, Schriftart, Zeichensatz

food: Nahrung, Essen, Speise, Kost, Lebensmittel; Fraß, *auch in*

food broker: Lebensmittelhandler

food concern: Nahrungsmittelkonzern

food court: Schlemmermeile, „Fressmeile"

food craving: Heißhunger(-attacke)

food design: „moderne" Lebensmittel *(z. B. Sport- und diätetische Nahrungsmittel)*

food engineering: Lebensmitteltechnik

food experience day: *denglisch benannte, gut gemeinte Veranstaltung lokaler Vermarkter von landwirtschaftlichen Produkten in Hessen, könnte nach Auffassung einer Verfechterin guten Deutschs durchaus auch* „Essen erleben mit allen Sinnen" *heißen*

food express: Lebensmitteltransport

food import: Lebensmitteleinfuhr

food industry: Nahrungsmittelindustrie

food ingredients: *(Nahrungsmittel-)*Halbfabrikate

Foodparadies: Schlemmerparadies, *Denglisch*

food services: Lebensmitteldienst

foodstuff: Nahrungsmittel

foodtainer: Obstschale *(Verpackung), Kombination von* **food** *und* **container**

food to go: Speisen zum Mitnehmen, *siehe auch* **coffee to go**

food trust: Nahrungsmittelkonzern

foolish: töricht, albern, närrisch

footage: Material, Arbeitsmaterial, Filmmaterial

footer: Fußteil *(eines Dokuments), Gegenstück zum* **header**[2]

force[1], **forcing**[1]: (äußerer) Antrieb, Anfachung

force[2], **forcing**[2]: bedrängen, zwingen

force[3]: (Streit-)Macht, Stärke, Gewalt, *siehe auch* **air force**

force feedback: Aktionsrückmeldung *(z. B. bei Maus- oder Spielhebelbetätigung)*

fore: vorn, vorder-, *auch in*

forecast: Vorhersage

forehand: Vorhand

fore-checking: Druckspiel, Drangspiel, frühes Stören, *z. B. beim Fußball*

foreign: fremd, *auch in*

foreigner: Fremder

foreign office: Auswärtiges Amt, Außenministerium

forever: für immer, immer wieder

Forever-young-Klinik: Verjüngungsklinik, *Denglisch, z. B. Anti-Aging-Clinic Köln*

for me: für mich

for men: für Männer, für Herren

Formula One: Formel 1, *so in Formel-1-Berichten im deutschen Fernsehen*

fortunately: glücklicherweise

forward, forwarden *(Denglisch)*, **fwd**: weiterreichen *(als E-Post)*, weiterleiten; *als Ausruf:* vorwärts!

forward-thinking: Weiterdenken, Vorausdenken - *einer der ärgerlichsten Anglizismen eines Automobilimporteurs*

for women: für Frauen, für Damen

for you, **4U**: für dich *(das Kürzel* **4U** *kommt selbst in politischer Werbung vor)*

for your eyes only: nur zur persönlichen Ansicht *(Geheimhaltungsstufe)*

Fotofinish *(Denglisch)*, **photo finish**: Zielfoto(-entscheidung)

Fotopoint: Fotoladen, *Denglisch*

Fotosession *(Denglisch)*, **photo session**: Fototermin

Fotoshooting *(Denglisch)*, **photo shooting**: Fototermin

foul: regelwidrig, unsportlich; faul, unredlich; *(oft brutaler)* Regelverstoß, *auch in*

foulen: sich regelwidrig verhalten, *Denglisch*

foundation: Stiftung, Gründung

four-stroke: Viertakt-

four-wheel drive: Allradantrieb

fragrance: Duft *(in vielen Produktaufschriften)*

frame: Rahmen, Fahrradrahmen; Fenster *(EDV), auch in*

framework: Fenster *(EDV)*, Rahmen *(EDV)*

franchise[1]: Konzession, Verkaufs-, Vertriebslizenz, *auch in*

franchising: Konzessionsverkauf, Verkaufs-, Vertriebslizenzvergabe

franchise[2]: Vorrecht

franchise[3]: Zollfreiheit

Frauenpower: weibliche Stärke, weibliche Überlegenheit, Macht der Frauen, *Frauenmacht, Denglisch*

free: frei, *auch in*

freecall: kostenloser Anruf, Freigespräch

free-climber: Freikletterer

free-climbing: Freiklettern

freelance: freiberuflich

freelancer: Gelegenheits- *oder* Zeitarbeiter; Freiberufler, freier Mitarbeiter

freemail: Freipost

freemailer: Freipost, *kostenloser Internetanbieter für E-Post*

freemover: Gaststudent, *so tatsächlich die Universität Marburg*, Wahlstudent, Freistudent, Gasthörstudent

free of charge: kostenfrei

free rider: Trittbrettfahrer

free riding: Tiefschneefahren

free selection: freie Auswahl, *Denglisch*

freestyle: Freistil

free-TV: *frei empfangbares Fernsehen*, Freifernsehen, Gratisfernsehen, *im Gegensatz zum* **pay-TV**

freewheeling: *„Schifahren ohne Schnee" (neue Trendsportart zur Kompensation des üblichen Schneemangels)*

freedreams: Träumereien *(z. B. Hotelwerbung)*

freeware: Gratisware, *vor allem Programme aus dem Internet, siehe auch* **shareware**

freeway: *für einen Pakettarif der Deutschen Post, etwa:* Sammeltarif, Zwölferkarte

freeze, freezen *(Denglisch)*: frieren, einfrieren; *(den momentanen Systemzustand) auf einem Speichermedium festhalten (EDV), auch in*

freezer: Gefriertruhe

French: französisch *(z. B. als Soßenbezeichnung), auch in*

French Open: *Tennisturnier „Roland Garros" in Paris, über das im nichtenglischen Raum nur in Deutschland unter der (d)englischen Bezeichnung berichtet wird*

frequently-asked questions, **FAQ**: *(Antworten auf) häufig gestellte Fragen,* HGF; Antwortensammlung; *häufige Fragen und Antworten,* HFA

fresh: frisch, erfrischend, *auch in*

freshpack: *wiederverschließbare Weichverpackung*

friction: Reiberei, Spannungen, Brüchigkeit, Instabilität

fried: frittiert, *auch fälschlich:* gebraten, *auch in*

fried fish: Backfisch

fried rice: Bratreis

friend: Freund, *auch in*

friendraising: *Mobilisierung von Freunden und Sympathisanten (im Wahlkampf, zu Spendenaktionen)*

Fringeprogramm: Randprogramm, Rahmenprogramm, *nicht zum Hauptprogramm gehörig (bei Kulturereignissen), Denglisch*

front: Vorder-, Stirnseite, *auch in*

front desk: Annahmeschalter, Rezeption

frontend: Vordergrundprogramm, Oberfläche, Aufsatz, *Gegenstück zum* **backend**

frontman: Berichterstatter *(im Fernsehen)*, Sänger *(bei Musikgruppen)*

front office: Kundendienst, *Dienstleister mit Kundenkontakt,* Empfangsbüro, *im Gegensatz zum* **back office**

front page: Titelseite, Vorderseite

frontlist: Neuerscheinungsliste, aktuelle Lieferliste, *siehe auch* **backlist**

froze, **frozen**: Gefrier-, *auch in*

frozen food: Tiefkühlkost

frozen meat: Tiefkühlfleisch

frozen moment: Schnappschuss, *„gefrorener Augenblick"*

fruit: Frucht, Obst, *auch in*

fruit cup: Früchtebecher

fruit juice: Obstsaft

fruit store: Obstgeschäft

fuel-stratified injection, **FSI**: *(geschichtete) Benzindirekteinspritzung (neuartiger Ottomotor)*

fulfil(l)ment: Auslieferung *einer Bestellung, z. B. neuerdings auch von Bahnfahrkarten*

full: voll, komplett, vollständig, *auch in*

full-logic: vollautomatisch

full report: Gesamtbericht

full screen: Vollbild

full service: volle Dienstleistung, Komplettdienst

Fullserviceagentur: *Komplettdienstleistungsagentur, „Alles aus einer Hand", Denglisch*

full-size: Ganzformat

full speed: Höchstgeschwindigkeit, Volldampf, mit voller Kraft

full-time: Vollzeit-, Ganztags-

full-time job: Ganztagsbeschäftigung, Vollzeitarbeit, Ganztagsarbeit

fully: *(komfortables)* Berg(fahr)rad *bzw.* Gelände(fahr)rad, *Kurzform von* „full suspension bike" *(„voll gefedertes Rad"), siehe auch* **mountain bike**

full shot: Halbtotale

fun: Vergnügen, Freude, Spaß, Lust, Scherz, *auch in*

funbike: Spaßrad *(Kombination von Straßen- und Geländerad)*

funcard: *Spaßkarte (Postkarte mit „lustigen" Motiven) (Deutsche Post)*

funcard mailing: *Spaßkartenversand (Deutsche Post)*

funcourt: Spaßsportplatz

fun cruiser: Spaßauto, *vor allem Geländewagen*

fun factory: Disko

fun generation: Spaßgeneration, *siehe auch* **fear generation**

Funpark: Erlebnispark, *Denglisch*

funraising: Spaß suchen, rumjuxen, Fez machen

Funsport: Spaßsport, Abenteuersport, *Denglisch*

Funsportart: Freizeitsportart, *Denglisch*

Funtarif: Freizeittarif, *Denglisch*

functional food: *funktionelles Lebensmittel,* Funktionskost

fundraiser: *professioneller* Mittelbeschaffer, Spendenexperte

fundraising: Spendensammlung, Geld-, Mittelbeschaffung; Spendenwesen

funeral master: Bestatter, Leichenbestatter, *tatsächlich nennen sich die deutschen Bestatter jetzt so - schuld an der Misere sollen aber die Handwerkskammern sein, weil diese den Begriff „Meister" nur für Handwerksberufe anerkennen. Immerhin gibt es jetzt bereits den neuen Ausbildungsberuf „Bestattungsfachkraft".*

funky: unkonventionell

funny: lustig, amüsant, unterhaltsam, spaßig, anregend

future: Zukunft, zukünftig, bevorstehend, *auch in*

future food: „Essen der Zukunft"

Futuremarkt: Terminmarkt *(Börse)*, *Denglisch*

futures: Zukunftspapiere *(Börse)*

fuzzy logic, **Fuzzylogik** *(Denglisch)*: unscharfe Logik, Unschärfelogik *(Steuerungsverfahren in Nachahmung des menschlichen Denkens, z. B. für technische Geräte)*

G

gadget: Apparat, Gerät, technische Spielerei, *vor allem abwertend: „Spielzeug für Erwachsene"*

gaffer: Elektriker, Beleuchter

gag: Witz, witziger Einfall, Überraschung, Scherz, Klamauk, Jux, Ulk, *auch in*

> **gagger**, **gagman**, **Gagschreiber** *(Denglisch)*: Pointenschreiber, *z. B. für Witzeerzähler und Fernsehmoderatoren*
>
> **gagig**: witzig, *Denglisch*
>
> **gag show**: lustige Gesprächsrunde, Quasselrunde, *siehe auch* **talk comedy**

game: (Rechner-)Spiel, *auch in*

> **game controller**: Steuerkonsole *(bei Rechnerspielen)*
>
> **game day**: Spieltag
>
> **game pad**: Steuerkonsole *(bei Rechnerspielen)*
>
> **gamer**: Spieler
>
> **game show**: Spielsendung, Spielschau

gang: Gruppe, Bande, Straßenbande, Verbrecherbande, *eigentlich wertneutral, wird es hauptsächlich für „Banden jugendlicher Krimineller" verwendet*

gangster: Bandit, (Schwer-)Verbrecher, Krimineller, Serientäter, *Mitglied einer* **gang**

gangway: *fahrender* Laufweg, Zubringersteg, Flugsteig, Flugzeugtreppe, Verbindungsweg *zu Flugzeugen und Schiffen*

gap: Differenz, (klaffende) Lücke, Blockzwischenraum *auf Magnetbändern*; *unterschiedlicher Entwicklungsstand*

garden party: Gartenfest

gate: Tor, Zugangstor, Gatter; Flugsteig, *auch in*

> **gatehouse**: Pförtnerhaus
>
> **gatekeeper**: Pförtner
>
> **gateway**: Eingang, Zugang, Übergang

gay: Schwuler; homosexuell, schwul, *im schriftlichen Englisch noch in der alten Wortbedeutung „fröhlich" in Gebrauch!*

gear: Gang, Getriebe *(Formel 1), auch bei sportlich wirken wollenden Autofirmen im Einsatz*

gebackupt: gesichert, *Denglisch*

gebrieft: eingewiesen, unterrichtet, informiert, *Denglisch*

gecancelt: abgesagt, abgebrochen, gelöscht, *Denglisch*

gecheckt: überprüft, *Jugendsprache auch:* verstanden, *Denglisch*

gechipt: elektronisch gekennzeichnet, E-markiert, *mit einem* **chip**^{2} *versehen - das Verfahren wird immer öfter zur eindeutigen Kennzeichnung von Haustieren eingesetzt, Denglisch*

gecleant: gesäubert, *Denglisch*

gecurlt: gelockt, gewellt, gekräuselt, *Denglisch*

geek: Geck, Narr, Tüftler *(am Rechner)*

gefakt: gefälscht, *Denglisch*

gefightet: gekämpft, *Denglisch*

gefrostet: gefroren, tiefgekühlt, *Denglisch*

gegenchecken: gegenprüfen, *Denglisch*

gehandikapt, **gehandicapt**: behindert, benachteiligt, *Denglisch*

gekidnappt: entführt, *Denglisch*

geliftet: gestrafft, *nicht nur auf das Gesicht bezogen, Denglisch*

gemailt: geschickt, geschrieben, *Denglisch*

gender budgeting: *geschlechtsspezifische Finanzverteilung*

gender impact assessment: Gleichstellungsverträglichkeitsprüfung, Frauenverträglichkeitsprüfung

gender mainstreaming: Geschlechtsrollenausgleich, Gleichstellungsprinzip, geschlechtersensible Sichtweise, *Gleichstellung der Geschlechter,* Gleichberechtigung - *eine Regierung soll all ihre Gesetze, Pläne und Entscheidungen vor dem Verabschieden darauf untersuchen, ob sie für Männer und Frauen womöglich unterschiedliche Folgen haben werden*

general: General-, generell, allgemein, *auch in*

general agency: Generalvertretung

general assembly: Generalversammlung

general director: Generaldirektor

general problem solver, **GPS**: allgemeiner Problemlöser, APL

generation @: Internetgeneration

Genfood: Gen-Essen, genmanipulierte Lebensmittel, *Denglisch, „Gen" im Englischen = „gene"*

Genmapping[1]: Genzeichnung, Gendarstellung, *Denglisch, „Gen" im Englischen = „gene"*

Genmapping[2]: Genplanung, *Denglisch, „Gen" im Englischen = „gene"*

gent: *Kurzform von* **gentleman**

gentlemanlike: ehrenhaft, *nach Art eines Ehrenmannes*

gentlemen's agreement: *vertrauensvolle* Übereinkunft, *Vereinbarung von Ehrenmännern, Abmachung ohne Vertrag (ursprünglich: Abkommen auf Ehrenwort)*

gepixelt: in Bildpunkte aufgelöst, *grafisch aufgelöst, Denglisch*

Gerichtsshow: Gerichtsfernsehen, *Denglisch, siehe auch* **court-TV**

German: deutsch, deutschsprachig, *kommt auch in rein deutschen Firmennamen vor wie:* German Parcel, *auch in*

German Masters: Deutsche Meisterschaft

German Open: offene deutsche Meisterschaft *(Sport)*

German TV: Deutsches Fernsehen *(in Übersee), Denglisch*

German call, **GermanCall**: Ferngespräch, Inlandsgespräch, *Denglisch*

Germany: Deutschland, *gerade in Firmennamen wird der Anglizismus auch dann verwendet, wenn es sich um Unternehmen handelt, die ausschließlich in Deutschland agieren:* Volvo Car Germany

geschedul(e)t: Termin (aus-)gemacht, terminiert, gebucht, *Denglisch*

geshiftet: verschoben, (räumlich) versetzt, angepasst, *Denglisch*

gesplittet: aufgeteilt, aufgespalten, *Denglisch*

gesponsert: *(finanziell)* gefördert, *Denglisch*

gestylt[1]: (modisch) entworfen, stilisiert, *Denglisch*

gestylt[2], **gestyled**: „herausgeputzt", modisch aufgemacht, aufgetakelt, „aufgemotzt", *Denglisch*

getaped[1]: aufgenommen, *Denglisch*

getaped[2]: *mit Pflaster versehen,* „verpflastert", *Denglisch*

getaway: Flucht, Entkommen; Ausfallstraße

getim(e)t, **getimed**: abgestimmt, gestoppt, *Denglisch*

get-together: Zusammenkunft, „Zusammenrufen"

getuned: eingestellt, angepasst, „frisiert", *Denglisch*

Gewebeconditioner: Gewebeformer, Gewebe(form)stabilisator, *Denglisch, siehe auch* **conditioner**

ghetto blaster: *tragbare Musikanlage,* Kofferradio

ghost: Geist, *auch in*

> **ghostspeaker**: Synchronsprecher
>
> **ghost word**: Geisterwort, *durch Übermittlungsfehler entstanden*
>
> **ghostwriter**: Auftragsschreiber, Nebelschreiber, Schattenschreiber, Redenschreiber

gift shop: Geschenkeladen

gig[1]: Auftritt, Konzert, *oft gebraucht als: „spontaner Auftritt"*

gig[2]: *(leichtes)* Beiboot, Ruderboot

gimmick: Kleinspielzeug, Werbegeschenk, Aufmerksamkeit, (Reklame-)Dreh, technische Spielerei

ginger: Ingwer, *auch in*

> **ginger ale**: Ingwerlimonade

girl[1], **girlie**: (junges) Mädchen, *auch in*

> **Girl Scout**: Pfadfinderin
>
> **girls' day**: Töchtertag, Mädchen(zukunfts)tag, *auch als Losung* „Wir Mädchen - unser Tag!" *denkbar (kritiklose Übernahme der Benennung einer US-Veranstaltung, die der beruflichen Zukunft von Mädchen gewidmet ist - übrigens klingt* Mädchentag *einem Pressezitat gemäß „langweilig" - wie anscheinend auch der Rest der deutschen Sprache)*

girl[2]: Tänzerin *(in einer Gruppe)*

giveaway: Beigabe, Zugabe, Gratisprobe, kleines Geschenk, Kundengeschenk

glamor *(AE)*, **glamour** *(BE)*: (falscher) Glanz, Blendwerk, besondere Aufmachung, betörende Aufmachung

glamour girl: *ugs. für:* Filmschönheit, Reklameschönheit

glamourös: glanzvoll, blendend, betörend, *Denglisch*

glitter: (starker) Glanz

global: weltweit, weltumspannend, *meist einfach:* welt-, *auch in*

global banking: weltweites Bankwesen, weltweite Geldanlage

global brain: Weltwissen

global call, **GlobalCall** *(Denglisch)*: Auslandsgespräch, internationale Verbindung

global learning: weltweites Lernen

global mail: weltweite Post *(Deutsche Post)*

global player: internationaler Konzern, Weltunternehmen, Weltunternehmer, *weltweit agierende Firma*

global sourcing: *weltweite Kapazitätennutzung,* weltweite Beschaffung

global system for mobile communications, **GSM**: *weltweiter Mobilfunkstandard*

global youngster: weltoffener Jugendlicher *(Unsinnkonstrukt), Denglisch*

global cuisine: Multikulti-Küche, *z. B.: Spaghetti mit Pekingente*

global village: Internetgemeinschaft, „globales Dorf"

globetrotter: Weltenbummler, Weltreisender

glossary: (Sach-)Wörterverzeichnis, Glossar *(aus dem Griechischen)*

glossig: glänzend, schimmernd, Glanz-, Hochglanz-, *Denglisch*

gloss spray: Glitzerhaarsprüher, -haarfestiger

go[1]**!**: los!, Auf geht's!, *so in der Kampagne der NRW-Regierung zu Unternehmensgründungen*

Go[2] ***(das)***: Erlaubnis, Einverständnis, Genehmigung, Zustimmung, grünes Licht *(Wirtschaft), Denglisch, siehe auch* **Okay**[2]

goal[1]: Tor, Treffer, Spielpunkt, *immer öfter in deutschen Fernsehsendungen zu Fußballfragen, auch in*

goalgetter: Torjäger

goalie, **goalkeeper**: Torhüter, Tormann, Torwart

goal[2]: Ziel, *auch im übertragenen Sinne*

go-between: Unterhändler, Vermittler, Mittelsmann; Makler

go east!: „Auf nach Osten!", *ein Projekt mit dem Ziel, mehr deutsche Studenten nach Osteuropa zu schicken, Denglisch*

go-gos: rüstige Senioren *(Erfindung einer bayrischen Politikerin), siehe auch* **no-gos** *und* **slow-gos**

going global: (Gang) auf den Weltmarkt

going public: Börsengang

golden goal: Entscheidungstor, goldenes Tor, *siehe auch* **silver goal**

go live: Produkteinführung, Markteinführung

go market!: auf den Markt!, raus aus der Uni!, *Werbung für Unternehmensgründungen aus der Wissenschaft*

good aging: gesundes Älterwerden

good clinical practice: moderne Therapie, aktuelle Therapie

good practice center: Übungsbetrieb *(Förderung von Benachteiligten in der beruflichen Bildung)*

good vibrations: gute Gefühle, „locker drauf"

goodwill[1]: Firmenwert, Geschäftswert

goodwill[2]: Ansehen, guter Ruf

goodwill[3]: Wohlwollen, guter Wille

goodwill tour, **Goodwillreise** *(Denglisch)*: Sympathiewerbung, *Reise, um Unterstützung für Projekte zu erlangen,* Nettigkeitsreise

go physics!: „Mit Physik anfangen!", „Physik machen (betreiben)!", *eine denglische Neubildung, die auch auf anderen Gebieten Schule machen könnte*

go-slow: Bummelstreik, Dienst nach Vorschrift

go to: gehe zu

grand design: weitreichendes Vorhaben, Vision

grand old lady: große alte Dame

grand opening: Neueröffnung

Grand-Slam-Turnier: Spitzenturnier *(im Tennis), Denglisch*

granny: Oma, Omi

grapefruit: Pampelmuse

graphical user interface, **GUI**: grafische (Benutzer-)Oberfläche, GBO

graphics: Zeichnungen, Grafiken, grafische Darstellungen

graphics card: Grafikkarte, Videoplatine *(EDV)*

Grasboard: *Grasbrett (Sommerversion des Schibretts), Denglisch, siehe auch* **snowboard**

great: groß, *auch in*

  Greatest-Hits-Album: *Platte mit den größten Erfolgen, Denglisch*

green: grün, *auch in*

  greenhorn: Anfänger, Neuling, Grünschnabel

green card: Arbeitserlaubnis, Aufenthaltserlaubnis, *Arbeits- und Aufenthaltsgenehmigung (für Spezialisten)*

greenkeeper: Platzwart, Rasenpfleger *(beim Golf)*

green politics: Umweltpolitik

grillroom: Imbissbude

grillwalker: Bauchladenimbiss, mobiler Grillimbiss, „wandelnde Imbissbude"

grip: (Reifen-)Haftung

groggy: abgearbeitet, geschafft, schlapp, überanstrengt, müde

groove[1]: Spaß, Ungezwungenheit, Lockerheit

groove[2]: etwas Tolles, Fetziges

groove[3]: Rhythmus(-gefühl)

groove[4]: Rille, Nut

grooven[1]: sich einfühlen *(in die Musik)*, *Denglisch*

groovie, **groovend** *(Denglisch)*, **groovig** *(Denglisch)*: toll, klasse, fetzig, in Ordnung

grooving, **grooven**[2] *(Denglisch)*: genießen, gut drauf sein

ground hostess: weibliches Bodenpersonal *von Fluggesellschaften*, Bodenbegleiterin, Flughafenbetreuerin

grounding, **grounden** *(Denglisch)*: am Boden bleiben *(Flugzeuge)*, stranden *(Schiffe)*, *verwendet als Synonym für:* Stillstand, Niedergang, Kollaps

ground zero: *Einsturzort des Welthandelszentrums in New York auf Grund des Anschlags vom 11.09.2001, ursprünglich: Zentrum einer Atombombenexplosion (deutsch: „Punkt Null")*

group: Gruppe, *auch in*

  group work: Gruppenarbeit

group executive committee, **GEC**: Vorstandssprecher

growth fund: Wachstumsfonds

GSM: *siehe* **global system for mobile communications**

guest: Gast, *auch in*

  guestbook: Gästebuch

  guesthouse: Gästehaus

guide[1]: Führer, Erklärer, *auch in*

  guidance: Führung, Anleitung

  guided tour: geführte Tour, Führung *(z. B. im Museum)*

guide[2]: Führer *(d. h. ein Buch - wird in unzähligen denglischen Wortverbindungen verwendet, z. B.* Weinguide = Weinführer*)*

gum: Kaugummi, Gummi

gym bag: Sporttasche

H

Haarspray: Haarpflegezerstäuber, *Denglisch*

habit: Gewohnheit, Lernschritt, Verhaltensart

hacker: EDV-Knacker, Hacker, Programmierfuchs, Fummler, Tüftler, Eindringling *(EDV)*

hair: Haare, Haar - *gerade im Zusammenhang mit Haarpflegeprodukten hat der Anglizismus das deutsche Wort ohne Sinn und Gewinn verdrängt, auch in*

- **hairbrush**: Haarbürste
- **hair care**: Haarpflege, Haarschutz - *in der Werbung zum Beispiel der Firmen Wella und Schwarzkopf verschwimmt die Bedeutung vollkommen, hier etwa nur noch: „Haarmittel“*
- **haircut**: Haarschnitt
- **hairdresser**: Frisör/in, Haarpfleger/in, Haarkünstler/in
- **hair energizer**: Haarwasser
- **hair repair**: Haarerneuerung
- **hairspray**: Haarsprüher, Haarfestiger
- **hairstyling**: Haarformung
- **hairstylist**: Frisör/in, Haarpfleger/in, Haarkünstler/in
- **hair tonic**: Haarwasser

half-: halb-, *als Vorsilbe wie in*

- **half-dry**: halbtrocken
- **halfpipe**: Halbröhre, Schneerinne
- **half-price day**: Halbe-Preise-Tag, *Halbpreis-Tag*
- **halftime**: Halbzeit
- **half volley**: Halbflugball *(Tennis)*

Hall of Fame: Ruhmeshalle

ham and eggs: „Strammer Max“, Schinken und Eier

handeln, händeln: handhaben, bearbeiten, umgehen *mit etwas, Denglisch*

hand-held: Handrechner, Mobilrechner, *transportabler Rechner, siehe auch* **pocket-PC**

handicap[1]: Hindernis, Benachteiligung, Behinderung, Rückstand, Nachteil

handicap[2]: Vorgabe *(Spielerwertung im Golf)*

hand in hand: Hand in Hand *(z. B. nennt sich die verdienstvolle Kölner Vereinigung für krebskranke Kinder „Hand in Hand with Children“ - das wird sicherlich durchweg englisch ausgesprochen)*

handling: Handhabung, Gebrauch, Umgang, Nutzung

handmade: von Hand gefertigt, Handarbeit

handout: Handreichung, Thesenpapier, Tischvorlage, Handzettel, Informationsblatt, Informationsmaterial, Arbeitspapier

handy[1]: handlich, nützlich, praktisch

Handy[2]: Mobiltelefon, *Zellnetztelefon, Funkfon, Händi, Handfunk, Tragfon, deutsches Kunstwort, im Englischen heißt es „mobile phone" oder „cellular phone" - besonders irre: es taucht in der Presse jetzt schon die anglisierende Mehrzahl* **Handies** *auf, auch in*

Handydating: *Verabredung per Mobiltelefon, Denglisch*

hangover[1]: Rest, Überbleibsel

hangover[2]: Kater, Katerstimmung, Katzenjammer; durchhängen

happening: spontanes Geschehen, (Kunst-)Ereignis, Gaukelei, Stehgreifereignis, Spontankunst, Aktionskunst, *auch arrangiertes ungewöhnliches künstlerisches Ereignis*

happy: glücklich, erfreut, fröhlich, gelöst, zufrieden, gut gelaunt, *auch in*

happiness: glücklich sein; Wohlgefühl, Glück(-seligkeit)

happy birthday!: Herzlichen Glückwunsch zum Geburtstag!, Alles Gute zum Geburtstag!, *Geburtstagswunsch*

happy birthday to you!, **happy birthday dear *!**, **happy birthday to you!**: Viel Glück und viel Segen auf all deinen Wegen, Gesundheit und Frohsinn sind auch mit dabei!

happy end: glücklicher Ausgang, gutes Ende, Endglück, *hauptsächlich für:* Schnulzenfilm, Schmonzette

happy few: Glückskinder, *„die wenigen Glücklichen"*

happy hour: „fröhliche Stunde", blaue Stunde, Angebotsstunde, *Trinkerglück,* Rabattzeit, *vor allem in Gaststätten und auf Ausflugsschiffen kurze Zeiten mit Lockangeboten*

happy-TV: Spaßfernsehen, Juxfernsehen

happy young learning: *spielerisches Lernen*

HappyDigits: Bonuspunkte *(von Telekom und deren Partnerfirmen)*

happy raining mini: Knirps *(kleiner Regenschirm)*

happy size: Übergröße

hard copy: Bildschirmausdruck, Papierkopie, Rechnerausdruck *(EDV)*

hardcore[1]: Pornofilm, *harte Form von* Erotikfilm, Hartversion

hardcore[2]: Hartgesottenes, Fanatisches; brutal, schockierend

hard core[3]: harter Kern

hardcover: (fest) gebunden, Festeinband, *Leinen- oder fester Kartonumschlag eines Buches, im Gegensatz zu* **paperback**

hard disk: Festplatte, Festspeicher *(EDV)*

hard drink: Spirituose, Schnaps, Hochprozentiger

hard-liner: Dickkopf, Sturkopf, Betonkopf, *jemand, der konsequent oder rücksichtslos seine Vorstellungen durchsetzt, einer, der über Leichen geht*

hardpack: Hartverpackung *(Papppackung)*

hardtop: Festverdeck *(für ein Cabriolet), auch der Wagen selbst*

hardware: *Festbauteile, Gerät, Maschinenausrüstung, technische Bauteile in elektronischen Geräten, im Gegensatz zu* **software**

hat trick: Dreifachtreffer, *dreimaliger Torerfolg hintereinander in einer Halbzeit durch denselben Spieler*

have: haben, nehmen, *auch in*

have a: nimm, habe, *im Deutschen muss es oft nicht mit übersetzt werden, vor allem bei Wünschen, bspw.:*

have a nice day!: Schönen Tag noch!, (Habe) einen schönen Tag!

have fun!: Viel Vergnügen!

have-nots: Habenichtse, Arme

head: Haupt; ausführendes Organ; Leiter, Vorsitzender, Verantwortlicher, *auch in denglischen Produktnamen wie:* head and shoulders = Kopf und Schultern, *auch in*

headcount reduction: Arbeitsplatzabbau, Entlassung, *siehe auch* **downsizing**[1]

header[1]: Schlagzeile, Kopfzeile, Überschrift

header[2]: Kopfteil *(eines Dokuments)*, Vorspann, *Gegenstück zum* **footer**

headhunter: Kopf(geld)jäger, Personalbeschaffer, Abwerber, Anwerber *von Führungskräften*

heading[1]: Briefkopf, Überschrift, Titel, Rubrik

heading[2]: Richtung, Route

headline: Schlagzeile, Kopfzeile, Titelzeile, Überschrift

headliner: beste/r Mitarbeiter/in; *auch: einer der bzw. etwas das Schlagzeilen macht, „Schlagzeilenheld“*

headliner level: Spitzenniveau

head of communications: Pressechef

head office: Zentralbüro, Zentrale

headquarters, HQ: Hauptquartier, Zentrale, Oberkommando

headset: Freisprechanlage, -einrichtung

head start: Schnellstart, Schnellschuss

headstarter: Schnelllernprogramm

head-up display: (Kfz-)Projektor *(Informationen, die an die Frontscheibe projiziert werden)*

headwriter: Hauptautor *(für Fernsehsendungen)*

health: Gesundheit, *auch als Vorsilbe, auch in*

health care: Krankenversorgung, -versicherung, Gesundheitsdienst

health care management: *(Organisation des) Gesundheitswesen(s), „Gesundheitsorganisation“ (Hochschulstudiengang in Lübeck)*

health club: Gesundheitsklub

health food: Gesundheitsnahrung, Heilkost, Kurkost, Reformkost

health insurance: Krankenversicherung

heap[1]: Haufen

heap[2]: Halde, dynamischer Speicher *(EDV)*

hear: hören, *auch in*

hearer: Audiobuch, *Denglisch, im Englischen nur als „Hörer" bekannt*

hearing: *(öffentliche)* Anhörung

heavy: schwer, drückend, stark, *auch in*

heavy-duty: strapazierfähig

heavy traffic: Schwerlasttransport(er), Schwerlastverkehr; Spitzenverkehr

Hedgefonds: Kurssicherungsfonds, Schutzfonds, *zumeist mit hochspekulativem Charakter, Denglisch*

Hedgegeschäft: Deckungsgeschäft, Termingeschäft *mit Risikoabsicherung, Denglisch*

heist movie: Kriminalfilm, Krimi, *eigentlich:* „Verbrecherfilm" *(Film, der sich auf den Ablauf eines Verbrechens konzentriert, weniger auf dessen Aufklärung)*

helicopter: Hubschrauber, *in deutschen privaten Fernsehsendern scheint man das deutsche Wort nicht mehr zu kennen; es wird fast nur noch das englische Wort verwendet, auch in*

heliport: Hubschrauberlandeplatz

heliskiing: Hubschrauberschi *(Schisport, bei dem der Läufer mit dem Hubschrauber auf den Berg gebracht wird)*

helpline (service): Telefonbetreuung, Kundendienst, Notruf, Sorgentelefon

heranzoomen: *sich durch Verändern des Kartenmaßstabes an ein Ziel herantasten, siehe auch* **zoomen**

Herbstblues: Herbstdepression, *Absinken der Stimmung im Herbst, Denglisch*

hero: Held, Vorbild

hi-fi: *siehe* **high fidelity**

high[1]: abgehoben, begeistert, euphorisch, in gehobener Stimmung, *nach Drogenkonsum, sportlichen Anstrengungen, Erfolgen usw.*

high[2]: hoch, viel, sehr, *als Vorsilbe, auch in*

high availability: Hochverfügbarkeit

highboard: Hochschrank, *siehe auch* **sideboard**

highbrow: hochgebildet, hochintellektuell; hochnäsig; edel, hochrangig

high-class: hochwertig, hochrangig, *im Unterschied zu* **highbrow** *ohne gesellschaftliche Wertigkeit*

high density: hohe Dichte, *z. B. beim Rechner*

high-end: Edelausstattung, *im oberen Leistungs- oder Preisbereich;* (technisch) perfekt

high event: Großereignis, Spitzenereignis, Saisonhöhepunkt

highflier: Überflieger, Senkrechtstarter

high heels: (*besonders* hochhackige) Damenschuhe

highlight: Glanzpunkt, Sternstunde, Höhepunkt, Gipfel, Markstein, Glanzlicht, Zierde, Prachtstück; Extraangebot

highlighten: markieren, herausheben, herausstellen

high potential: Akademiker, Hochqualifizierte/r, Fachmann/frau *(der Begriff wird u. a. im Zusammenhang mit einer entsprechenden Einwanderungsregelung verwendet)*

high-risk investment: hochriskante (Kapital-)Anlage *(Börse)*

High-Risk-Spiel: *Spiel mit hohem Risiko, Denglisch*

highs: Hochgeschwindigkeit

high school: Oberschule

high score: Höchstpunktzahl, Höchstergebnis

high society: die oberen Zehntausend, Oberschicht *der Gesellschaft*, „vornehme Gesellschaft", „die große Welt", *scherzhaft auch:* **high snobiety**

high-speed action: temporeiche Handlung

high-speed copy: Schnellkopie, Hochgeschwindigkeitskopie *einer Kassette (EDV)*

high-speed skiing: Hochgeschwindigkeitsschifahren

high-speed story: temporeiche Erzählung

high spots: *städtisches* Ballungsgebiet

high-tech: *Kurzform von* **high technology**

high(-tech) fashion: Spitzenmode, technisierte Mode, Technomode

high technology: Hochleistungstechnik, Spitzentechnik, Spitzentechnologie, *siehe auch* **low-tech**

high fidelity, **hi-fi**: Klangtreue, -güte, Tontreue

highjacker: Flugzeugentführer, Luftpirat, *auch in*

highjacking: Flugzeugentführung, *Überfall mit Entführung*

highlife[1]: *exklusives gesellschaftliches Leben*

highlife[2]: Feier, Feierstimmung

high noon[1]: Mittag, zwölf Uhr

high noon[2]: Krisensituation, spannungsgeladene Atmosphäre, Höhepunkt, Extremspannung

highway: Fernstraße, Schnellstraße, *fälschlicherweise oft mit „Autobahn" gleichgesetzt, die jedoch einer* **interstate** *(AE) oder einem* **motorway** *(BE) entspricht*

hijacker: Flugzeugentführer, Luftpirat, *auch in*

hijacking: Flugzeugentführung, *Überfall mit Entführung*

hike, **hiking**: wandern

hillbilly: Hinterwäldler, *im AE wird auch das deutsche Wort „Hinterland" für die Gegend benutzt, aus der ein „hillbilly" stammt*

hill-start assist control, **HAC**: Berganfahrhilfe *von Toyota, siehe auch* **downhill assist control**

hip[1]: Spitzel

hip[2], **hipp** *(Denglisch)*: angesagt, modern, modisch, „ein Muss"

hiper: *persönlicher Standortbestimmer, persönlicher Lokalisierer (mit Hilfe von Satellitennavigation), siehe auch* **beeper**[2]

hip-hop: *aktuelle Jugendkultur, auch in*

hip-hopper: *Jugendlicher, der sich für* **hip-hop** *begeistert*

hippie: Blumenkind, *jemand, der ursprünglich* **hip**[2] *war*

hire and fire: *heuern und feuern,* einstellen und entlassen

hiring freeze: Einstellungsstopp

history: Geschichte, *z. B. die gleichnamige ARD-Sendung*

hit[1]: Treffer, erfolgreiche Sache, Reißer

hit[2]: Spitzenschlager, Verkaufsschlager, Erfolgsmusik, *siehe auch* **evergreen**

hit[3]: Zugriff *auf eine Internetseite*

hit-and-run: Unfallflucht, zuschlagen und flüchten

hitchhike: Autostop, per Anhalter fahren, *siehe auch* **trampen**, *auch in*

hitchhiker: Anhalter

Hitparade[1]: Schlagerparade, *Denglisch*

Hitparade[2]: Bestenliste, *Denglisch*

hoax[1]: Fälschung

hoax[2]: *falsche Virenwarnung (EDV)*

hobby: *Steckenpferd, Freizeitbeschäftigung*

hochvoten: *bei Abstimmungen oder Umfragen eine Position besonders forcieren,* hochstimmen, *Denglisch*

holding, **Holdinggesellschaft** *(Denglisch)*: Beteiligungs-, Dachgesellschaft

holiday: Urlaub, Ferien, Freizeit, Feiertag

holiday land: Urlaubsland

holocaust: Völkermord, Massenvernichtung, Judenvernichtung

home: Haus, Heim, Wohnung, *als Vorsilbe auch:* von zu Hause aus, *auch in*

home automation: Hausautomatisierung

home banking: Haus-Bankgeschäft, *Kontoführung von zu Hause aus per Computer*

home care: Hauspflege, häusliche Krankenversorgung

home carjacking: Autoschlüsselraub, Einbruchsautoraub, Haus-Autoraub

home cinema: Heimkino

home dress: *bequeme* Haus- und Freizeitkleidung, Hausanzug

home entertainment: Heimunterhaltungsgeräte *wie Fernsehgerät, Stereoanlage usw.*

homeland: Heimatland, *auch Siedlungsland der Ureinwohner während der Apartheid in Südafrika, in der Energiebranche:* Netzgebiet

home learning: Zuhauselernen, Daheimlernen *(mit Hilfe des Internets)*

homemade: hausgemacht, Hausmacher-

home network: Hausnetz, Gerätenetz, *Haushaltsgerätevernetzung*

home office: Büro zuhause, Heimbüro

homepage: Leit-, Start-, Haus-, Haupt-, Anfangs-, Begrüßungsseite *im Internet*, Internetpräsentation

home PC: Heimrechner

home service: Bringdienst

home shirt: Heimspielkleidung, Heimtrikot, *Trikot für Heimspiele (überall im Fußball üblich), siehe auch* **away shirt**

home shopping: Einkauf von zu Hause *über Telefon oder Internet*

home sitter: Haushüter

home story: *Bericht aus dem Privatleben*

home trainer, **Heimtrainer** *(Denglisch)*: Konditionssportgerät, *Ausgleichssportgerät für daheim,* Übungsgerät

home video: Heimvideo

home wear: Haus-, Freizeitkleidung

homing: heimkehren, *ins eigene Heim zurückziehen*

home-order television: Fernseheinkaufskanal

home rule: Autonomie, Selbstregierung

home run: *höchster Treffer im Baseball; neuerdings von einer Politikerin verwendet für:* regionale Vermarktung von Agrarprodukten

honen: ziehschleifen, feinschleifen, *Denglisch*

honey: *(Kosewort:)* Liebling, Schatz, Süße/r, *eigentlich: „Honig"*; süß, *siehe* **sugar**, *auch in*

honey mask: Honigmaske *(Kosmetik)*

honeymoon: Honigmond, Flitterwochen

hooligan: Randalierer *(beim Sport)*, Schläger

hop-on-hop-off tour: Zusteige-Stadtführung, freie Stadtrundfahrt, *Bus-Stadtführung mit beliebigen Unterbrechungen*

hopping: „Hüpfen", schneller Wechsel *(in vielen denglischen Verbindungen verwendet, z. B.:* Ärztehopping, Kassenhopping, Versicherungshopping, **Inselhopping** *und spaßigerweise sogar* Klosterhopping*), siehe auch* **island hopping**

horror: Schrecken, Schauer, Angst, Grauen, Entsetzen, *auch in*

Horrorfilm: Gruselfilm, Schreckensfilm, *Denglisch*

horror trip: Schreckensfahrt, *haarsträubendes Erlebnis, unbeschreibliches Grauen*

horse: Pferd *(ersetzt bei Pferdetransporten immer häufiger das beliebte „Achtung! Turnierpferde!")*

host[1]: Gastgeber

host[2] **(computer)**: Zentralrechner, Hauptrechner, Wirtsrechner *(EDV)*

hostess: Messebegleiterin, -betreuerin, Gastgeberin, Tischdame, *siehe auch* **ground hostess**

hot: heiß, scharf, *auch im übertragenen Sinne, auch in*

hot-air ballooning: Heißluftballonfahren

hotline: „heißer Draht", schnelle Verbindung, *telefonischer* Kundendienst

hotliner: Kundenbetreuer *(am Telefon)*, Telefonbetreuer

hot pants: *sehr kurze, enge* Damenhosen, Reizhöschen, heiße Höschen

hotshot: toller Kerl

hot spice: scharfes Gewürz

hot spot[1]: toller Ort, „Muss"-Ort, *siehe auch* **in-spot**

hot spot[2]: „heißer Fleck", „Funkinsel", *öffentliche drahtlose Zugangsmöglichkeit zum Internet, siehe auch* **wireless local area network**

hot key: Kurztasten(-kombination) *(EDV)*

hot list: Schnellzugriffsliste *(Internet)*

hotten: tanzen; „heiße" Musik spielen, *Denglisch*

household waste: Haushaltsmüll *(Entsorgungsbranche)*

housewalking: Hauswandlaufen *(Abenteuersport)*

housewarming party: Einzugsfest, Einweihungsfeier

hovercraft: Luftkissenboot

HTML: *siehe* **hypertext markup language**

HTTP: *siehe* **hypertext transfer protocol**

hub[1]: Zentrum, Mittelpunkt

hub[2]: Sternkoppler, Knotennetzrechner; Datenverteiler *(EDV)*

human: menschlich, *auch in*

human being: Mensch

human engineering[1]: Sozialtechnologie, Ergonomie, soziale Arbeitsplatzgestaltung

human engineering[2]: Menschenführung *(insbesondere in Industrieunternehmen)*

human power: menschliche Arbeitskraft; *verallgemeinert:* Ressource eines Unternehmens

human relations: zwischenmenschliche Beziehung, Miteinander

human resource: Personal, Mitarbeiter, Mitarbeiterpotenzial - *aus einem unbekannten Grund trennen sich die Personalabteilungen vieler Unternehmen von ihrer eigentlichen Bezeichnung und nennen sich nun z. B. „human resource department" oder auch einfach nur „human resource". Einige Personalentwicklungen zogen nach und nennen sich jetzt „human resource development". Ganz schlimm treiben es die Fachzeitschriften für Personalentwicklung, die nun fast alle das „human resource" im Untertitel tragen.*

human resource manager: Leiter Personalwesen, Personalchef

human rights: Menschenrechte

human touch: menschlicher Aspekt, menschlich Berührendes

hunt, **hunting**: jagen

hunter: Jäger, Spitzenverkäufer, *in der Wirtschaft oft gebraucht im Sinne von:* Abwerber

hurry up!: Beeilt euch!, Beeilung!

hype[1]: übersteigertes Interesse *an etwas*, gierig

hype[2], **hypen** *(Denglisch)*: künstliches Hochjubeln *von Produkten bzw. Ereignissen*, Reklamerummel, *aggressive Werbung; lächerliches* Protzen

hyper-: übermäßig, über etwas hinaus, *als Vorsilbe, etwa in*

- **hyper event**: Medienspektakel *mit rein kommerziellem Hintergrund*
- **hyperfiction**: *Literatur im Netz,* Netzliteratur, digitale Literatur *(neue Form der Literatur, die sich durch Interaktivität, Intermedialität und Inszenierung auszeichnet)*
- **hyperlink**: Querverbindung *im Internet*, Querverweis *im Internet*
- **hypertext**: Verweistext, *Text mit interaktiven Querverweisen*
- **hypertext markup language**, **HTML**: *Programmiersprache für Internetseiten*
- **hypertext transfer protocol**, **HTTP**: Internet-Übertragungsprotokoll

hyphen: Bindestrich

I

I: ich, *z. B. in den beliebten Autoaufklebern Marke* „I like Wattenscheid“. *Ein innovatives Gegenstück sieht man mitunter in Norditalien:* „I bin a Südtiroler“.

ICE[1], **Intercityexpress**: Städteexpress, Hochgeschwindigkeitszug, HGZ, *Denglisch*

ice[2]: Eis, *auch in*

> **icebreaker**: Eisbrecher, *Aufwärmgetränk*
>
> **icebreaker party**: Aufwärmempfang, -begrüßung
>
> **ice cream**: Eiscreme, Speiseeis
>
> **ice show**: Eisparade
>
> **ice tea**: Eistee

icon[1]: Symbol; Heiligenbild

icon[2]: Bildsymbol, Bildknopf, Schaltknopf, Zeichen *(EDV)*

identifier, **ID**: Kennzeichner, Kennwort, Kennung

identity: Selbstverständnis, Identität, Gestalt

identity card, **ID**: Personalausweis, Ausweis

illumination: Beleuchtung

image[1]: Vorstellung, Ruf, *auch in*

> **imagine**: sich vorstellen

image[2]: Bild, Abbild, Erscheinungsbild, Ansehen, *auch in*

> **image map**: Bildersymbolseite, verweissensitives Bild *im Internet*

impact: Einfluss, Auswirkung, Einschlag, Schlagkraft, Aufprall, Eindruck

impeachment: öffentliche Anklage *gegen Politiker, z. B. Amtsenthebungsverfahren des US-Präsidenten*

implement[1]: einführen, einsetzen, erfüllen, vollziehen, *auch in*

> **implementation force**: Polizeitruppe, Einsatztruppe

implement[2]: implementieren, programmieren *(EDV)*

important: gewichtig, bedeutend

imprint: Impressum

impurities: Fremdmaterial, Verunreinigungen *(Entsorgungsbranche)*

in[1]: aktuell, modern, beliebt, zeitgemäß, *auch in*

> **in sein**: dazugehören, modern sein, zeitgemäß sein, *Denglisch*

in[2] **(2004)**: im Jahre (2004)

in action: in Bewegung, im Einsatz

in-between: textiles Rollo, *moderner Gardinenersatz*

inbound (calls): *eingehende Telefonate,* Telefonannahme *im Kundendienst, siehe auch* **outbound**

inbox: *Eingangskasten (Datei, vergleichbar mit einem Briefkasten)*

incentive: Anreiz, Belohnung, Ansporn, Anreizmaßnahme *zur Leistungsbereitschaft, auch in*

incentive bonus: Leistungszulage

incident: Vorfall, Zufall, Gelegenheit

inclusive tour: Inklusivreise, Pauschalreise

income-consumption function: Einkommen-Verbrauch-Funktion

in concert: gastieren, Auftritt, *oft ist das Wort vollkommen überflüssig, z. B. wenn ein Sänger oder ein Orchester mit* **in concert** *angekündigt wird*

incorporate: aufnehmen, eingliedern, *(amtlich)* eintragen

incorporation: Einverleibung

increase: wachsen, vermehren; Zunahme, Wachstum

increment: Wachstum, Zuwachs, Zunahme, Steigerung

Indentgeschäft: Auslandsauftrag *mit Risikoabsicherung, Denglisch*

independent: Unabhängiger *(z. B. Künstler), auch in*

independent film: unabhängiger Film *(außerhalb der etablierten Filmindustrie produziert)*

independent label: *siehe* **indie label**

index print: Inhaltsübersicht, *speziell über Filmbilder*

indie: *Kurzform von* **independent**, *auch in*

indie label: unabhängige Plattenfirma

indoor: in einem Gebäude *(stattfindend)*, im Haus, in der Halle, Hallen-, Haus-, *auch in*

Indooranwendung: Eigen-, Im-Haus-, Innenanwendung, *Denglisch*

indoor event: Hallenveranstaltung, Hausveranstaltung

indoor market: Verkaufshalle

indoor park: Hallenspielpark

indoor sports: Hallensport

industrial: industriell, *auch in*

industrial design: (Zu-)Schnitt, Gebrauchsgestaltung, industrieller, gewerblicher Entwurf, (industrielle) Formgestaltung, (industrielle) Formgebung

industrial engineer: Betriebsingenieur

industrial engineering[1]: Ingenieurwesen, Fertigungstechnik

industrial engineering[2]: Industrieökonomie, *Rationalisierung industrieller Prozesse durch wirtschaftswissenschaftliche Maßnahmen*

industrial relations: industrielle / gewerbliche Beziehungen

industries: Industrie, Industriezweige, Werke; *(einzelnes)* Industrieunternehmen *(auch kleinere deutsche Unternehmen verwenden gern den Anglizismus, während sie die deutsche Bezeichnung als offensichtliche Übertreibung meiden)*

industry lines: Branchen

in-flight entertainment: Flugunterhaltung

Inflightmagazin: Bordmagazin *(im Flugzeug)*, *Denglisch*

info broker: Informationsvermittler, -händler, -makler

info center: Informationsstelle, Informationszentrum, Nachrichtenzentrale, Beratungsstelle

info channel: Informationskanal

info corner: Informationsstelle

info highway: *siehe* **information highway**

info hotline, **info line**: Informationstelefon, *Infodraht,* Informationsrufnummer, Auskunftsrufnummer, Schnellauskunft, *siehe auch* **hotline**

info management: *Informationsverbreitung im Unternehmen*

infomercial: Informationswerbung, Dauerwerbesendung

info overkill: Informationsüberflutung

info point: Informationsstelle *(so z. B. auch bei der FDP-Parteizentrale in Berlin)*

information: Auskunft, *auch in*

> **information highway**, **info highway**: Datenautobahn *(EDV)*, *siehe auch* **communication highway**
>
> **information overflow**: *Reizüberflutung*
>
> **information retrieval**: Informationswiedergewinnung, -rückgewinnung, *Wiederauffinden von Informationen, siehe auch* **data mining**[1]
>
> **information services**: Auskunft, Vermittlung
>
> **information technology**, **IT**: Informationstechnologie, Informatik

info service: Informationsdienst

infotainment: unterhaltsamer Sachbericht, *unterhaltsame Informationsdarbietung,* Sachgeschichte, *siehe auch* **edutainment**

in front (of): führend, an der Spitze

in-home: im Hause, häuslich, Haus-, Heim-

in-house: im Hause, (firmen-)intern, innerbetrieblich, *z. B.* Im-Haus-Seminare *im Gegensatz zu offenen Seminaren, auch in*

> **In-House-Schulung**: interne Schulung, Im-Haus-Schulung, *Denglisch*
>
> **in-house team**: interne(r) Dienstleister

initialization: Initialisierung

initial public offering, **IPO**: Börsenstart *eines Unternehmens*

injection: Einspritzung, Injektion

ink-jet printer: Tintenstrahldrucker

inlay: Einlage, Zahnfüllung, Plombe

in-line: in Reihe, *auch in*

> **inlineskaten**, **inlinen**: Rollschuh laufen, *Denglisch*
>
> **in-line skater**: Kufenroller, Gleitroller, Linienroller
>
> **in-line skates**: Einspurrollschuhe, Kufenrollschuhe, Gleitroller, Reihenrollschuhe, Straßenschlittschuhe, *siehe auch* **rollerblades**

inner-space research: Meereskunde, Meeresforschung

inner strength: innere Stärke, innere Kraft
innovation: (Er-)Neuerung, Weltneuheit, Innovation
input: Eingabe, Einsatz, zugeführte Menge, *auch in*
  input/output, **i/o**: Ein- und Ausgabe
  Input-Output-Analyse: Einsatz-Ausstoß-Analyse, *Denglisch*
insect repellents, **repellents**: Insektenabwehrstoffe, *Lästizide*
insert: einlegen, einfügen; Einlage, Einsatz, Einschub
inside: Inneres, innen, *auch in*
  insider: Kenner, Sachkundiger, Eingeweihter
  Insidergeschäft: Klüngelgeschäft, *Denglisch*
  insider story: Geschichte aus erster Hand
  Insidertipp: Geheimtipp, *Denglisch*
  Insiderwissen: Geheimwissen, *Denglisch*
insourcing: Eingliedern *von Aufgaben / Leistungen*
in-spot: toller Ort, „Muss“-Ort, *siehe auch* **hot spot**[1]
install: einsetzen, einrichten, installieren
instant: Augenblick, Moment; gebrauchsfertig, vorgefertigt, sofort löslich, *auch in*
  instant coffee: Pulverkaffee
  instant food: Fertigkost
  instant meal: Schnellgericht
instruct: anleiten, instruieren, *auch in*
  instruction: Anleitung, Anweisung, Befehl
  instruction set: Befehlsliste *eines Rechners*
  instructor: Ausbilder, Weiterbilder, *siehe auch* **teacher**, **trainer**
insurance: Versicherung
integrated learning: integriertes Lernen *(Lösungsfindung zu konkreten Fragestellungen, indem man diese in die Rahmenbedingungen integriert betrachtet)*
integrated services digital network, **ISDN**: digitales Daten- und Telefonnetz
integration: Einbeziehung, Eingliederung
inter: zwischen
interaction: Wechselwirkung, Interaktion
interactive driving system, **IDS**: Interaktivfahrwerk, *Fahrwerkssystem von Opel (Kombination der bisher bekannten Systeme ABS, ESP usw.)*
interactive store: Internetladen
Intercity, **IC**: (Städte-)Schnellzug
Intercityexpress, **ICE**: Städteexpress, Hochgeschwindigkeitszug, HGZ
interconnection: Zusammenschaltung *(der Telefonnetze von Telekom und ihren Mitbewerbern)*
interface[1]: Schnittstelle, Verbindung, Anschluss, Buchse
interface[2]: Oberfläche *(EDV)*

interlink: verketten, kuppeln; Zwischenglied

intermediates: Halbprofilreifen *(Formel 1)*

international mobile equipment identity, **IMEI**: *internationale Mobiltelefon-Seriennummer*

Internet booking engine: Netzbuchung*(seinrichtung), speziell: Fahrkartenverkauf(seinrichtung) über das Internet (Deutsche Bahn)*

Internet brokerage: E-Wertpapiergeschäft

Internet by call: Einzelwahl *(von Internetanbietern ohne Vertrag)*, Auswahlnummer, *fallweises Wählen, Denglisch, siehe auch* **call by call**

Internet economy: Internetwirtschaft

Internet marketing: Internetvermarktung, *siehe auch* **marketing**

Internet provider: Internetzugangsanbieter, Internetanbieter

Internet shopper: Internetkäufer

Internet shopping: Internet(ein)kauf

Internet site: Internetpräsentation, Netzstandort

interplay: Wechselspiel

interpreter[1]: Interpretierer, Interpretierprogramm, *schrittweise abarbeitender Übersetzer (EDV)*

interpreter[2]: Dolmetscher

Interrail: Euro-Bahnkarte

interrupt: unterbrechen *(EDV)*

interspace: Zwischenraum

in time: rechtzeitig, pünktlich, zeitscharf

Intradayhandel: tagglcicher Aktienhandel, *Denglisch*

intranet, **intraweb**: firmeneigenes Netzwerk, internes Netz, Firmennetz *(EDV)*

introduction: Einführung, Einleitung

intruder: Aufklärer, Aufklärungsflugzeug

investigation: Erforschung, Untersuchung, Nachforschung, Ermittlung

investment: Investition, Kapitalanlage, *auch in*

> **Investmentanlage**: Anlage in Investitionen, *Denglisch*
>
> **investment banking**: Geldanlage, -verwaltung, Geldgeschäfte
>
> **Investmentfonds**: Geldanlagefonds, *Denglisch*
>
> **investment trust**: Anlagegruppe, Anlegergruppe, Kapitalanlagegesellschaft

investor hotline: (Kapital-)Anlegertelefon

investor relations: (Kapital-)Anlegerpflege, (Kapital-)Anlegerbeziehungen

invoice: Rechnung

ISDN: *siehe* **integrated services digital network**

island hopping, **Inselhopping** *(Denglisch)*: Inselrundfahrt, "Inselhüpfen", *eine Form des Urlaubs, bei der per Flugzeug oder Schiff von einer Insel zur nächsten gereist wird*

issue[1]: Frage, Gegenstand, Problem, Thema

issue[2]: Ausgabe, Lieferung
IT: *siehe* **information technology**
item: Stück, Gegenstand

J

jab: Kurzhaken, kurze Gerade *(Boxen)*

Jacketkrone: (Zahn-)Mantelkrone, Porzellanmantelkrone, *Denglisch*

jackpot: Gewinntopf, Einsatz, Haupt-, Großgewinn

jam[1]: Marmelade, Mus

jam[2]: Papierstau, *siehe auch* **paper jam**

jam[3]: Kollisionswarnsignal

jam session: Spontanmusik, Zusammenspiel, Gaudi, *improvisiertes Musikstück oder Zusammenspiel*

Jeep™: Geländewagen *(allgemein gebraucht, auch ohne Bezugnahme auf das eingetragene Warenzeichen), Denglisch*

jet: Düse, Strahl, *kurz auch für:* Düsenflugzeug, *auch in*

> **jet engine**: Turbine, Düsenantrieb, Strahltriebwerk
>
> **jetliner**: Düsenlinienflugzeug, Linienflieger
>
> **jet printer**: *siehe* **ink-jet printer**
>
> **jetten**: rasen, fliegen, düsen, *Denglisch*

jet lag: Zeitkrankheit, Zeitwechselprobleme

jet set: *internationale Spitzen der Gesellschaft,* Schickeria

jet stream: Strahlstrom, schneller Höhenwind, *spezielle dauerhafte Luftströmung in großer Höhe*

jingle[1]: Geklimper, Klingeln, *auch in*

> **jingle bell**: Schelle, Klingglöckchen

jingle[2]: Merkvers, Werbeansage

jingle[3]: Erkennungsmelodie

job[1]: Arbeit, Arbeitsplatz, Stelle, Erwerbsarbeit; Gelegenheitsarbeit, Beschäftigung, *auch in*

> **Job-Aqtiv-Gesetz**: *Arbeitsvermittlungsgesetz, Denglisch* („Aqtiv" *bedeutet: „Aktivieren, Qualifizieren, Trainieren, Investieren, Vermitteln" - das scheint sogar fast gutes Deutsch zu sein)*
>
> **Jobben**: arbeiten, schaffen; gelegentlich, nebenher arbeiten, *Denglisch*
>
> **jobber**: Gelegenheitsarbeiter
>
> **Jobberei**: Gelegenheitsarbeit, *Denglisch*
>
> **job broker**: Arbeitsvermittler, Arbeitsbeschaffer
>
> **job center**: *Arbeits(vermittlungs)zentrum, Denglisch (soll in Realisierung des Hartz-Konzepts der rot-grünen Bundesregierung aus dem bisherigen Arbeitsamt entstehen)*
>
> **job counseling**: Arbeitsberatung
>
> **job evaluation**: Arbeitsplatzbewertung

job floater: *Arbeitsplatz(schaffungs)anleihe, Programm* „Kapital für Arbeit“, *zinsgünstiger Kredit für kleine Betriebe, wenn sie einen Arbeitslosen einstellen (Bestandteil des Hartz-Konzepts der rot-grünen Bundesregierung)*

job guide: Stellenverzeichnis

job-hopper: Wechselarbeiter, Springer, *jemand, der rasch die Arbeitsplätze wechselt oder durch systematischen Wechsel Karriere machen will*

job hopping: *häufiger Arbeitsplatzwechsel*

job-killer: *Methoden, die Arbeitsplätze abbauen,* Arbeitsplatzvernichter, Arbeitsplatzabbauer

jobless: arbeitslos

Jobmaschine: *Unternehmen, das verstärkt neue Arbeitsplätze schafft (Politikerdeutsch), Denglisch*

job rotation: Arbeitsplatzwechsel

job sculpting: Eignungszuschnitt, Neigungsbezug, Stelle nach Maß *(das ist die Kunst, für Menschen genau die Arbeitstätigkeiten zu finden, die jeweils ihrem innersten Interesse im Beruf entsprechen)*

job-sharing: Arbeitsplatzteilung

job ticket: Arbeitsfahrschein

Job-to-Job-Vermittlung: Arbeitsvermittlung *bei Kündigung (Bestandteil des Hartz-Konzepts der rot-grünen Bundesregierung), Denglisch*

job training: Praxisausbildung, praktische Ausbildung

job[2]: Aufgabe, Auftrag *(EDV), auch in*

job control: Aufgabensteuerungsaufsicht

job processing: Auftragsabarbeitung, -abwicklung

jog: trotten, traben, *auch in*

joggen: dauerlaufen, freizeitlaufen, *Denglisch*

jogger: Dauerläufer, Freizeitläufer; Laufbekleidung

jogging: Dauerlauf, Freizeitlauf, Geländelauf, *früher auch:* Waldlauf

jog dial: Menüauswahl *(durch ein kleines Rädchen)*

jog shuttle: Einzelbildauswahl *(durch ein kleines Rädchen)*

join: mitmachen, beitreten

joint[1]: Gelenk

joint[2]: Zusammenfügung, Verbindung, *auch in*

joint venture: Gemeinschaftsunternehmen, Firmenverbund, *selbstständiges Unternehmen im Rahmen einer Unternehmenskette*

joint[3]: Haschisch- *oder* Marihuanazigarette

joke: Witz, Scherz, Spaß

joker: *Bonusspielkarte, Ersatzkarte;* Trumpf, *auch im übertragenen Sinne, z. B. im Sport*

journalling: Buchführung *(EDV)*

joy: Spaß, Freude

joypad: Steuerkonsole, *nierenförmige Steuerung für elektronische Spiele*

joyriding: Spritzfahrt, Spaßfahrt

joystick: Steuerknüppel, Steuerhebel, Spielhebel

judgment: Urteil, Richterspruch

juice: (Frucht-)Saft

jumpen: springen, hüpfen, sich beeilen, laufen, *Denglisch*

jumper[1]: Joppe, Matrosenjacke, *(sportlicher)* Damenpullover

jumper[2]: Steckverbindung, Steckbrücke *(EDV)*

jump suit: Einteiler

junior management: Führungsnachwuchs

junk[1]: Trödel, Ausschuss

junk[2]: Dreck, Abfall, Schrott, *auch in*

junk bonds: minderwertige Aktien, Betrügeraktien, Müllaktien

junk food: Schundessen, Fraß, *Nullnährwert, qualitativ minderwertiges Nahrungsmittel*

junk mail: Müllpost, Papierkorbsendung, *Postwurfsendung im Internet*

junkie[1]: Rauschgiftabhängiger, Fixer

junkie[2], **computer junkie**: Rechnersüchtiger, *siehe auch* **nerd**[1]

juror: Mitglied eines Kampf- *bzw.* Preisgerichts, *Mitglied einer* **jury**[2]

jury[1]: Schwurgericht, Geschworene

jury[2]: Kampf-, Preisgericht

just[1]: genau, gerade

just[2]: gerecht, rechtens

just[3]: angemessen

just for fun: nur so, nur zum Spaß, reiner Zeitvertreib

just for you: nur für dich, *in vielen Werbungen und Werbesendungen, die sich an Jugendliche richten*

just good music: einfach gute Musik, *so in einer Werbung für eine CD mit deutschen Schlagern*

just great: einfach toll

just-in-sequence: produktionssynchron *(Synchronisation von eigentlicher Montage und Zulieferindustrie, z. B. im Automobilbau)*

just-in-time: zeitgenau, termingenau, pünktlich; zeitlich abgestimmt, rollende Lagerhaltung, rollende Lager(-flächen), Lieferung bei Bedarf

K [vgl. auch C und Z]

kart race, **Kartrennen** *(Denglisch)*: Kleinstrennwagenrennen, Seifenkistenrennen

Kassenhopping: (Kranken-)Kassenwechsel, *Denglisch (Politikerdeutsch)*

keep: behalten, bewahren, *auch in*

keep cool!: bleib locker!, bewahr die Ruhe!, Kopf hoch!

keeper[1]: Inhaber

keeper[2]: Torwart, Tormann, Torfrau - *gerade die Sportkommentatoren der öffentlich-rechtlichen Fernsehprogramme versuchen durch die hemmungslose Verwendung des überflüssigen Anglizismus einen Hauch von Modernität zu gewinnen, siehe auch* **goalkeeper**

keep smiling: (immer nur) lächeln

kernel: Systemkern, Kern

key[1]: Schlüssel, *auch in*

keycode: *(elektronisches)* Kombinationsschloss

keynote speaker: Hauptredner

keynote speech: *richtungsweisende Rede,* Hauptrede

key people: *Leute in Schlüsselpositionen*

key player: Schlüsselunternehmen; *Mitarbeiter oder Mitbewerber in einer Schlüssel- oder Machtposition*

key position: Schlüsselstellung

key word: Stichwort, Suchwort *(für Datenbankrecherchen)*

key[2]: Taste, *auch in*

keyboard[1]: Klaviatur, Tastatur

keyboard[2]: *(elektronisches) Tasteninstrument*

key[3]: Tonart

key account: Hauptkunde, Großkunde

key account management, **Key-Account-Betreuung** *(Denglisch)*: Haupt-, Großkundenbetreuung

key account manager[1]: Haupt-, Großkundenbetreuer

key account manager[2]: (Haupt-)Buchhalter

kick[1]: Erregung, Schwung, Antrieb, Hochstimmung, Nervenkitzel

kick[2]: Tritt, Stoß, *auch in*

kick-and-rush: Schuss und Durchbruch; schießen und stürmen

kickboard: Stadtroller, Tretroller, Roller

kickboarden: rollern, *Denglisch*

kickback: Provision

kick-down, **kick-start**: Vollgas, Kavaliersstart

kicken: Fußball spielen, *Denglisch*

kicker: Fußballspieler/in, Fußballer/in

kick off: wegstoßen, wegschlagen; Abstoß, Anstoß, Start

kick-off meeting: Auftaktsitzung, Eröffnungssitzung; Begrüßungsabend

kick-starter: Tretanlasser, *Anlasshebel bei Motorrädern*

Kiddiechic: Kindermode, *Denglisch*

kid guard: *Kinderaufpasser, Schülerlotse, Kinderlotse (z. B. jemand, der Kinder auf dem Schulweg begleitet oder ihnen über die Straße hilft, aber sie im Extremfall auch vor Kinderschändern zu schützen sucht)*

kidnap, **kidnappen** *(Denglisch)*: entführen

kidnapper: Entführer, Geiselnehmer

kidnapping: *(Kindes-)*Entführung, Menschenraub

kids: Kinder, Jugendliche, *nicht im Singular benutzt, zweite Bedeutung Denglisch, auch in*

kids' health: Kindergesundheit

kill, **killen** *(Denglisch)*: töten, umbringen, kaltstellen, *auch in*

killer: Totschläger, (Auftrags-)Mörder, *oft nur:* Entferner, *z. B.* Insektenkiller, Flusenkiller, Tintenkiller

Killerapplikation: *markteroberndes System (für neue Produkte und Dienstleistungen), Denglisch*

Killerspiel: *brutales Spiel am Rechner (auch mit Hilfe des Internets), Denglisch, siehe auch* **e-sports**

king: König, Anführer, der Größte, Wichtigtuer, „Großkotz", *mittlerweile für alle irgendwie herausragenden Personen:* Fußballking, Formel-1-King, Talkking *usw., auch in*

king-size: Königsformat, Großformat, *übergroßes Produkt*

Kioskterminal: *(rechnergestützter) multimedialer Stand, Denglisch*

kiss & ride: Abschiedsbereich *(vor Bahnhöfen)*

kit[1]: Baukasten, -satz, *auch in*

kitcar: Autobausatz

kit[2]: Ergänzungsmodul *(EDV), siehe auch* **plug-in**

kitchen: Küche, *auch in*

kitchenette: Kochnische, offene Küche

kite[1]: Drachen *(Spielzeug)*

kite[2]: Surfschirm, *auch in*

kitesurfen: *drachensegeln, Denglisch, siehe auch* **windsurfen**

Klickadventure: *(Abenteuer-)Computerspiel, Denglisch*

Kneippness: Wohlfühlprogramm, Sport- und Gesundheitsprogramm *(nach* Kneipp*), Kombination von* Kneippschen *Anwendungen und* **wellness**, *Denglisch, siehe auch* **Wellnessprogramm**

knit: stricken, *auch in*

knitware: Strickware, Wollzeug

knitwear: Strickkleidung

knock: Schlag, schlagen, stoßen, *auch in*

knock down: niederschlagen

knockout, **k.o.**[1]: Bewusstlosigkeit; *beim Boxen durch Niederschlagen des Gegners siegen*

k.o.[2]: *im übertragenen Sinne:* fertig, kaputt, erschöpft

know: wissen, können, *auch in*

know-how: gewusst wie, (Fach-)Wissen, Sachkenntnis

know-nots: Unwissende, Dummköpfe, Informationsarme, Ahnungslose

knowledge: (Fach-)Wissen, *auch in*

knowledge discovery: *(rechnergestützte) individuelle Kundenwerbung, siehe auch* **business intelligence**, **data mining**[2], **data warehousing**

knowledge management, **KM**: Wissensverwaltung, *gezielter Umgang mit Wissen*

knowledge representation: Wissensrepräsentation, -abbildung

Kombine: Mähdrescher, *Denglisch*

Kompaktvan: *kompakter familiengerechter* Kastenwagen, Familienwagen, *Denglisch, siehe auch* **van**[2] und **minivan**[2]

Kompander: Rauschunterdrücker, Entrauscher, *Denglisch*

Kompetenzteam: Projektgruppe *(fachlich), Denglisch*

Krackverfahren: Spaltdestillation, *Denglisch*

Krea-Kid: *besonders begabtes Kind, Denglisch*

Kultlabel *(Denglisch)*, **cult label**: modischer Markenname

Kursrallye: *siehe* **Rallye**[2]

L

label[1]: Aufdruck, Etikett, Signatur, Klassifizierung, Bezeichnung, *auch sinnbildlich*

label[2]: Plattenfirma

label[3]: Marke

labor relations *(AE)*, **labour r.** *(BE)*: Arbeitsbeziehungen

ladies first!: Frauen zuerst! *(ein Gebot der Höflichkeit)*

ladies' wear: Damenoberbekleidung

lady: Dame, Frau, *wir meinen hier nicht die englische* Lady, *sondern die vielen denglischen Verwendungen wie:* Boxlady *(für Regina Halmich) oder* First Lady Paderborns *(für die Frau des Paderborner Bürgermeisters), auch in*

  lady-killer: Frauenheld, Herzensbrecher, Schürzenjäger, Windhund

  ladylike: damenhaft, *einer Dame entsprechend,* vornehm

  lady's day[1]: Frauentag, *denglisches „Aufmotzen" des ehrwürdigen linken internationalen Feiertags (8. März)*

  lady's day[2]: „Männerfrei", Tag (nur) für Frauen, *z. B. in Bädern*

  ladyshaver: Damenrasierer, *Rasierapparat für Frauen*

  lady's man: Frauenliebling, Weiberheld, Schürzenjäger

lag: Rückstand, Verzögerung

lamb: Lamm, *auch in*

  lambskin: Lammfell

  lamb's wool: Schurwolle, Lammwolle

LAN: *siehe* **local area network**, *auch in*

  LAN party: *Spielertreffen auf vernetzten Rechnern*

land: *(Kunststoff-)*Oberfläche *einer* **CD** *bzw.* **CD-ROM**

land art: Landschaftskunst

laptop (computer): *tragbarer, kleiner Rechner,* Mobilrechner, *Schoßrechner*

large: groß, *Kleidergröße L, jetzt auch: spezielle Paketgröße (Deutsche Post)*

large-mindedness: Großzügigkeit

Larry machen *(den)*: Spaß machen, sich (unnötig) aufregen, *Denglisch*

Laserdrucker: *Lichtstrahldrucker, Denglisch*

laser pointer: *Lichtstrahl-*Zeigestab

last: zuletzt, *auch in*

  last but not least, **last not least**: zu guter Letzt, schließlich

  last minute: (auf die) letzte Minute, in letzter Minute, kurzfristig

  Last-Minute-Angebot, **Last-Minute-Reise**: Torschlussangebot, Restplätze, Kurzfristangebot, *Denglisch*

  last-minute call: letzter Aufruf

  last-minute flight: *kurzfristig gebuchter Flug,* Restplatz

late: spät, verspätet, zu spät, *auch in*

latecomer: Zu-spät-Kommender, *siehe auch* **early bird**

Late-Index: Spätindex *(Börse), Denglisch*

lateness: Verspätung

late-night: spät am Abend, spätabends

late(-night) show: Spätunterhaltung, Spätvorstellung, Spätveranstaltung

late-night talk: *Spätabendgesprächsrunde*

launch, **launchen** *(Denglisch)*: vom Stapel lassen, gründen, starten

law and order: „Gesetz und Ordnung", *Schlagwort für verstärkte Polizeimaßnahmen zur Kriminalitätsbekämpfung, Vorstufe zum Polizeistaat*

lawn shaver: Rasenmäher

layout: Seitenentwurf, -gestaltung, -gliederung, Text- und Bildgestaltung, Anordnung, Druckbild

layouter: Bildgestalter, Setzer

LCD: *siehe* **liquid-crystal display**

lead[1]: führen, leiten, *auch in*

leader: (Gruppen-)Leiter, Führungskraft, Anführer, Führer/in, Führungspersönlichkeit

leadership: Führung, Leitung

leadership qualities, **leadership skills**: Führungsqualitäten

lead[2]: Vorspann, Einleitung, erster Absatz *eines Presseartikels bzw. einer Internetseite, auch in*

Leadsatz: erster Satz, Einleitungssatz, *Denglisch*

leading: führend, *auch in*

leading idea: Grundgedanke

leading man: Hauptdarsteller

leading to results: ergebnisorientiert

lead lady: Hauptdarstellerin

Leadsänger: Vorsänger, Erste Stimme, *Denglisch*

leaflet: Flugblatt, Handzettel, Merkblatt, (Werbe-)Prospekt

league: Liga, Spielklasse

lean: schlank, schmal, *auch in*

lean cuisine: schlankes Kochen

lean management[1]: verschlankte Führungsspitze

lean management[2]: Verschlankungs-, Rationalisierungsprojekt; schlanke Fertigung

lean organization: schlanke Organisation

lean production: rationalisierte Fertigung, rationelle Fertigung

learning: lernen, *auch in*

learning-by-doing: anlernen, *Lernen durch selbstständiges Handeln,* Praxislernen, machen und lernen

learning center: Lernzentrum

leasen: (kauf-)mieten, pachten, ausleihen, *Denglisch*

leasing: Mieten, Pachten mit Kaufoption

least-cost router: Gebührensparer, *Niedrigst-Gebühren-Telefonschaltung*

least squares: kleinste Quadrate

leather: Leder

leavings: Reste, Überreste, *auch symbolisch*

leg: Bein, *auch in*

leg-pulling: scherzen, veräppeln

legwarmer: Beinwärmer

Leisure-Sickness-Syndrom: „Freizeitsyndrom“, „Nicht-abschalten-Können“, *Denglisch*

lemon: Zitrone, Limone, *im Englischen eigentlich nur „Limone“ im Gegensatz zu „citron“, heute aber in unzähligen Produkten wie:* Fanta lemon

lemon squash: Zitronenlimonade

Lernadventure: Lernabenteuer *(am Rechner), Denglisch, siehe auch* **Adventurespiel**

Lesequickie: Taschenbuch, *Denglisch*

lessness: Minimalismus

less ordinary: außergewöhnlich, unüblich

letter fun: Schreibfreude *(Deutsche Post)*

letter of intent: (Kauf-)Absichtserklärung

letter shop: Poststelle

level: Niveau, Ebene, Rang, (Schwierigkeits-)Stufe, *auch in*

level of management: Leitungsebene

leverage effect: Hebelwirkung

liberty: Freiheit

library[1]: Bücherei, Bibliothek

library[2]: Unterprogrammsammlung, (Programm-)Bibliothek, Routinensammlung

life: Leben, Lebensweise, *nicht zu verwechseln mit* **live**[1], *auch in*

life coaching: Rundumberatung

life cycle: Lebenslauf, Lebenszyklus

life-cycle analysis: Ökobilanz *(Entsorgungsbranche)*

life insurance: Lebensversicherung

life science: Biowissenschaft

lifestyle: Lebensart, -darstellung, -stil

lifestylig: *dem (modernen) Lebensstil entsprechend, Denglisch, das Wort wurde in einem Presseartikel sogar in der unsäglichen Steigerungsform „lifestyliger“ verwendet, siehe auch* **stylish**

lifetime: Lebenszeit

lift[1]: Aufzug, Fahrstuhl, *auch in*

liftboy: Fahrstuhljunge

lift[2], **liften**[1] *(Denglisch)*: *(Gegenstände)* heben, *auch in*

Liftbühne: Hebebühne, *Denglisch*

lift[3], **lifting**: Hautstraffung, Faltenentfernung, *auch in*

liften[2]: straffen, *Denglisch*

lift[4]: Mitfahrgelegenheit

light[1] *(AE, BE)*, **lite**[1] *(AE)*: leicht, reduziert, kalorienarm, mager, substanzlos

light[2] *(AE, BE)*, **lite**[2] *(AE)*: leistungsreduziert

light edition: gekürzte, eingeschränkte Ausgabe

light version: eingeschränkte Version

light[3]: Licht, Beleuchtung, Helligkeit, *auch in*

lighthouse: Leuchtturm

light show: Lichtschau

Lightfaden: Leitfaden, *Denglisch, unmögliche Erfindung eines renommierten deutschen medizinischen Verlages*

like: wie, gleich wie

liking: Vorliebe

limit[1]: Grenze, Höchstgrenze, Grenzwert, *viele werbliche Redewendungen:* Leben ohne Limit, *auch in*

limited[1]: GmbH, mit beschränkter Haftung, begrenzt

limited[2], **Ltd.**: ... mbH, mit beschränkter Haftung

limited edition: begrenzte Auflage, Sonderauflage

limit[2]: äußerster Preis, Kurshöchstgrenze, gesetzte Preisgrenze *für Kauf- bzw. Verkaufsaufträge (Börse)*

line[1]: Telefonleitung, *auch in*

line-sharing: Leitung teilen *(gemeinsame Nutzung von Telefonleitungen durch mehrere Anbieter)*

line[2]: Linie, Reihe, Zeile, *auch in*

linear programming: lineare Optimierung

linefeed: Zeilenvorschub

line function: Linienfunktion, *Leitung mit Personalverantwortung*

line separator: Zeilentrenner

line of business: Abteilung, Geschäftsbereich

line producer: Herstellungsleiter

liner: Passagierschiff, Linienschiff

line-up: Ablauf, Plan, Programm, Besetzung *(einer Musikgruppe)*

link[1]: Verbindungsglied, Querverbindung

link[2]: Querverweis, Verweis, Zeiger, Verknüpfung *(EDV)*

linken: verbinden *(EDV)*, verknüpfen, verweisen *(Internet)*, *Denglisch*

linker: Verbinder, Binder *(EDV)*

lips: Lippen, *Singular „lip“ nur in Verbindungen wie*

lip-gloss: *glänzende Lippenpflege,* Lippenglanz

lipliner: Lippenkonturstift

lipstick: Lippenstift

lipstyling: Lippenpflege

liquid-crystal display, **LCD**: Flüssigkristallanzeige, FKA

list broker: Adressenhändler

listing: Auflistung, (Rechner-)Ausdruck, Druckliste

lite: *AE für* **light**[1] *bzw.* **light**[2]

littering: Vermüllung, Umweltverunreinigung, -verschmutzung

little: klein, kurz, wenig

live[1]: leben, wohnen, *nicht zu verwechseln mit* **life**

live[2]: zeitgleich, direkt, original, unmittelbar, vor Ort, persönlich, *vor allem in Medien, auch in*

live act: Auftritt

live cam: Echtzeitkamera, Beobachtungskamera *(im Internet)*

live chat: *Unterhaltung über das Internet, Direktunterhaltung (im Internet)*

live-reality show: lebensechte Unterhaltung, *Unterhaltungsschau „aus dem Leben", siehe auch* **reality show**

Livesendung: Direktübertragung, *Denglisch*

live shopping: Direkteinkauf, Fernseheinkauf

live show: Direktunterhaltung(sschau)

live stream: Direktübertragung *im Internet (z. B. von Musik oder Videos), siehe auch* **video stream**

load, **loaden** *(Denglisch)*: laden; Beladung, Belastung, Last

lob: Überkopfball, Heber *(beim Tennis)*

lobby[1]: Vorteil, guter Leumund; Interessengruppe, Interessenverband, Initiative, *auch in*

Lobbyarbeit: *(Wahrnehmung einer)* Interessenvertretung, *Denglisch*

Lobbyismus: Interessenwirtschaft

Lobbyist: Interessenvertreter, *Denglisch*

lobby[2]: Vorhalle, Hotelhalle

local: nah, diesseitig, örtlich, lokal, *auch in*

local area network, **LAN**: lokales Rechnernetz, *siehe auch* **wireless local area network**

local call: Ortsgespräch

local hero: Lokalgröße, -prominenz

localization: Regionalanpassung, Lokalanpassung, Lokalisierung

local news: *lokale* Radionachrichten

location: *(Film-)*Drehort, Handlungsort, *oft aber einfach nur:* Ort, Örtlichkeit, Platz *u. ä., auch in*

location scout: Motivsucher, *ein Mensch, der professionell geeignete (Film-)Drehorte, Orte für Veranstaltungen bzw. Feiern oder Urlaubsziele sucht*

location-based service, **LBS**: *standortbezogener Dienst, Vor-Ort-Dienst (automatischer Werbezugriff auf gerade in der Nähe befindliche Mobiltelefone, Teil des* **m-commerce***)*

lock: Schloss, Sperre, Verschluss; schließen, verschließen

lodge: Ferienwohnung, -anlage, *auch in*

lodgement: Unterbringung

loft[1]: Großraumwohnung, *moderne Wohnform in Hallen,* offenes Wohnen

loft[2]: Hochschlag *(beim Golf)*

log[1]: Geschwindigkeitsmesser, Tachometer *(bei Schiffen)*

log[2]: Ablaufprotokoll; mitschneiden, *auch in*

log file: Protokolldatei *(EDV)*

log-in, **log in**: Anmeldung, Einwahl *(in elektronische Systeme)*; sich anmelden, *siehe auch* **einloggen**, *auch in*

log-in name: Zugangskennung, Kennung

logistics, **Logistik** *(Denglisch)*: Lager- und Transportwesen

logo: Sinnbild, *(grafisch einprägsam gestaltetes)* Symbol, Firmenzeichen, *auch in*

logo id: Senderkennung, *siehe auch* **station id**

log-out, **log out**: Abmeldung, Auswahl *(aus elektronischen Systemen)*; sich abmelden, *siehe auch* **ausloggen**

Lokalderby: lokales Aufeinandertreffen, Lokalrivalität, *Wettkampf zwischen Lokalrivalen, Denglisch, siehe auch* **derby**[1]

lonely: einsam, verlassen

lonesome rider: „einsamer Wolf" - *einer, der alles allein macht oder machen will*

long[1]: lang, *auch in*

long copy: *längerer* Lauftext *(Werbung)*

long distance: Entfernung; Ferngespräch

long-distance call: Ferngespräch

long-distance flight: Langstreckenflug, Fernflug

long-life: langlebig

long line: Längsball *(beim Tennis)*

longneck: Langhals-, *z. B. bei Bierflaschen*

longseller: Dauerbrenner, Klassiker

long shirt: Langhemd

long-term: langfristig, Langzeit-

long-term buy: Halten *(von Aktienbeständen)*, Lagerkauf

long-term results: Langzeitergebnisse

long-term therapy: Langzeittherapie

long[2]: Kaufposition, Käuferposition *(Börse)*

look: Blick, Mode(-richtung), Stil, Aussehen, Erscheinung. *In der Werbung oft in unsinnigen Kontexten gebraucht:* The Look *(für ein neues Auto) = etwa:* Das Bild, Die Ansicht, Die Form, *auch in*

look-and-feel: Erscheinungsbild

look-out: Ausguck, Aussichtspunkt, Ausblick

look up: nachschauen, erfragen, heraussuchen

loop: (Endlos-)Schleife *(EDV)*

looping: Überschlag, *durch Schleife, Windung überschlagen (Flugzeug)*

lorry: Last(kraft)wagen, LKW, *auch in*

lorry bike: Lastfahrrad

lose: verlieren, einbüßen, *oft falsch geschrieben: „loose" (engl.: unbefestigt, lose)*

loser: Verlierer, Pechvogel, Versager, „armes Schwein", *oft falsch geschrieben: „looser" (kein englisches Wort)*

lost: verloren, *auch in*

lost and found: Fundbüro

lost baggage: verschwundenes Gepäck

Lost-Baggage-Schalter: *Gepäckrückfrage-Schalter, Gepäckverlust-Schalter, Denglisch*

lost generation: verlorene Generation

lot: Partie, Charge, Los, *auch in*

lot number: Partie-, Chargen-, Losnummer

lotion: Tinktur, Flüssigkosmetikum

lounge: Hotelhalle, Gesellschaftsraum, Aufenthaltsraum, Bereich; *(kleines)* Lokal, *siehe auch* **VIP lounge**

love: Liebe, lieben, *auch in*

love affair: Liebesgeschichte, Affäre, Techtelmechtel, Verhältnis

love bombing: Umwerbung *(von zu gewinnenden Kunden oder Mitarbeitern)*

love deal: *Kompromiss aus Liebe*

love-in: Lustdemo

love letter: Liebesbrief

love letter building: *„Liebesbriefzentrum" (von der Deutschen Post in Berlin geplant)*

loveliness: Lieblichkeit

lovely: lieblich

love parade: Liebesparade, *bekanntes Spektakel in Berlin*

lover: Geliebter, Liebhaber, Verehrer, Freund, Partner

love song: Liebeslied

love story: Liebesgeschichte, Liebesroman

low: tief, knapp, niedrig, *auch in*

low-brainer: Geistloser, geistig Minderbemittelter, Simpel

lowbrow: für das Massenpublikum, *in Wortverbindungen: (seichte)* Unterhaltungs-

low budget: Sparausgabe, mit geringem Kapital *(produziert, z. B. Film, oder realisiert, z. B. Veranstaltung)*

Low-Budget-Bereich: Billigsegment *(z. B. bei Reiseveranstaltern), Denglisch*

low-cost: Billigausstattung, billig hergestellt, preiswert, tiefer Preis

low-cost airline, **low-cost carrier**, **Lowcost-Flieger** *(Denglisch)*: Billigfluglinie, „Billigflieger"

low-cost giveaway: Billigzugabe, *siehe auch* **giveaway**

lower class: Unterklasse, *niedere Gesellschaftsschicht,* Unterschicht

Lower-Cost-Standort: Billiglohnstandort, *Denglisch*

lower management: untere Führungsebene

low event: bedeutungsloses Ereignis, Nichtigkeit, „zu vergessen"

low-fat: fettarm

low-tech: einfache Technik, Hausmittel, Bordmittel, *technische Lösungen mit einfachsten Mitteln, siehe auch* **high technology**

low vision: Sehbehinderung, sehbehindert

lucky: glücklich, Glücks-, *auch in*

lucky loser: bester Verlierer, „Glückspilz" *(durch eine Sonderregelung weiterkommender, eigentlich bereits Unterlegener im Sport)*

lumberjack: Holzfäller, *fälschlich auch für: „Holzfällerjacke"*

lump sum: Pauschalbetrag, Pauschale

lunch: *(leichtes)* Mittagessen, Gabelfrühstück, *auch in*

lunchen: zu Mittag essen, *Denglisch*

Lunchpaket: Henkelmann, Esspaket, Verpflegungsbeutel, *Denglisch*

lurker: Lauerer *im Internet*

lynchen: *ohne Gerichtsverfahren töten / hängen, Denglisch*

Lynchjustiz: Selbstjustiz, *Bestrafung ohne ordentliches Gerichtsverfahren, Denglisch*

M

mad: verrückt, wahnsinnig, geisteskrank

made by: hergestellt von

made for: hergestellt für

made in: hergestellt in, *auch in*

made in Germany: hergestellt in Deutschland

mag, **magazine**: Illustrierte, Zeitschrift

magic: Zauber, Magie

magical: magisch, bezaubernd

magnetic tape: (Magnet-)Band

magnify: vergrößern, *mit einer Lupe, im Gegensatz zu* **zoomen**

mail: Postsendung, Brief, (E-)Post, Zuschrift, *ursprünglich: Postsack;* schicken, senden, anschreiben, *auch in*

mail art: „Postkunst", *künstlerisch gestaltete Postsendungen (meist von vielen Künstlern weltweit zu einem vorgegebenen Thema geschaffen)*

Mailbombe: E-Post-Überfall *(unfreiwilliger massierter Empfang von unerwünschter E-Post), Denglisch*

Mailbomber-Programm: E-Post-Überfall-Programm *(Programm zur Erzeugung von unerwünschter E-Post), Denglisch*

mailbox[1]: Briefkasten, Postfach

mailbox[2]: Anrufbeantworter *(im Mobilfunk)*

mailen: versenden, jmd. schreiben, *hauptsächlich auf elektronischem Weg, drahten, Denglisch, siehe auch* **e-mail**

mail folder: E-Post-Ordner, (Netz-)Postordner

mailing: Versendung, Post; Rundbrief, Rundschreiben

mailing factory: Post(-betrieb) - *neue „marktwirtschaftliche" Bezeichnung, wahrscheinlich zum Zweck der Abgrenzung von der bisherigen Beamtenpost*

mailing list, **Mailingliste** *(Denglisch)*: Adressliste, E-Rundbriefverteiler, E-Post-Verteiler, Verteiler

mailing-list based forum: E-Post-Diskussionsrunde, E-Post-Forum

mail order: Versandbestellung, Katalogbestellung

main: Haupt-, *auch in*

mainboard: Hauptplatine *(EDV)*, *siehe auch* **motherboard**

main directory: Hauptverzeichnis, Gesamtverzeichnis

mainframe: Großrechner, Hauptrechner *(EDV)*

mainstream: Hauptrichtung, vorherrschende Richtung; Allgemeinheit, Masse

mainstreamer: Mitläufer *(Werbung)*

maintain: bewahren, instand halten, aufrecht erhalten, warten, erhalten, versorgen

maintenance manager: Leiter (der) Instandhaltung, Leiter (der) Wartung

major: führendes Unternehmen, Großunternehmen; Spitzeninterpret

make: machen, *auch in*

- **make-up**: Schminke, Kosmetik, Gesichtsputz
- **make-up artist**: Maskenbildner
- **making**: Machen, Erschaffung, Entstehung; Fertigung, Produktion
- **making of**: Produktionsdokumentation, Wie ... entstand, So machten wir ...

mall: Einkaufszentrum, *überdachte* Ladenzeile

man: Mann, Mensch

manage: organisieren, regeln, machen, *(Betrieb)* leiten, *auch in*

- **management**: Unternehmensleitung, Geschäftsführung, Führungsetage, Direktion; Leitung, Verwaltung
- **Managementassistent**: Direktionsassistent; Sachbearbeiter, *Denglisch*
- **management buyout**, **MBO**, **buy-out**[2]: Führungsübernahme, *Unternehmensaufkauf durch die eigenen Führungskräfte*
- **management by walking around**: Chefrundgang, Inforundgang
- **management communication**: Führungs(kräfte)kommunikation
- **management information system**: Leitungsinformationssystem
- **management office**: Vorstandsbüro
- **managen**: (durch-)führen, leiten, organisieren, schaffen, machen, bewältigen, *Denglisch*

manager: Leiter, Führungskraft, Macher, *auch in*

- **manager administration**: Leiter (der) Verwaltung, Verwaltungschef
- **manager central services**: Leiter (der) zentrale(n) Dienste
- **manager global sourcing**: Leiter (des) Beschaffungswesen(s)
- **manager marketing services**: Leiter (der) Marktforschung
- **manager product development**: Leiter (der) Produktentwicklung
- **manager production planning**: Leiter (der) Produktionsplanung

mankind: Menschheit

manmade: handgefertigt, handgemacht, *ohne technische Hilfe*

man page(s): Handbuchseite(n), interaktives Handbuch

manpower: Arbeitskraft, Personalstärke, menschliche Arbeitskraft *als wirtschaftlicher Faktor*

mantra: *(längeres)* Passwort, Geheimphrase *(z. B. zum Schutz von E-Post - ursprünglich: Text, der bei Meditationen gebetsmühlenartig ständig wiederholt wird)*

manual: Handbuch, Betriebsanleitung

manufactured: hergestellt

manufacturing: Fertigung, Produktion, Herstellung

manufacturing manager: Fertigungsleiter, Produktionsleiter

map[1]: Land-, Wander-, Autokarte

map[2]: Verzweigungsgrafik *(im Internet eine Grafik, die an bestimmten Stellen zur Auslösung einer Verzweigung, z. B. hin zu Detailinformationen, angeklickt werden kann)*

mapping: kartieren, katalogisieren

marine: maritim

Markenset: Markenheftchen *(Deutsche Post)*, *Denglisch*

marker: Kennzeichner, Markierer, Markierungsstift

market: Markt, *auch in*

- **market data**: Marktdaten
- **market maker**: Börsenmakler
- **market outperformer**, **outperformer**: Spitzenwertpapier *(Börse)*
- **market performer**: *Wertpapier mit durchschnittlicher Entwicklung*
- **market place**: Einkaufszone, Einkaufsbereich *(z. B. auf Flughäfen)*, *auch symbolisch als* „Marktplatz“ *gebraucht*
- **market research manager**: Leiter (der) Marktforschung
- **market share**: Marktanteil
- **market underperformer**, **underperformer**: *unterdurchschnittliches Wertpapier (Börse)*

marketing: Vermarktung, Vertriebsstrategie, Absatzförderung; Marktbearbeitung, Marktforschung, *in Zusammensetzungen auch:* Werbung, *auch in*

- **marketing manager**: Absatzleiter
- **marketing slogan**: Werbespruch
- **marketing value**: Vermarktungswert, *finanzieller* Werbeeffekt

mark-up pricing: Preiserhöhung, -steigerung

marshal: Streckenposten *im Rennsport, in anderem Zusammenhang auch:* Wächter, Wachmann, *siehe auch* **sky marshal**

mart: Markt

martial arts: Kampfsport, -kunst, Kampfsportarten

mascara: Wimperntusche, Wimpernstift

master[1]: Magister, Magistra *(akademischer Titel, der auch in deutsche Hochschulen einzieht)*, *siehe auch* **bachelor**[1], *auch in*

- **master of business administration**, **MBA**: *akademischer Titel aus dem ökonomischen Bereich, der etwa dem bisherigen* Diplom-Betriebswirtschaftler *entspricht*
- **master of science**, **MSc**: Diplom- *(akademischer Titel) - die Übersetzung trifft i. a. nur für die Naturwissenschaften zu*

master[2]: Original, Quelle, Haupt-, *auch in*

- **master batch**: zentrale Stapeldatei *(EDV)*
- **master copy**: Originalkopie

master directory: Hauptverzeichnis, Gesamtverzeichnis
mastermind: Genie, führender Kopf
masterpiece: Ausfallmuster, Muster(-werkstück)
master plan: Hauptplan, Generalplan, Langzeitplan
master question: Hauptfrage, Kernfrage, Gretchenfrage
Masterrechnung: Sammelrechnung, *Denglisch*
master tape: Urband, Original(-band)
master[3]: Herr, Meister, Lehrer, *auch in*
master teacher: Lehrer für Lehrer *(in der Lehrerqualifizierung)*
masters: Meisterschaftsturnier, *z. B. im Tennis, siehe auch* **German masters**
match[1]: passen, übereinstimmen
match[2]: Spiel, Wettkampf, Aufeinandertreffen, Begegnung, *auch in*
match ball: Siegpunkt
match race: Boot gegen Boot *(Segelwettbewerb)*
match winner: Spielgewinner, Spielmacher, Sieger
matching: Anpassung, Zusammenpassen, Koppeln
material: Werkstoff, *auch in*
material tailoring: *Maßerzeugen von Werkstoff,* Zuschnitt
material testing: Werkstoffprüfung
Mauspad: Mausmatte, -unterlage, *Denglisch, siehe auch* **mousepad**
maxi: groß, *auch in*
maxiscooter: Großmotorroller
maybe: eventuell, vielleicht
MBO: *siehe* **management buyout**
McClean: Toiletten *(bei der Deutschen Bahn)*, *Denglisch*
McJob: Aushilfsarbeit, *schlecht bezahlter, ungesicherter Arbeitsplatz, vor allem bei Dienstleistungen, z. B. in Schnellimbissketten, auch in*
McJobber: Hilfsarbeiter
m-commerce: M-Handel, Mobiltelefonhandel, *siehe auch* **mobile commerce**
medical service: medizinischer Dienst
medium[1]: halb-, *z. B. bei Fleisch:* halbdurchgebraten
medium[2]: mittel-, mittelmäßig, durchschnittlich, *z. B. Kleidergröße M, jetzt auch: spezielle Paketgröße (Deutsche Post)*
medium[3]: Datenträger, Träger
medley: Allerlei, Mischung, *(Musikstücke-)Zusammenschnitt, veraltet auch:* Potpourri
meet: treffen, begegnen, *auch in*
meeting[1]: Sitzung, Besprechung, Konferenz, Treffen, Tagung, Unterredung, Versammlung, Zusammenkunft
meeting[2]: (Sport-)Veranstaltung
meeting place, **m. point**: Treffpunkt, Sammelpunkt, Verabredungsort

megadeal: Riesengeschäft, Riesengewinn

megaevent: Großveranstaltung, Großereignis

mega-out: völlig unmodern, total veraltet

megaseller: *überaus erfolgreicher* Verkaufsschlager, Riesenreißer *(z. B. ein Buch), siehe auch* **bestseller**

megastore: Riesenladen, Großgeschäft

melting pot: Schmelztiegel

member: Mitglied, *auch in*

membership: Mitgliedschaft

members only: nur (für) Mitglieder

memo card: Verschlüsselungskarte *(von den Banken ausgegebene Karte zur persönlichen Verschlüsselung einer Geheimnummer, siehe* **PIN**[5]*)*

memorial: der Erinnerung dienend; Denkmal, Ehrenmal; Gedenkveranstaltung

memory[1]: Gedächtnis, Erinnerung, *auch in*

memory event: *(jährliches)* Totengedenken *(gefunden in einer Todesanzeige in der Aachener Zeitung)*

memory[2]: (Arbeits-)Speicher *(EDV), auch in*

memory access: Speicherzugriff

memory card: Speicherkarte *(z. B. bei Digitalkameras)*

memory card reader: Speicherkartenleser

memory management: Speicherverwaltung

men: Männer, Menschen, *auch in*

men's health: Herrenpflege; *auch Name eines Männermagazins (in diesem Sinne Denglisch)*

men's room: Herrentoilette

men's wear: Herrenoberbekleidung

men and women: Männer und Frauen *(ulkigerweise oft bei Frisören zu sehen)*

mentoring: Betreuung, Förderung

merchandising: Verkaufspolitik, Vermarktung, Verkaufsförderung, *auch in*

Merchandiseartikel: *Artikel zur Absatz- bzw. Verkaufsförderung, Denglisch*

Merchandisingprodukt: *Produkt zur Absatz- bzw. Verkaufsförderung, Denglisch*

merchant bank: Handelsbank

merge, **mergen** *(Denglisch)*: verschmelzen, fusionieren

merger: Fusion

merger and acquisitions specialist: Firmenhändler *(Unternehmensberater, der auf Kauf, Verkauf und Fusion von Unternehmen spezialisiert ist)*

Merry Christmas!: Schöne Weihnachten!, Frohe Weihnachten!, Schöne Weihnachtsfeiertage!

message: Botschaft, Mitteilung, Nachricht, *auch im übertragenen Sinne*

messie: Sammelwütiger

metallic: metallisch (glänzend)

metropolitan: großstädtisch, hauptstädtisch

MFD: *siehe* **multifunctional device**

MHP: *siehe* **multimedia home platform**

micro: Mikro-, Vorsilbe, *auch in*

microchip, **Mikrochip** *(Denglisch)*: *Kleinstdatenträger, Mikroplättchen, Halbleiterscheibchen*

micropayment: Kleinbetragszahlung *im Internet, entspricht etwa der* Geldkarte *der Sparkassen oder der* Guthabenkarte *im Mobiltelefon, siehe auch* **e-payment system**

microwave (oven): Mikrowelle, Mikrowellenherd

midcap: mittleres Wertpapier, mittelgroßes Unternehmen, *Unternehmen mit mittlerer Marktkapitalisierung (z. B. MDax-Werte)*

middle class: Mittelklasse

Middle East: Mittlerer Osten, *auch:* Naher Osten, Nahost, *abhängig vom jeweils gedanklich einbezogenen geografischen Bereich*

midijob: Mäßiglohnarbeitsplatz, *etwas besser bezahlt als der* **minijob**, *Denglisch (Bestandteil des Hartz-Konzepts der rot-grünen Bundesregierung)*

midlife crisis, **Midlifekrise** *(Denglisch)*: Krise, Lebensmittenkrise, Lebenssinnkrise

midnight: Mitternacht

mileage: Benzinverbrauch, *im übertragenen Sinne:* Ertrag, Gewinn, Verdienst, *Herausholen*

Miles & More: *Rabatt für Vielflieger,* Vielfliegerrabatt *(Lufthansa)*

military[1]: militär-, militärisch, *auch in*

military look: Militärmode

military[2]: Vielseitigkeitsprüfung *(im Reitsport)*

milk: Milch, *kommt vollkommen sinnlos in unzähligen Produktbeschriftungen vor:* milk-drink, milk-schokolade, nut in milk, *auch in*

milk shake, **Milchshake** *(Denglisch)*: Milchmischgetränk

milky: milchig

millionaire on paper, **MOP**: Papiermillionär *(der* **New Economy***)*

mimsen: *Bild-Kurznachrichten (***MMS***) versenden (per Mobiltelefon), Denglisch*

mind: Gedächtnis, Erinnerung, Aufmerksamkeit, *auch in*

mind map: Gedankenkarte

mini: klein, *auch in*

minibike: Kleinmotorrad, Kindermotorrad

minicar: Kleinwagen

minicooler: kleiner Kühlschrank

minijob: Niedriglohnarbeitsplatz, *Denglisch (Bestandteil des Hartz-Konzepts der rot-grünen Bundesregierung), siehe auch* **midijob**

minijobber: Niedriglöhner, *Denglisch*

minitower: *(Rechner-)*Kleingehäuse

minivan[1]: Bulli, Kleintransporter, *siehe auch* **van**[1] *und* **monocab**

minivan[2]: *kleiner familiengerechter* Kastenwagen, Familienwagen, *siehe auch* **van**[2] und **Kompaktvan**

minority: Minderheit, Minorität

mint: minzfarben; Pfefferminz

minute book: Protokoll-, Geschäfts-, Urkundenbuch

minutes: Sitzungsprotokoll

mirror: Spiegel

misfit: deplatziert, nicht gesellschaftsfähig

miss[1]: verpassen, vermissen

miss[2]: Fehlversuch

Miss Germany: deutsche Schönheitskönigin, *Siegerin in der deutschen* **Misswahl**

missing link: fehlendes Glied, Zwischenglied, fehlendes Bindestück

mission[1]: Auftrag, Mission, Leitbild, Berufung, *auch in*

mission statement: Losung, Zielstellung

mission[2]: Arbeitsprogramm

Misswahl: Schönheitswettbewerb, *Denglisch*

mittleres Management: mittlere Leitungsebene, *Denglisch*

mix: Gemisch, Mischung; mischen, *auch in*

mixed: gemischt; gemischtes Doppel *(Sport)*

mixed drink, **Mixdrink** *(Denglisch)*: Mischgetränk

mixed grill: Gemischtes vom Rost, allerlei Grillgut

mixed pickles: *in Essig eingelegtes Mischgemüse, Sauerkonserve*

mixen: mischen, *Denglisch*

mixer: Mischer, Quirler, (Hand-)Rührgerät

mixture: Mischung

MMS: *Bild-Kurzmitteilung, Bild-Kurzbotschaft (per Mobiltelefon), siehe auch* **multimedia messaging service** *und* **mimsen**

mob[1]: Straßenpöbel, Gesindel, Pöbel, Pack

mob[2]: terrorisieren, unterdrücken, *siehe auch* **bully**[2]

mobben: schikanieren, verekeln, ausgrenzen, anpöbeln, terrorisieren, wegekeln, *Denglisch*

mobbing: (Arbeits-)Schikane, Terrorisierung, Unterdrückung, Belästigung, Vergraulen, Wegekeln, Unter-Druck-Setzen, *Psychoterror, vor allem am Arbeitsplatz, im BE auch* **bullying**

mobile commerce: *Einkauf per Mobiltelefon bzw. Mobilrechner, siehe auch* **m-commerce**

mobile communications: Mobilfunktechnik

mobile marketing: *Werbung per Mobiltelefon*

mobile phone: Handfunk, Mobiltelefon, *„richtiges“ englisches Wort für* **Handy**[2]

mobster: *organisierter* Kleinkrimineller

modding: *individuelle Rechnergestaltung*

mode: Modus

model[1]: Modell, Muster *(auch im Sinne von:* vorbildlich*)*

model[2]: Mannequin, Modevorführerin, *auch in*

  modeln: *als Modevorführerin arbeiten, Denglisch*

Modelabel: Modemarke, *Denglisch*

modem: Mittler, Datenwandler, Netzschalter; *(analoges) Datenfernübertragungsgerät,* DFÜ-Gerät

modern style: Jugendstil

module, **Modul** *(Denglisch)*: Teilstück, Zwischenstück, Überbrückungsstück

moisturizer, **moisturizing cream**: Feuchtigkeitscreme

moment: Moment, Augenblick

money: Geld, *auch in*

  money for value: *Geld für Leistung*

  moneymaker: Geldmacher, Geschäftemacher, Geldscheffler

  money shelf: Nachttresor *bei Banken*

  money trend: Geldentwicklung

monitor: Bildschirm, Kontrollgerät, Überwachungsgerät, *im übertragenen Sinne:* Situationsbericht*, auch in*

  monitoring: Überwachung

monocab: Kleinlieferwagen, Kleintransporter, *Denglisch, siehe auch* **minivan**[1]

monster: Ungeheuer

mood: Stimmung

moon: Mond, *auch in*

  moonlight: Mondschein, mondhell

  moonlight shopping: Nachteinkauf(sbummel)

moon boots: *voluminöse* Winterstiefel

mop: Mopp, Staubbesen

moral sense: moralisches Bewusstsein, Gewissen

more: mehr

mother and child: Mutter und Kind

motherboard: Hauptplatine, Mutterplatine *(Rechner), Gegenstück zu* **daughterboard**, *siehe auch* **mainboard**

motion: Bewegung, Geste

motivation research: Motivationsforschung

motocross: Motorradgeländerennen

motor caravan: Wohnmobil

mount, **mounten** *(Denglisch)*: *(ein Gerät, z. B. Laufwerk)* zuweisen, zuordnen *(in der EDV, speziell bei UNIX und LINUX), siehe auch* **unmount**

mountain: Berg, *auch in*

mountain bike, **MTB**: Berg(fahr)rad, Gelände(fahr)rad *(nicht identisch mit dem* **Crossrad***)*

mountain-bike orienteering: *Geländerad-Orientierungsrennen, Geländeorientierungsfahren*

mountain-bike trial: *Gelände-Kunstradfahren, siehe auch* **trial**[2]

mountain biking, **mountainbiken** *(Denglisch)*: Geländeradfahren

mountain sports: Bergsport(-arten)

mouse: Maus, *auch in der EDV, wie in*

mouse click, **Mouseklick** *(Denglisch)*: Mausdruck, -betätigung, -klick

mouseover: *veränderter Mauszeiger (Hinweis auf eine aktuelle Aktionsmöglichkeit an der Mauszeigerposition), siehe auch* **rollover**[2]

mousepad: Mausmatte, -unterlage, *siehe auch* **Mauspad**

move: Zug, Bewegung

movie: Film, Kino, *auch in*

movie song: Filmlied, -schlager

movie star: Filmstar

movie wall: Filmleinwand

movie world: Filmwelt

moving: bewegt, bewegend, *auch symbolisch*

moving walkway: Laufband

MPV: *siehe* **multipurpose vehicle**

Müllsheriff: Mülldetektiv, Müllkontrolleur, *Denglisch, siehe auch* **Umweltsheriff**

Mülltourist: *illegaler Müllentsorger, Denglisch*

multi: mehr, mehrfach, viel, *auch in*

multichannel store: Warenhaus *(z. B. bei den Firmen OBI und OTTO)*

multifunctional device, **MFD**: Verbundgerät, Kombigerät, Multifunktionsgerät (MFG), *siehe auch* **All-in-one-Gerät**

Multijet-Einspritzung: Mehrfacheinspritzung *bei Dieselmotoren, Denglisch*

multilevel marketing: Mehrstufenvertriebssystem, Strukturbetrieb

multilingu(al)isation: Vielsprachigkeitsbefähigung

multimedia home platform, **MHP**: *Breitband-Kabelfernsehstandard für Multimedia-Anwendungen*

multimedia messaging service, **MMS**: *(durch Bildinformationen) erweiterter Kurzmitteilungsdienst (per Mobiltelefon), siehe auch* **short message service**

multiplayer game, **Multiplayer-Spiel** *(Denglisch)*: Mehrpersonenspiel, *(Rechner-)Spiel für mehrere Teilnehmer*

multiple choice: Wahlmöglichkeiten, Wahlvielfalt, Mehrfachauswahl

multiple-choice test, **Multiple-Choice-Prüfung** *(Denglisch)*: Ankreuzprüfung, Auswahlprüfung

multiple literacy: Mehrsprachigkeit

multiplex[1]: Mehrwegkommunikationssystem

multiplex[2]: Großkino

multipurpose vehicle, **MPV**: Allzweckfahrzeug

multisource assessment: „360-Grad-Beurteilung", *zur Bewertung tragen die Urteile von Vorgesetzten, Kollegen, Mitarbeitern u. a. bei*

multisports vehicle, **MSV**: sportliches Allzweckfahrzeug

multistore: Großkaufhaus *(in der Praxis in Deutschland aber eher für kleinere Kaufhäuser verwendet)*, Kaufhalle

multitasking: Parallelarbeit

multiuser dungeon, **MUD**: Rollenspiel *(im Internet)*

multiutility: Vollversorgung, Rundumversorgung, *z. B. im Zusammenhang mit Energiedienstleistern*

mumps: Ziegenpeter, Mumps

Munich: München, *in Eigenwerbungen der Stadt*

music: Musik, *auch in*

music act: Musikauftritt, *musikalischer Auftritt, u. a. Kategorie beim Sichtungswettbewerb „Star Search" von SAT.1, hier auch in der unmöglichen denglischen Form „Music Act Kind", wobei mit „Kind" tatsächlich der deutsche Begriff gemeint ist*

musical: *Singspiel*

music box: Musikkiste, -automat

music choice: Musikauswahl

music hall: Vaudevilletheater, Tanztheater

music on demand: Wunschmusik, Musik auf Verlangen, Musik bei Bedarf, *oft: im Internet herunterladbare Musik*

Musicon Valley: *vogtländischer* Musikwinkel, *Denglisch - von fantasielosen Werbemachern aufgebrachte geistlose Umbenennung des traditionellen sächsischen Musikinstrumentenbauzentrums (in Anlehnung an das kalifornische Silicon Valley)*

musk: Moschus(-duft)

must: „ein Muss"

must have: *etwas Unentbehrliches*

must not: *etwas Entbehrliches*

muting: Lautstärkedämpfung, Rauschsperre *(bei Musikgeräten)*

mutual: gegenseitig

mystery: rätselhaft, geheimnisvoll; Geheimnis, Mythos, Übernatürliches, *auch in*

Mysteryserie: Gruselserie, *(Fernseh-)Serie rätselhaften, geheimnisvollen Inhalts, Denglisch*

mystery buyer: Testkäufer
mystery call: Testanruf
mystery letter: Testschreiben

N

nail: (Finger-)Nagel, *auch in*

nail design: Nagelpflege, Nagelkunst

naked bike: unverkleidetes Motorrad

name-dropping: Referenznennung, Namenserwähnung, *Einflechten prominenter Namen, um Eindruck zu schinden*

nameless: namenlos

narrow-minded: engstirnig, beschränkt

nation building: Nation(en)werdung, *Erlangung der Souveränität und des staatlichen Selbstverständnisses*

native: Eingeborener, Ureinwohner, Einheimischer; muttersprachlich, einheimisch, eingeboren, eigen, *auch in*

native code: Maschinensprache *(EDV)*

native language: menschliche Sprache, Muttersprache, Landessprache, Nationalsprache

native speaker: Muttersprachler/in

nature: Natur, Art, Beschaffenheit

Navigationswording: Rubrikenbezeichnung *auf Internetseiten, Denglisch, siehe auch* **wording**

Nebenjob: Nebenbeschäftigung, *Denglisch*

neckholder: Nackenträger *bei Kleidungsstücken*

necking: schmusen, liebkosen

need: Bedürfnis, Notwendigkeit

needlework (design): Handarbeiten *(nicht: Strickarbeiten)*, Handgearbeitetes

neighborhood watching *(AE)*, **neighbourhood w.** *(BE)*: Bürgerwache, Bürgerwehr, Nachbarschaftsschutz

nerd[1]: Rechnersüchtiger, Tüftler, Fummler, *technischer Fachidiot, siehe auch* **junkie**[2]

nerd[2]: *konservativer Einfaltspinsel, einfältiger Konsument (Werbung)*

net: Netz, *auch im übertragenen Sinne wie:* Versorgungsnetz, elektronisches Netz, *letzteres auch in*

netiquette: Netzgebaren, Netzbenehmen, *Umgangsformen im Netz*

netizen: Internetbürger, Netzbürger

netlights: *Höhepunkte im Internet*

net news: Internetnachrichten, Netznachrichten

net shopper: Interneteinkäufer, Netzeinkäufer

net talk: Netzgeplauder, Netzgespräch, *siehe auch* **chat**

network: Netzwerk, Netz, Sendenetz, *oft auch nur:* Zusammenarbeit

network card: Netzwerkkarte *(im Rechner)*

networking: Netzwerkarbeit

network marketing: Strukturbetrieb

Netztalk: Netzgespräch, Gespräch, *Austausch über das Internet, Denglisch*

never: nie, auf keinen Fall

never-comeback airline: Bruchlinie, Seelenverkäufer, *Denglisch*

new: neu, erstmalig, taufrisch, *auch in*

New Age: neues Bewusstsein *verschiedener Richtungen, wie Mode, Ökologie usw.*

New-Age-Bewegung: *Esoterikbewegung des „neuen (Wassermann-)Zeitalters", Denglisch*

new attitudes: *aktuellste zeitgenössische Kunst*

New Beetle: *Neuer Käfer (Fahrzeugtyp der VW AG), Denglisch*

newbie: Internetneuling

newcomer: Neuling, Anfänger, Aufstreber

Newcomerin: Anfängerin, *(weiblicher)* Neuling, Aufstreberin, *Denglisch*

New Economy: Internetwirtschaft, Neuer Markt, *Neue Wirtschaft, Neue Ökonomie (moderne Wirtschaftsform bzw. -theorie), siehe auch* **Old Economy**

new generation: neue Generation, Jugend; neue Strömung, neue Entwicklung

new look: neues Aussehen, neue Mode

new market: Neuer (Aktien-)Markt

new media: neue Medien

new wave: neue Welle, *Musikrichtung, Moderichtung (so z. B. bei Villeroy & Boch)*

New Deal: Wirtschaftsreform, *nach Roosevelts New-Deal-Politik der 30er-Jahre*

news: Neuigkeiten, Nachrichten, Neues, Aktuelles, *auch in*

newsboard: Nachrichtenbord, Meldetafel

news center: Nachrichtenstudio, Presseabteilung, *oft nur für:* Nachrichten, *z. B. Deutsches Sport-Fernsehen*

news flash: Blitzmeldung

Newsforen: *öffentliche Nachrichtenräume, Denglisch*

newsgroup: Nachrichtenforum, Diskussionsrunde *(im Internet)*, (Netz-)Forum

newsletter: Informations-, Nachrichtenblatt, Informations-, Nachrichtenbrief, Rundbrief, *wird sehr oft für kleine, regelmäßige Infoschriften verwendet, dann im Sinne von:* Mitteilungen

newslist: Neuestes, das Neueste, Rundbrief

newsmaker: Zeitungsmann

news service: Nachrichtendienst

news show: Nachrichtenschau

news value: Neuigkeitswert

next: nächst, -e, -er, -es, *in vielen denglischen Redewendungen wie:* „next day" = *etwa* „bis morgen", „über Nacht"

nice: schön, hübsch, gefällig, freundlich

nice price: günstiger Preis

nice to have: wünschenswert *(z. B. bei der Klassifizierung von Anforderungen), nützliche Annehmlichkeit*

nickname: Spitzname; *Pseudonym (frei wählbare E-Post-Adresse oder Kennung bei einem* **chat***)*

night *(AE, BE)*, **nite** *(AE)*: Nacht, *auch in*

nightclub: Nachtklub, Kabarett, Bar, Bordell

night & day: Tag und Nacht, 24 Stunden

nightlife: Nachtleben

Nightliner: Schlafwagenzug *(Deutsche Bahn)*, *Denglisch*

night session: Abendveranstaltung

nightshirt: Nachthemd

Night-Shopping-Tarif: Abend-, Nachtpreis(e), *Denglisch*

nightwear: Nachtwäsche, Schlafanzug, Nachthemd

nite: *AE für* **night**

no: nein, *oft als Zusammensetzung: „nein zu ..." oder „kein ...", wie in*

no comment: kein Kommentar

no-frills: ohne Komfort, ohne Luxus, „kein Schnickschnack" *(z. B. wenn bei Flügen Bordverpflegung, reservierte Sitzplätze und Zeitungen entfallen)*

no-frills airline: Billigfluggesellschaft

no future: keine Zukunft, Zukunftspessimismus

no-future generation: Pessimismusgeneration, Null-Bock-Generation, Langweilergeneration, *Jugend der 80er-Jahre*

no nukes: keine Atomwaffen

no risk, **no fun**: ohne Risiko kein Spaß

no smoking: Nichtraucher, Rauchen verboten

nobility: Ritterschaft, „obere Zehntausend", Adel

nobody: (ein) Niemand, unbedeutender Mensch

node: Knoten, Verzweigung

no-gos: unbewegliche, phlegmatische, „eingerostete" Senioren *(Erfindung einer bayrischen Politikerin), siehe auch* **go-gos** *und* **slow-gos**

No-go-Stadtteil: *unbedingt zu meidender, gefährlicher Stadtteil,* Tabu-Stadtteil, *Denglisch*

no-iron, **non-iron**: bügelfrei

noise: Geräusch, Rauschen, *auch in*

noise limiter: Rauschunterdrückungssystem

no-name product: markenloses Erzeugnis, namenlos

Non-Aviation-Bereich: flugfremder (Geschäfts-)Bereich *auf Flughäfen, Denglisch*

noncompliance: Weigerung, Nichteinhaltung

noncooperation: gewaltloser Widerstand, passiver Widerstand

none: keine, -r, -s, nichts

nonfood: Konsumgüter, Verbrauchsgüter, *meist:* Haushaltsangebote

nonprofit: gemeinnützig, ehrenamtlich

nonprofit project: *Projekt ohne Gewinnerzielungsabsicht, gemeinnütziges Projekt*

nonproliferation: Nichtweitergabe

nonreusable: Einweg- *(Entsorgungsbranche)*

nonsense: Blödsinn, Unsinn, Unfug

nonstop: ohne Zwischenlandung, ohne Unterbrechung, ohne Aufenthalt; durchgehend, andauernd

Nonstop-Flug: Direktflug, *Denglisch*

Nordic walking: *Stockwandern (skandinavische Sommersportart), Kombination von straffem Wandern und Schilanglauf*

no-show: Nichterschienener *(z. B. Flugpassagier)*, Nichtangetretener

no-show passenger, **No-show-Passagier** *(Denglisch)*: nichterschienener (Flug-)Passagier

no-show rate: Ausfallrate, *ausgebliebene Besucher*

note: Notiz, Bemerkung, *auch in*

> **notebook**[1]: Notizbuch
>
> **notebook**[2] **(computer)**: *kleiner, tragbarer Rechner,* Mobilrechner, Klapprechner
>
> **notebook university**: elektronische Hochschule, elektronisches (Fern-)Studium *(über das Internet), siehe auch* **distance learning**, **e-learning**

notepad: *(elektronisches)* Notizbuch

novel food: *gentechnisch veränderte Nahrung, neuartiges Lebensmittel,* neue Kost, Neukost, *auch in*

> **novel-food ingredients**: *neuartige Lebensmittelzutaten*

no-win situation: Verlustsituation, Null-Gewinner-Situation, *„alle Beteiligten verlieren"*

nude look: Nacktmode, FKK

number: Zahl, Nummer

number cruncher: Wirtschaftsprüfer, *„Zahlenschieber"*

nurse: Kindermädchen, Krankenschwester

nut: Nuss, *auch in*

> **nut flakes**: Nussflocken

nutriceutical food: *ernährende und heilende Nahrung,* Kurkost

nuts: verrückt, durchgedreht

O

object: Gegenstand, Objekt, *auch in*

object broker: Objektverwalter

object-centred control: objektbezogene Kontrolle *bzw.* Steuerung

object code: Objektform, abarbeitbares Programm *(EDV)*

object manager: Betreuer, *(für ein bestimmtes Themengebiet)* zuständiger Verwalter

objective: Zielsetzung, Anliegen

observer: Beobachter

obsession: fixe Idee, Versessenheit

occasion: Gelegenheitsangebot

ocean: Meer, Ozean, *auch in*

ocean-dumping: Meeresverunreinigung

ocean liner: Linienschiff, *oft aber fälschlich:* Kreuzfahrtschiff *(Denglisch)*

odds: Wettquote

oddset: Toto, *(spezielle)* Sportwette, *Denglisch*

of: von

off[1]: aus(-geschaltet), *auch in*

off line, **off-line**: unverbunden, ohne Verbindung, *elektronisch* abgeschaltet, *vom Netz* abgekoppelt *(EDV)*

off[2]: weg, außerhalb, draußen, entfernt, *auch in*

off-limits: Eintritt untersagt, Betreten verboten, Sperrzone; außerhalb der Grenzen, *in der Werbung meist fälschlich im Sinne von* grenzenlos *verwendet*

off-peak: *außerhalb der Stoßzeiten,* Billigzeit, *z. B. zum Telefonieren*

off-quality, **OQ**: *außerhalb der Toleranzgrenzen,* Ausschussware; Qualitätsverstoß

off-road[1]: abseits (der Straße), querfeldein, im Gelände

off-road[2]: geländegängig, Geländefahrzeuge *(Gattungsbezeichnung)*

offroader: Geländewagen, Geländefahrzeug, *Denglisch*

off-road kids: Straßenkinder *(abstruse Fehlbildung), Denglisch*

off-season: außerhalb der Spielzeit *(Theater)*

offshore: vor der Küste, küstennah, *siehe dagegen* **Offshorefirma** *und* **offshore fund**

Offshoreanlage: *küstennahe* Anlage im Meer, Meeresanlage *(z. B. Windkraftanlage oder Ölbohrstation)*, *Denglisch*

offside: Abseits

off[3]: aus dem Hintergrund, *auch in*

Offsprecher: Hintergrundsprecher, *Denglisch*
Offstimme: Hintergrundstimme, *Denglisch*

offbeat: rhythmische Verschiebung, *Schläge gegen den Takt*

off-brands: Nicht-Markenartikel

offer: (Sonder-)Angebot

office: Büro, Geschäftsstelle, *wird sehr gern von Büroartikellieferanten als Firmenname verwendet*

Offlinereisebüro: *normales* Reisebüro, *Denglisch, siehe auch* **Offlinewelt**

Offlineverfahren: netzloses Verfahren *(EDV)*, *Denglisch*

Offlinewelt: *normales (Arbeits-, Lebens-)Umfeld, Gegensatz zum Internet (siehe* **online***);* „Realität" *(Gegensatz zur virtuellen Welt)*, *Denglisch, siehe auch* **Offlinereisebüro**

offset: Flachdruck

Offshorefirma: Auslandsniederlassung, Briefkastenfirma, *Denglisch*

offshore fund: ausländischer Fonds

Offszene: freies Theater, *Denglisch*

off-taste: schlechter Geschmack, *z. B. eines Weines*

okay[1], **o.k.**: in Ordnung, *Herkunft unklar, evtl. lautliche Abk. für: „all clear" = alles klar*

Okay[2] ***(das)***: Erlaubnis, Einverständnis, Genehmigung, Zustimmung, grünes Licht *(Wirtschaft)*, *Denglisch, siehe auch* **Go**[2]

old: alt, *auch in*

Old Economy: *Alte Ökonomie (traditionelle, etablierte, eingefahrene Wirtschaftsform bzw. -theorie), siehe auch* **New Economy**

old-fashioned: altmodisch, unmodern, überholt

old-timer: Autoveteran, Schnauferl, *Denglisch, im Englischen heißt es „vintage car"*

old-boys club, **old-boy(s) network**, **old-buddies n.**: Filz, Klüngel, Seilschaft, Altherrenriege

Olympic spirit: olympischer Geist, olympischer Gedanke

on: an, auf, bei, eingeschaltet, *auch in*

on air: auf Sendung

on call: auf Zuruf, auf Abruf, in Bereitschaft

on demand: auf Abruf, auf Bestellung, bei Bedarf

on screen: auf dem (Bild-)Schirm

on screen display, OSD: Bildschirmmenü, *Menü auf dem (Bild-)Schirm (z. B. zur Steuerung von Fernsehgeräten oder Videorekordern)*

on stage: auf der Bühne

on the road: auf der Straße, unterwegs

on the rocks: auf Eis, *Getränk auf Eiswürfeln*

on tour: auf *(Konzert-, Gastspiel-, Rund-)*Reise, unterwegs

onboard diagnostics, **OBD**: Bord-Funktionsüberwachung *(in Fahrzeugen)*

onboard unit, **OBU**: Bordgerät *(für die Mauterfassung in Fahrzeugen)*

one: irgendeiner, jemand, ein, eine, eins, *das Wort wird oft mit „first" verwechselt, anders sind bestimmte Namen deutscher Firmen nicht zu erklären. So nennt sich eine Siemens-Tochter* „Service One", *was man wohl mit* „Irgendein Service" *übersetzen muss, auch in*

> **one by one**: Stück für Stück, eine/r nach dem/der anderen
>
> **one-man show**: Ein-Mann-Schau, Soloauftritt
>
> **one-night stand**[1]: *Einnachter,* Einmalverkehr, *sexuelle Beziehung für eine Nacht*
>
> **one-night stand**[2]: einmalige Veranstaltung
>
> **one-page offer**: Kurzangebot, einseitiges Angebot
>
> **one-shot**[1]: Einmal- *oder* Sonderauflage
>
> **one-shot**[2]: Glückstreffer
>
> **one-stop agency**: Investorenleitstelle, *Anlaufstelle für Unternehmen - Beantragung von Fördermitteln in einem Schritt (z. B. beim Berliner Senat)*
>
> **one-stop shopping**: alles aus einer Hand, Großkaufhaus
>
> **one-to-one marketing***:* individuelle, „maßgeschneiderte" Kundenbeeinflussung, *siehe auch* **Eins-zu-eins-Marketing**
>
> **one touch**: ein Griff
>
> **one-touch easy**: Eintastenbedienung, *auch in denglischen Verbindungen wie:* Briese one touch
>
> **one-way**[1]: Einbahnstraße
>
> **one-way**[2]: Einbahn-, nur hin *(z. B. Flugreise)*
>
> **one-way**[3]: Einweg- *(z. B. Entsorgungsbranche)*
>
> **one-woman show**: Eine-Frau-Schau, Soloauftritt
>
> **one world**: eine Welt

online: angeschlossen, *elektronisch* verbunden *(mit dem Internet)*, vernetzt, Internet-, im Netz, *auf Draht*; über das Internet *(z. B. bei Bestellungen), auch in*

> **online banking**: *Kontoführung per Datenfernübertragung,* Internet-Kontoführung, Netz-Kontoführung
>
> **online broker**: Internetmakler, Netzmakler
>
> **online coach**: Internettutor, -mentor, -betreuer
>
> **online gaming**: Internet(glücks)spiel
>
> **online gehen**: *sich ins Internet einwählen, Denglisch*
>
> **online marketing**: Internetwerbung, Internetvermarktung
>
> **onliner**: Internetbesucher, *Netzbummler*
>
> **Onlineredakteur**: Netzjournalist, Netzredakteur, *Denglisch*
>
> **online service, Onlinedienst** *(Denglisch)*: *(Daten-)*Netzdienst
>
> **online shop**: Internetkiosk
>
> **online shopping**: Interneteinkauf

Onlinetochter: *Tochterunternehmen, das nur im Internet Geschäfte betreibt, Denglisch*

online trading: E-Wertpapierhandel

Onlinewahl: Wahlbeteiligung per Internet, E-Wahl, *Denglisch, siehe auch* **e-voting**

only: nur

on/off: Ein-/Ausschalter

on sale: im Sonderangebot

on-the-job training: Ausbildung am Arbeitsplatz

on-the-run: „Auf dem Sprung", „Unterwegs", *einfallslose denglische Bezeichnung für einen Tag und Nacht geöffneten Einkaufsmarkt der Esso-Tankstellen*

oops!: ups!, ui!, hoppla!

open: offen, geöffnet, *sicherlich ein vollkommen überflüssiger Anglizismus, doch findet er sich an vielen Ladentüren gerade kleinerer Geschäfte, auch in*

open-air[1]: unter freiem Himmel, Freiluft-, *siehe auch* **outdoor**

open-air[2]: „oben ohne" *(bei Cabriolets)*

open-air festival: Freiluftfest, Freiluftveranstaltung

Open-Air-Kino: Freilichtkino, *Denglisch*

open-end: Ende offen

opener: Titel-, Startmelodie *(auf Platten)*, *Denglisch*

open house: offene Tür, für alle offen, frei für alle

opening[1]: geöffnet, Öffnung

opening[2]: Eröffnung

open-minded: tolerant, offen, aufgeschlossen

open point: weißer Fleck

open source: freies Programm *(mit offenem Quellkode)*

open your mind!: sei aufgeschlossen!

operate, **operating**: bedienen, *hauptsächlich technische Geräte, auch in*

operating system, **OS**: Betriebssystem *(EDV)*

operator[1]: Bediener, Wirkender, Betreiber; Systembetreuer

operations manager: Gruppenleiter *(im operativen Geschäft)*, *auch:* Betriebs-, Werkleiter

operator[2]: Rechenoperationskürzel, Operator *(aus dem Lateinischen)*

opinion: Meinung, *auch in*

opinion leader: Meinungsmacher, -führer; Experte

orbit: Umlaufbahn

order[1]: Auftrag, Anweisung, Befehl

order[2]: Kauf- *bzw.* Verkaufsauftrag *(Börse)*

ordern: bestellen, verlangen, in Auftrag geben, *Denglisch*

organizer: *modernes (elektronisches)* Notiz- und Adressbuch, Terminplaner, *(mobile)* Datenbank

organizing committee: Organisationskomitee, Ausrichter *(Sport)*

orienteering: Orientierungslauf, Orientierungsrennen, Orientierungssport

original equipment manufacturer, **OEM**: Originalhersteller, Hersteller von Originalteilen *bzw.* Originalzubehör; *auch speziell: lizenzierter Vertreiber von fremden Rechnerprogrammen zusammen mit eigenen Geräten (EDV)*

originals: Originale

OS: *siehe* **operating system**

other: anderer/e/s, anders

out[1]: aus, vorbei, ohne, nicht, *auch in*

outbound (calls): *ausgehende Telefonate,* Telefonwerbung *im Kundendienst, siehe auch* **inbound**

outbreak: Ausbruch, *so tatsächlich in einem Focus-Artikel über Tierseuchen*

outcast: Außenseiter, *(von der Gesellschaft)* Ausgestoßener

outcome: Ergebnisse

Outcomeanalyse: Ergebnisanalyse, *Denglisch*

outdoor: im Freien, draußen, außer Haus; Freiluft- *(bei Veranstaltungen)*; Straßen-, Freizeit- *(bei Bekleidung), siehe auch* **open-air**[1]

outdoorer: Wanderer, *Denglisch*

Outdoorkleidung: Freiluftkleidung, *Denglisch*

outdrop: gesellschaftlicher Abstieg

outen[1] ***(sich)***: sich blamieren, ins Fettnäpfchen treten, *Denglisch*

outen[2] ***(sich)***: sich zu erkennen geben, zu etwas stehen, *z. B. Lesben und Schwule, die sich zu ihrer Homosexualität bekennen, Denglisch*

outer space: Weltall

outfit: Aufmachung, Aussehen, Kleidung, Ausstattung, Äußeres

outgesourct: ausgegründet, ausgelagert, *Denglisch*

outing: Enthüllung, *freiwilliges Bekenntnis*

outlaw: Geächteter, Außenseiter, Gesetzloser

outlet: Verkaufsstelle

outlet center: *siehe* **factory-outlet**

outlive: überleben

out of area: *außerhalb des Zuständigkeitsbereiches (NATO-Terminologie)*

out of bounds: Zutritt verboten, *eigentlich: „außerhalb der Grenzen", gilt hier für britische Militärangehörige, siehe auch* **out of limits**

out of focus: unscharf, *symbolisch auch:* „aus den Augen, aus dem Sinn"

out of limits: Zutritt verboten, *eigentlich: „außerhalb der Grenzen", gilt hier für amerikanische Militärangehörige, siehe auch* **out of bounds**

outperformen: übertreffen *(z. B. einen Börsenindex), Denglisch*

outperformer: *siehe* **market outperformer**

outplacement: Humanentlassung, *Entlassung mit Vermittlung, auch einfach:* Entlassung; *als Euphemismus:* Auslagerung

outplacing: human entlassen; auslagern

output: Ausgang, Ausgabe, Ausstoß, Ergebnis, Produktion

outside: außen, Außenansicht

outside personnel contacter: Straßenwerber

outsider: Außenseiter, Nonkonformist

outsourcen: ausgründen, auslagern, *Denglisch*

outsourcing: Ausgründung, Auslagerung, Reduktion, Verringerung; ausgründen, Ausgliedern *von Aufgaben / Leistungen*

outstep: überschreiben

outwear: *(Kleidungsstück)* außen zu tragen

out^2: nicht zeitgemäß, völlig veraltet, unmodern, aus der Mode

over: über, hinüber, herüber, vorüber, *oft in unsinnigen Zusammenhängen wie* over 30 *für eine Fetenform für Menschen über 30 Jahre, auch in*

overachievement: überragende Leistung, Superleistung, Zielübertreffung

overachiever: „Überflieger"; Streber, Arbeitssüchtiger, Arbeitstier, *siehe auch* **workaholic**

overall: *(einteiliger)* Schutzanzug

overdose: Überdosis *an Drogen*

overdosed: überdrüssig, übersättigt

overdressed: zu fein, unangemessen gekleidet

overdrive: Schnellgang, Turbo

overhead: Geschäftsleitung

overhead (costs): Gemeinkosten, Fixkosten, (Geschäfts-)Leitungskosten

overhead projector: Tageslichtschreiber, Folienprojektor, Hellraumprojektor

overkill: Totalvernichtung, *„Überdosis" Atomwaffen*

overnight: über Nacht, während der Nacht

overrulen: überstimmen, *Denglisch*

oversell: Marktsättigung

overshoot, **overshooten** *(Denglisch)*: über das Ziel hinausschießen, zu weit gehen

oversize: Übergröße

oversized: übergroß

overstaffed: *personell* überbesetzt

overstatement: Übertreibung

overstyled: zu fein, *siehe auch* **overdressed**

over-the-counter, **OCT**: über den Ladentisch

over-the-top: übertrieben, verrückt

overtop: herausragend

overtrousers: Überhosen, Schmutzhosen

owner: Eigentümer, Besitzer, Halter, Eigner, Inhaber

P

pace: Schritt, Tempo, *auch in*

pacemaker: Schrittmacher, *beide Bedeutungen: beim Wettrennen und in der Herzchirurgie*

pacecar: Führungsfahrzeug *(Formel 1)*

pack: Paket, Bündel; packen, verpacken, *auch in*

package: Paket, *auch im übertragenen Sinne*

package deal: Koppelgeschäft

package tour: Pauschalreise, Reisepaket

packaging: *geschickte* Raumausnutzung *(z. B. bei Kfz)*

pact: Abkommen, Vertrag

pad: Polster, Kissen, *auch im weiteren Sinne wie:* Stahlschwämme, Reinigungskissen, Wattekissen *usw.*

page: Seite, *auch in*

page charge: Seitengebühr

page one: Titelseite, Schlagzeilenseite

pager: Empfänger *(für Kurznachrichten)*

page-turner: fesselndes, spannendes Buch, Reißer, *ein Buch, das man verschlingt*

paging: Seitenwechsel*(-vorgang) im Rechner*

paint: (an-, be-)malen, schminken; Farbe, *auch in*

paintbrush: farbsprühen

painting: Gemälde

pairing: verkuppeln, zusammenführen, *auch symbolisch*

Paketshop: Paketladen, *Annahme- und Ausgabestelle für Pakete bei OTTO und Hermes, Denglisch*

palmtop: *(mobiler)* Kleinstrechner

pamphlet: Schmähschrift, Streitschrift, *eigentlich Französisch*

pancake: Pfannkuchen

panel[1]: Arbeitsgruppe, Entscheidungsgruppe, Podium, Ausschuss, Forum, Gremium, *auch in*

panel discussion: Podiumsdiskussion

panel[2]: repräsentative Personengruppe *(z. B. bei Umfragen)*

panel[3]: Schiedsgericht

panel[4]: Konsole, Platte, Täfelung, *siehe auch* **Bedienpanel**

pants: Hose, *siehe auch* **hot pants**, **baggy pants**

paper: Schriftstück, Papier, (Vortrags-)Manuskript, schriftliche Unterlage, *auch in*

paperback: Pappeinband, Taschenbuch

paper jam: Papierstau, *siehe auch* **jam**[2]

paragliding: Gleitsegeln, Bergsegeln, Gleitschirmfliegen

parcel: Schachtel, Päckchen, Paket, *auch in*

parcel service: Paket(zustell)dienst, *siehe auch* **German**

park: abstellen, parken, *auch in*

park and ride, P&R: Nahverkehrstransportsystem (NVTS), parken und (mit-)fahren, Bahnhofsparkplatz

park-and-ride place: Abfangparkplatz, Umsteigeparkplatz

parser: Lexer, lexikalischer Analysator

parsing: lexikalische Analyse

part, **parts**: Teil, Teile

partner: Partner, *auch in*

partner look: Partnerkleidung, gleiches Erscheinungsbild, gleiche Kleidung *eines Paares*

partnership: (Geschäfts-)Partnerschaft

part-time job: Teilzeitarbeit

party: Feier, Fest, Fete, *auch in*

party girl: Fetenmädchen

partying: feiern

party killer: Festsensation

party service: *Versorgungsdienst für Feiern,* Festdienst, Fetendienst

party time: Festzeit, Zeit zum Feiern

passenger: Reisender, Fahrgast, Fluggast

passenger car: Personenkraftwagen, PKW

passing events: Tagesereignisse, Aktuelles

password: Kennwort, Passwort, Geheimwort, Zugangswort, Losung

paste: kleben, einfügen; Kleister

patch[1]: Flicken, *auch in*

patchwork: Flickwerk, Flickenteppich, Decke

Patchworkfamilie: „bunte Familie“, *Denglisch*

patch[2]: *(vorläufige)* Korrektur *(EDV)*

patent office: Patentamt

path[1]: Pfad

path[2] **(name)**: Zugriffspfad, Pfad, *vollqualifizierter Dateiname (EDV)*

pattern: (Verhaltens-)Muster, Suchmuster, Schema

Pausensnack: Zwischenmahlzeit, Brotzeit, *Denglisch*

pay: zahlen, *auch in*

payback: Rückzahlung, Rückerstattung; *eine Gruppe deutscher Firmen verwendet* **payback** *als Eigenname im denglischen Sinne für:* Bonus *bzw.* Rabatt, *siehe auch* **payout**

paybox: *bargeldloses Bezahlsystem über Mobiltelefon oder E-Post (eigentlich: Geldkassette, in der man Eintrittsgeld hinterlässt)*

pay card: Geldkarte
payday: Zahltag, Erfüllungstag
pay-for-performance: *bezahlte Internetwerbung (über Suchmaschinen)*
pay-for-surf: Internetbelohnung *(für Kinder)*
paying guest: zahlender Gast
payment: Zahlung
payoff: Verdienst, Gewinn, Lohn
payout: Aus(be)zahlung, *Rückgewinnung von eingesetztem Kapital*
payout time: Auszahlungszeit, Lohnzahltag
pay-per-use: Bezahlabruf, *gebührenpflichtiger Abruf von Informationen aus dem Internet*
pay-per-view: Bezahlfernsehen, -sendung, *Fernsehen mit Zuzahlung für jede einzelne gesehene Sendung*
pay roll: Gehalts-, Lohnliste
pay-TV: Bezahlfernsehen, *im Gegensatz zum* **free-TV**

PC: *siehe* **personal computer**
PDA: *siehe* **personal digital assistant**
peace: Frieden, *auch in*
peace box: *denglisches Markenzeichen eines Schweizer Herstellers von* Pappsärgen
peacekeeping: Friedenserhaltung

peach: Pfirsich, *auch in*
peach mask: Pfirsichmaske *(Kosmetik)*
peach skin: Pfirsichhaut

peak[1]: Spitzenwert, Maximum, Höhepunkt
peak[2]: Zacke, Bergspitze
peanuts: Kleinigkeit, Bagatelle, Klacks; *auch: unbedeutender Geldbetrag*
pearl-white: Perl(mutt)weiß *(in Zahnpasta-Produktbezeichnungen)*
peelen *(Denglisch)*, **peeling**[1]: Haut schälen, Gesicht schälen; Hautschälung, Gesichtsschälung *(Kosmetik)*
peeling[2]: Rubbelcreme *(zur Hautpflege)*
peer group: Gruppe Gleichartiger, Gleichgesinnter
pellets: Kügelchen, Schrotkorn
pen[1]: Stift, *Eingabegerät anstelle der üblichen Maus*
pen[2]: Füllfederhalter, *im denglischen Sinne aufgefallen durch das Beispiel einer Hamburger Schreibgerätefirma, die den großen deutschen Theaterregisseur Reinhardt zu ehren vermeint, wenn sie einen Preis unter dem Namen* „Max Reinhardt Pen“ *vergibt*
penalty: Strafstoß
penny stocks: Billigaktien, *Pfennigaktien*
penthouse, **Penthaus** *(Denglisch)*: *exklusive* Dach(terrassen)wohnung

people: Leute, Menschen, Nation, *eigentlich: „Volk"*

peoples: *Denglisch für* **people**

pep: Schwung, Energie, Pfeffer, Elan

peppen: *siehe* **aufpeppen**

peppig: schwungvoll, pfiffig, ausgefallen, *Denglisch*

percussion[1]: Abklingeffekt *(elektronischer Instrumente)*

percussion(s)[2]: Orffsche Instrumente, Schlag-, Rhythmusinstrumente, Schlagwerk; Schlagzeug

perfect: vollkommen, perfekt

perfect world: Utopia, Schlaraffenland, Paradies

perform: aufführen, darbieten, *auch in*

  performance[1]: Vorstellung, Auftritt, Darbietung, Darstellung

  performer: Darsteller, Bühnenkünstler

performance[2]: Leistung, Leistungsfähigkeit, Ergebnis, Resultat

performance[3]: Kursentwicklung, Rendite, Wertentwicklung *einer Kapitalanlage*

permission: Zustimmung, Genehmigung, Erlaubnis

personal: persönlich, *nicht zu verwechseln mit* **personnel**, *auch in*

  personal computer, **PC**: eigener Rechner, persönlicher Rechner, Privatrechner, Heimrechner, Arbeitsplatzrechner *(EDV)*

  personal digital assistant, **PDA**: Kleinstrechner *(als elektronisches Notizbuch bzw. elektronischer Terminkalender)*

  personal help: persönliche Beratung *bzw.* Betreuung

  personal help show: Ratgebersendung *(im Fernsehen)*, *Denglisch*

  personal identity: persönliches Erscheinungsbild

  personal identity number, **PIN**: persönliche Geheimnummer, *persönliche Identifikationsnummer*

  personality: Persönlichkeit

  personality show: Prominentensendung

Personalmarketing: Personalwesen, *Denglisch*

Personal-Service-Agentur, **PSA**: Zeitarbeitsagentur, *Denglisch (Bestandteil des Hartz-Konzepts der rot-grünen Bundesregierung)*

personnel: Personal, *nicht zu verwechseln mit* **personal**, *auch in*

  personnel management: Personalwesen

  personnel manager: Personalleiter

pervasive computing: *„rechnerdurchdrungene Welt", vollständige Durchdringung der Alltagswelt mit drahtlos vernetzten Rechnern und Mikroprozessoren (zurzeit noch eine Vision), siehe auch* **ubiquitous computer**

pets: Haustiere, Streicheltiere

phantastic: *aus dem Fantastischen kommend (Literatur, Kunst, Esoterik), nicht zu verwechseln mit* **fantastic**

pharmacy: Apotheke, *siehe auch* **drugstore**

phone: *Kurzform für:* Telefon, *auch in*
  phone banking: *Bankgeschäfte per Telefon*
  phonemanship: Telefonverkaufskunst
photo finish, **Fotofinish** *(Denglisch)*: Zielfoto, Zielfotoentscheidung
photo session, **Fotosession** *(Denglisch)*: Fototermin
photo shooting, **Fotoshooting** *(Denglisch)*: Fototermin
physical exercise: Leibesübung, Sport
pickles, **mixed pickles**: *in Essig eingelegtes Mischgemüse, Sauerkonserve*
pick up[1]: aufheben
pick up[2]: anbaggern, aufreißen, anmachen, angraben
pickup[3]: Pritschenwagen
pickup[4]: Tonabnehmer
picnic: Picknick
pictophone: Bildtelefon
picture: Bild
picture-in-picture, **PIP**: „Bild im Bild", *geschachtelte Bilder im Fernsehen*
pidgin: Mischsprache
pie: Pastete
piece: Stück, *auch in*
  piece concept: *Gepäckbegrenzung nach Stückzahl (bei Flugreisen), siehe auch* **weight concept**
pierce: bohren, stechen, stanzen, *auch in*
  piercing, **piercen** *(Denglisch)*: Hautstechung, *Anbringen von Körperschmuck*
pigeonhole: Ablagefach, Brieffach, *eigentlich: „Taubenschlag"*
pin[1]: Anstecker
pin[2]: Markierung
pin[3]: Bolzen, (Steck-)Nadel, Stift
pin[4]: heften, stecken
PIN[5] **(personal identity number)**: *persönliche* Geheimnummer
pinboard, **Pinbord** *(Denglisch)*: Stellwand
pine: Kiefer *(nicht: Pinie), auch in*
  pinewood: Kiefernholz
pineapple: Ananas
pink: *(leuchtend)* rosa(-farben)
pink box: Schminkkästchen, -schatulle
pink slip: Kündigungsschreiben *(keine Damenunterwäsche)*
pinup: Nacktfoto, *auch in*
  pinup girl: Fotonacktmodell, Spindmädchen, *Brautersatz im Soldatenspind*
Pinwand: Notizwand, Anschlagwand, *Denglisch*

PIP: *siehe* **picture-in-picture**

pipe[1]: Kommandofolge, *zusammengestellte Folge von Systemkommandos*

pipe[2]: Rohr, Pfeife, *auch in*

  pipeline[1]: *(Öl-, Gas-)*Rohrleitung

pipeline[2]: Transportschlange *(EDV)*

pipeline[3]: Entwicklung(sphase) *(z. B. bei Autos)*

Pipeline stellen *(in die)*: *(eine wichtige Sache) auf den Weg bringen, Denglisch*

Pistenbully: Pistenspurfahrzeug, *Denglisch*

pit: „Grübchen" *(eine der beiden Informationseinheiten einer* **CD** *bzw.* **CD-ROM** *in Form einer Vertiefung - die andere ergibt sich aus unberührtem* **land***)*

pitchen: werfen *(im Baseball)*, *Denglisch*

pixel: Bildpunkt, Rasterpunkt *(EDV)*

place: Ort, Platz, Stelle, *auch in*

  placement: Absetzungsort, Warendekoration *oder* -platzierung

  place to be *(the)*: *wo man sein sollte,* „Muss"-Ort

plaid: karierte (Reise-)Decke, Karomuster

plain: schlicht, einfach, deutlich, klar

plane: Flugzeug, *siehe auch* **airplane**

planning: Planung, *auch in*

  planning system: Planungssystem

plant manager: Betriebs-, Werkleiter

plastics: Kunststoffe

platform: Plattform *(EDV)*

play: Spiel, spielen

playback: Gesangsimitation, Musikkonserve

playboy: Frauenheld, Lebemann, Salonlöwe

play-down: Abstiegsspiele, Abstiegsrunde

player[1]: Spieler, *auch im übertragenen Sinne, wie in:* CD-Spieler

player[2]: Einkäufer *(der im Internet Bestellungen aufgibt)*

player[3]: Abspielgerät

playgirl: Lebefrau, Spaßmädchen

playmate: Gespielin, *abwertend für: „Frau als Männerspielzeug"*

play-off: Aufstiegs-, Entscheidungs- *oder* Ausscheidungsspiele, Meisterrunde

pleasure: Vergnügen, Genuss, Zufriedenheit

plot[1]: Handlung *innerhalb eines Dramas oder Films*, Handlungsablauf, Handlungsgerüst

plot[2]: Bild, Zeichnung, Diagramm, *auch in*

  plotten: *(maschinell)* zeichnen, *(Zeichnung)* ausdrucken, *Denglisch*

  plotter: Zeichengerät

plug: Stecker, Stöpsel; Anschluss *an etwas, auch in*

plug-and-play: *„einstöpseln und spielen“,* sofort betriebsfähig, einfach anschließen, *beim Rechner kompatible Systeme, die ohne EDV-Programme laufen*

plug-in: Zusatz(-programm), Steckmodul, Einschub *(Rechner)*, Ergänzungsmodul *(EDV), siehe auch* **kit**[2]

p.m.: nachmittags, *englische Abkürzung für den lateinischen Begriff* **post meridiem**, *siehe auch* **a.m.**

pocket: Tasche, *auch in*

pocketbook: Taschenbuch

Pocketformat: Taschenformat, Kleinformat, *Denglisch*

Pocketkamera: Taschenfotoapparat, *Kleinformatfotoapparat,* Knipskiste, *Denglisch*

pocket-PC: Mobilrechner, *transportabler Rechner (nicht: Taschenrechner), siehe auch* **hand-held**

poetry: Lyrik, *auch in*

poetry slam: Lyrikwerkstatt, Lyrikfest, „Wettdichten“

point: Punkt, Standort, Treffpunkt; Verkaufsstand *(z. B.* Bratwurst-Point*), auch in*

point of conflict: Konfliktpunkt

point of consider: Ansichtssache, Standpunkt

point of information: Auskunft, Informationsstelle, *i-Punkt*

point of interest: Sehenswürdigkeit

point of no return *(that's the)*: Punkt ohne Umkehr*(-möglichkeit)*, *(das ist die)* Grenze, *im Sinne von: „ab hier gibt es kein Zurück mehr“*

point of sale[1]: Verkaufsstelle, Filiale

point of sale[2]: optimaler Standort

pointer[1]: Zeiger, Zeigestock

pointer[2]: Zeiger, Verweis *(EDV)*

poker face: *undurchsichtiger Gesichtsausdruck,* Pokergesicht

Pole-Mann: Erster, Trainingsbester, Führender, *Denglisch, so in Berichten über die Formel 1 im deutschen Fernsehen*

pole position: Führungsposition, Beststartplatz, erster Startplatz

polish, **polishen** *(Denglisch)*: Polier-, Putzmittel, Glanzpolitur, Schuhcreme; polieren, blank reiben

political correctness: politische Korrektheit *(„richtige Gesinnung“)*

Polittalk: politische Gesprächsrunde, *Denglisch, siehe auch* **talk show**

Politthriller: politischer Reißer, *Denglisch, siehe auch* **thriller**

poll: Wahl, Befragung, Umfrage, *auch in*

polling: Meinungsumfrage

polo shirt: Polohemd

pool[1]: Sammelbecken, Vorrat, *auch symbolisch*

pool[2] (billiard): 8-Ball-Billard

pool[3]: Schwimmbecken, Teich

pool[4]: Objektbeteiligungen, Bündelung, *auch in*

poolen[1]: *(Gewinne)* zusammenlegen und ausschütten, teilen, *Denglisch*

poolen[2]: *(Einkäufe)* bündeln, *Denglisch*

pop[1]: *moderne Musikrichtung*

pop[2], popular: populär, volkstümlich, volksnah, *auch in*

pop art: *moderne Kunst(-form)*

poppig: modern, modisch *(der modernen Kunst entsprechend), Denglisch*

pop star: *moderner Unterhaltungskünstler*

popcorn: Puffmais, Flockmais, *auch in*

Popcornfilm: Durchschnittsfilm, belangloser Film, *Denglisch*

pop-off: Überdruckventil

popper: Geck, Salonlöwe, Stenz

population: Einwohner, Bevölkerung(szahl)

pop-up menu: Aufspringmenü, Menü *(das bei Berühren einer Schaltfläche hochkommt)*

Pop-up-Werbung: *unerwünschte Werbung auf Internetseiten, Denglisch*

port[1]: Hafen

port[2]: Geräteanschluss, Schnittstelle

portable[1]: tragbares Gerät, *z. B. Fernseher*

portable[2] (computer): Mobilrechner, *tragbarer Rechner*

portfolio: Aktienbestand, Wertpapierbestand, *Gesamtheit aller Anlagewerte eines Anlegers, auch in*

portfolio management: Wertpapierverwaltung

pose: posieren

position: Standort, Standpunkt, *auch symbolisch*

post[1], posting[1]: platzieren

post[2], posten *(Denglisch)*: senden, schicken, schreiben *(mit E-Post)*, einsenden, einschicken, veröffentlichen

postage point: Postfiliale, Briefannahmestelle

postbox: Postfach *(Deutsche Post)*

post card: Postkarte

poster: Plakat, Schaubild, Großbild, *auch in*

poster art: Plakatkunst. *2003 erschien zu dieser Kunstform eine Briefmarken-Gemeinschaftsausgabe der europäischen Länder. Während jedes andere Land den Begriff in seiner eigenen Sprache auf die Marken brachte, hatte die „Deutsche" Post dabei die Kühnheit, die englische Bezeichnung zu verwenden.*

poster shop: Plakatgeschäft

post-free: portofrei

posting[2]: *(E-Post-)*Mitteilung

postman: Postbote

post meridiem: *siehe* **p.m.**

post office box: Postfach

postproduction: Nachbearbeitung *(Film)*

post sales (service): Nachkauf(-betreuung), Kundendienst, *siehe auch* **after sales**

postwar time: Nachkriegszeit

pot[1]: Topf, Sammeldose

pot[2]: Haschisch, Marihuana

powder: Puder

power[1]: Strom, *hier auch in unzähligen denglischen Zusammensetzungen wie:* Aquapower, Familypower *(= Stromtarife) oder* Powerline *(= Netzsteuerung, Stromnetzsteuerung), auch in*

> **power pack**[1]: Kraftpaket, Akku; Netzteil
>
> **power point**: Steckdose
>
> **power station**: Kraftwerk

power[2]: Leistung, Schlagkraft, Macht, Kraft, Gewalt, Stärke, *auch in*

> **power drink**: *(aufbauendes) Erfrischungsgetränk, Denglisch*
>
> **Powerfrau**: starke Frau, selbstbewusste Frau, Macherin, Karrierefrau, Klassefrau, *Denglisch*
>
> **powerful**, **powervoll** *(Denglisch)*: kraftvoll
>
> **power kids**: *aufgeweckte Kinder*
>
> **power lifting**: Kraftdreikampf *(Sportart)*
>
> **power management**: Energiehaushalt, Krafteinteilung
>
> **powern**: antreiben, voranbringen, *eine Sache mit großem Einsatz betreiben, Denglisch*
>
> **power play**: Druckspiel, *druckvolles Spiel*
>
> **power stretch**: Kraftdehnen *(neue Trendsportart)*

Powerboatrennen: Schnellbootrennen *(Sportart), Denglisch*

powernapping: Mittagspause, Ruhepause, Entspannungspause, *stärkendes Mittagsschläfchen (im öffentlichen Dienst)*

power of attorney: Anwaltsvollmachtbescheinigung, Vollmacht

power pack[2]: Kompaktanlage, *kleine kompakte Bauweise elektronischer Anlagen*

Powerschlaf: Gesundheitsschlaf, *Denglisch*

power walking: sportliches Gehen, strammes Gehen, stark forciertes Gehen, Marschieren

PR: *siehe* **public relations**

P&R: *siehe* **park and ride**

practice: Praxis

praise: Lob, Lobpreis

PR-Arbeit: Öffentlichkeitsarbeit, Meinungs-, Kontaktpflege, *Denglisch*

pray: beten, *auch in*

> **pray of the week**: Gebet der Woche, *Denglisch (im Englischen hieße es „prayer of the week")*

preface: Vorwort

preference: Vorliebe

preform: Rohling *(z. B. für Plastflaschen)*

Preismarketing: Preisvermarktung, *(bessere) Vermarktung über den Preis (Preispolitik z. B. von „Billigfliegern"), Denglisch*

prelaunch marketing: Vor(ab)werbung

premium: sehr gut, von besonderer, von bester Qualität, erstrangig; *auch: Brieftarif der Deutschen Post*

Premiumpaket: Luftpostpaket, *Denglisch*

premix: *(industriell hergestelltes, meist alkoholisches)* Mixgetränk, *Denglisch*

prepaid: voraus bezahlt, *auch in*

> **Prepaidkarte**: *Guthaben-Vorauszahlkarte,* Guthabenkarte, *Denglisch*

prepay, prepayment: Vorauskasse, Voraus(be)zahlung

preprint: Vorabdruck

preproduction: Vorarbeiten, Vorbereitungsarbeiten *(Film)*

prequel: Vor(ab)version *(z. B. eines Films)*

pre-safe: „vorausschauende Sicherheit", *Sicherheitsphilosophie von Daimler-Chrysler (Sensoren sollen schneller als der PKW-Fahrer reagieren)*

presales: Vorkauf(-betreuung)

preselection: Vorauswahl, fester Vertrag *(bei Telefonanbietern)*

present: Geschenk, Präsent

presentation: Vorführung, Vorlage, Präsentation, Vortrag

presenter: Anbieter, *jemand, der etwas vorstellt*

preset: Voreinstellung *von Geräten*

pre-shave: vor der Rasur, *siehe auch* **after-shave**, *auch in*

> **pre-shave lotion**: *Vorrasurwasser, Vor-Rasierwasser*

press: drücken, *auch in*

> **pressing**: Drücken, massiertes Spiel *(Sport)*

Pressebriefing: *(kurze)* Pressekonferenz, *Denglisch*

pressure group: Interessengruppe, Interessenvertreter, Druckmacher

pretest: Vorprüfung, Simulation; Vorpremiere

pretty: hübsch, schön

preview: Vorschau, Vorabvorführung *(von Produkten, Filmen)*, Voranzeige

price: Preis, *auch in*

> **price checker**: Preiskontrollgerät *(im Handel)*
>
> **price-earnings ratio**: Kurs-Gewinn-Verhältnis *(Börse)*

price leadership: preisbestimmendes Unternehmen

price-performance ratio: Preis-Leistungs-Verhältnis

primary (election): Vorwahl

prime: Haupt-, wichtigst, *auch in*

prime market: *Sektor der Spitzenunternehmen an der Börse, siehe auch* **blue chip**

prime minister: Premierminister

prime rate: *Diskontsatz mit Leitzinsfunktion,* Hochtarif

prime standard: *oberes Börsensegment (im Ergebnis einer Neueinteilung des deutschen Aktienmarktes), Denglisch, siehe auch* **domestic standard**

prime time: Hauptsendezeit, Hauptquotenzeit

print[1]: Druck, drucken, *auch in*

printed in: gedruckt in

printer: Drucker

Printexemplar: Druckexemplar, gedrucktes Exemplar *(z. B. von Informationen aus einer Internetdatenbank), Denglisch*

printing on demand: Abrufdruck, Druck bei Bedarf, Druck auf Bestellung

Printmedien: Druckmedien: Bücher, Zeitungen, Zeitschriften, *Denglisch*

print out, **printout**: ausdrucken; Ausdruck

print[2]: *(gedruckter) Abzug eines Digitalfotos*

prints: Fingerabdrücke

priority: Vorrang, Priorität, Rangfolge

privacy: Privatheit, Privatsphäre

private banking: Privatkundengeschäft *(der Deutschen Bank)*

private clients and asset management: Beratungsgeschäft *(eigentlich: Privatkunden in Vermögensverwaltung)*

private-public partnership: *siehe* **public-private partnership**

problem: Problem, Frage, Schwierigkeit, *in der Umgangssprache vieler Unternehmen oft in der Negation* „No problem" – „Kein Problem"

procedures: Verfahren

proceedings: Fortschrittsbericht, Tagungsbericht

proceeds: Erlös, Ertrag

process: Vorgang, Prozess, *auch in*

process mapper: Prozessgestalter

process reengineering: Prozessumgestaltung, -neugestaltung, *Überdenken von Prozessabläufen*

processing: Verarbeitung, verarbeiten

processor: Hauptrecheneinheit

produce: herstellen, produzieren, fertigen

producer[1]: Hersteller, Erzeuger, Fabrikant

producer[2]: Produzent *(Film, Fernsehen)*

product: Produkt, Erzeugnis, *auch in*

> **production controller**: Fertigungsüberwacher
>
> **production manager**: Herstellungsleiter, Fabrikationsleiter
>
> **production system**: Produktionssystem, Erzeugungssystem
>
> **product management**: Produktentwicklung und -planung
>
> **product manager**: Produkt(gruppen)betreuer
>
> **product marketing**: Produktvermarktung, *nicht: Produktforschung*
>
> **product placement**: Produkt-, Warenplatzierung; Schleichwerbung
>
> **product support**: Produktbetreuung, Betreuung

professional: berufsmäßig, gekonnt, fachmännisch, *auch in*

> **professional handling**: fachmännische Behandlung *oder* Bearbeitung, *oft im Sinne von:* ordentliche Arbeit

Professionaltarif: Geschäftstarif, *Denglisch*

Profi: Berufssportler, -spieler, *Denglisch, siehe* **professional**, *im übertragenen Sinne auch in*

> **Profis der Nation**: *Sammelbegriff für die wichtigsten Politiker, Unternehmer, Lehrer, Geistliche und Vereine, Denglisch (die kompetenten Ansprechpartner für das Hartz-Konzept der rot-grünen Bundesregierung)*

profile: Eigendefinition, Kurzbeschreibung, Profil

profiler: Polizeipsychologe, Zielfahnder, Profilfahnder, operativer Fallanalytiker

profiling: Persönlichkeitseinschätzung *für Arbeitslose (gehört zum* **Job-Aqtiv-Gesetz** *sowie zum Hartz-Konzept der rot-grünen Bundesregierung, dort z. B. in denglischer Form als* Eingangsprofiling *und als* Tiefenprofiling*)*

profit: Gewinn, *auch in*

> **profit center**: Gewinnabteilung, Eigenwirtschaftsabteilung, *Abteilung mit Entscheidungsbefugnis für Investitionen*
>
> **profit & loss**: Gewinn und Verlust

program analyzer *(AE, BE)*, **programme a.** *(BE)*: Programmanalytiker

program customization, **customization**: Programmanpassung, Programmpflege, Pflege

project: Projekt, Plan, Vorhaben, Entwurf

Projektmanagement: Projektorganisation, Projektsteuerung, *Denglisch*

proliferation: Atomgeheimnisverrat, *Weitergabe von Atomwaffen oder des Wissens zu deren Herstellung*

prolongation: Verlängerung, Fristverlängerung, Aufschub

promise: Versprechen, Zusage

promote, **promoten** *(Denglisch)*: fördern, *auch in*

> **promoter**: Förderer, Organisator, Werbefuzzi
>
> **promotion**[1]: Werbung, Verkaufsförderung, Absatzförderung

promotion[2]: *(berufliche)* Förderung
prompt: Eingabeaufforderung, Schreibmarke
prop: Ausstattung, Requisite
property[1]: Besitz, Eigentum, *auch in*
property management: Vermögensverwaltung
property[2]: Eigenschaft
proposal: Vorschlag
proprietary: *Besitzansprüchen unterliegend,* eigentumsbelastet; herstellereigen
protected drive: geschützter Antrieb
protocol: Dialogkonvention *(DFÜ)*, Protokoll *(DFÜ)*
proved damage: preisreduzierte, beschädigte Produkte
provider: Versorger, Netzanbieter *(von Material zum Einstieg ins Internet)*
proxy(-server): Zwischenrechner
Psychothriller: Psychoreißer, *psychologischer Reißer, Denglisch*
pub: *(gemütliche)* Kneipe. *Obwohl ja die englischen Originale über keinen nennenswert guten Ruf verfügen, nennen Kneipenwirte ihre Kneipen gern* **pub**. *Vielleicht wollen sie so auf die Qualität ihres Essens hinweisen.*
public: Öffentlichkeit, öffentlich, *auch in*
public domain: öffentlich zugänglich
public-domain software: lizenzfreie Programmpakete *(EDV)*
publicity[1]: Popularität, Öffentlich(-keit), Bekanntheit
publicity[2]: Werbung, Reklame
public net: öffentliches *(Versorgungs-)*Netz
public offering: öffentliches Feilbieten, offener Verkauf
public office: öffentliches Amt
public-private partnership: öffentlich-private Zusammenarbeit, *(gemeinwohlorientiertes) Zusammenwirken von Betrieben und öffentlichen Verwaltungen, Gemeinschaftsprojekt von Staat (oder Stadt) und Wirtschaft, siehe auch* **corporate citizenship**
public relations, **PR**: Öffentlichkeitsarbeit, *wörtlich: öffentliche Beziehungen*
public understanding of science: Populärlernen, *unkonventionelles außerschulisches Lernen*
publisher: Herausgeber
publishing: veröffentlichen
pull: ziehen, *auch in*
pull-down menu: Anzeigeziehmenü, Menü, *bei dem die einzelnen Menübestandteile aufgefächert werden (EDV)*
pullrod: Zugstreben
pulp fiction: Groschenheft, Schundliteratur
pumps: *hochhackige Schuhe,* Stöckelschuhe

punch: Hieb, Schlag; schlagen, *auch in*

punching ball: Sandsack *(zur Boxübung)*

purchasing card: Kundenkarte *(im Handel)*

purchasing manager: Einkaufsleiter

purple: purpur(-farben)

purpose: Absicht, Zweck, Wirkung, Erfolg

purser: Chef des Bordpersonals, Kabinenchef *(Flugzeug)*, Zahlmeister *(Schiff)*

push: Stoß, *auch symbolisch;* Förderung

Pushangebot: Verkaufsförderungsangebot, *Denglisch*

pushen, **puschen**: fördern, begünstigen, antreiben, *Denglisch*

pusher: Hehler, Rauschgifthändler

pushrod: Schubstreben

Push-up-BH: Brusthebe-BH, *Denglisch*

put (option): Verkaufsoption, *auch in*

puts: Optionspapiere *auf fallende Aktien*

puzzle, **Puzzlespiel** *(Denglisch)*: Geduldsspiel, *allg. für:* schwierige, knifflige Sache *(wird meistens deutsch ausgesprochen und gehört damit zu den wenigen Anglizismen, die sich auf dem Wege zur Assimilierung befinden)*

Q

Q&A session: Fragestunde

Q-tip™: Wattestäbchen *(allgemein gebraucht, auch ohne Bezugnahme auf das eingetragene Warenzeichen), Denglisch*

quad: *vierrädriges, motorradähnliches Geländefahrzeug*

qualification: Eignung

qualifier: Eignungsmerkmal, Eignungsgrundlage

qualifying: Qualifikation, Qualifizierung(srennen) *(Formel 1)*

quality: Qualität, Güte, *auch in*

> **quality assurance**: Qualitätssicherung *(Leitungsaufgabe)*
>
> **quality (assurance) manager**: Leiter (der) Qualitätssicherung
>
> **quality control**: Qualitätskontrolle
>
> **quality control manager**: Leiter (der) Qualitätskontrolle
>
> **quality management**: Leitung der Qualitätssicherung, *in der Regel der Geschäftsleitung direkt unterstellt, siehe auch* **total quality management**

qualityres: Trainingsreifen *(Formel 1)*

quantity: Menge, Quantität

quarter: Viertel, *auch als* Stadtviertel

quarterback: Spielmacher *beim American Football*

quarterdeck: Achterdeck

quarterlife crisis: *Lebenskrise der 25- bis 35-Jährigen, siehe auch* **thirtysomethings** *und* **midlife crisis**

quarterly business review: Quartalsbericht

queen: Königin, *„die Queen" (Denglisch) betrifft grundsätzlich die englische Königin (die sonstige massierte Verwendung in allen möglichen Kombinationen entspricht der von* **king**), *auch in Zusammensetzungen wie*

> **queen mom**, **queen mother**: Königinmutter
>
> **queen of hearts**: Herzkönigin, *auch Beiname der verstorbenen „Lady Di" Diana Spencer*
>
> **queen of pop**: Schlagerkönigin

query: Frage, Abfrage, Suchanfrage

question: Frage, Zweifel, Angelegenheit, *auch in*

> **questionable**: fraglich, zweifelhaft
>
> **questionnaire survey**: Fragebogenumfrage, *Meinungsforschungsmethode*
>
> **questions and answers**, **Q&A**: Fragen und Antworten, Fragenbeantwortung, *siehe auch* **Q&A session**

queue[1]: Schlange; sich anstellen

queue[2]: Warteschlange *von Programmobjekten (EDV)*

quick: schnell, geschwind, flink, lebendig, *auch in*

quickie[1]: *sehr schnell Abgehandeltes bzw. Erledigtes*

quickie[2]: *Schnellfick*

quickie[3]: schnelles Spiel *(z. B. im Radio)*

quick shopper: Schnellkäufer, *schnell entschlossener Käufer (Werbung)*

Quickvermittlung: Schnellvermittlung, *Denglisch (z. B. bei der Bundesanstalt für Arbeit und im Rahmen des Hartz-Konzepts der rot-grünen Bundesregierung)*

quiet mode: Leisemodus, Leiselauf

quit: abbrechen, beenden *(EDV)*

quiz: *Fragespiel, Ratespiel, auch in*

quizmaster: *Fragespielleiter*

quota: Anteil; Kontingent, Quote, Soll

quotation: Zitat

quote: zitieren, nennen

R

race: *(Wett-)*Rennen, *auch in*

racer: Roller *in einer Produktwerbung, auch:* Rennfahrer, *besonders in der Formel 1*

racing: Rennen (fahren)

racing team: Renngemeinschaft, Rennstall

racism: Rassismus

rack: Gestell, Ständer, Regal, Regalschrank

racket: *(Tennis-)*Schläger

rafting: Floßfahren, Wildwasserfahren, *siehe auch* **canyoning**

raid: Angriff, Überfall

rail: Schiene, Eisenbahn, *auch in*

rail-and-bike: Fahrrad am Bahnhof

rail-and-fly: der Zug zum Flug, *Denglisch (peinliches Eigentor der Deutschen Bahn, denn im Englischen kann „rail and fly!" als „protestiere und nimm das Flugzeug!" verstanden werden - „to rail" heißt u. a. „protestieren, schimpfen")*

rail-and-road: Auto am Bahnhof, Schiene und Straße

railcard, **railway card**: Bahnkarte

rail lab: Schienenlabor *(Teststrecke der Universität Paderborn)*

rainbow: Regenbogen, *z. B. in vielen Produktnamen*

Rallye[1]: *(Auto-)Orientierungsrennen, Straßenrennen, Sternfahrt, Denglisch (im Englischen heißt es „rally")*

Rallye[2], **Kursrallye**: Börsenerholung, *(schnelle)* Aufwärtsbewegung *(von Aktienkursen), (schnelle)* Erholung *(von Aktienkursen) (Börse), Denglisch*

RAM: *siehe* **random-access memory**

ranch: Viehbetrieb, Viehhof

rancher: Viehzüchter, Rinderhirt

random: Zufalls-, *auch in*

random access: Zufallswiedergabe, zufälliger Zutritt, wahlfreier Zugriff

random-access memory, **RAM**: Direktzugriffsspeicher *(EDV)*

random sample: Stichprobe

range: Reichweite, Raum, Bereich

ranger: Wildhüter, Förster, Waldhüter, Parkwächter, Aufpasser, Aufseher, *die Stadt Hannover wollte z. B.* Müllranger *einführen, im Sinne von:* Müllpolizei

ranking: Reihe, Rangliste, Rangfolge, Reihung, Bewertung, Einstufung, *z. B. von Institutionen*

rap: *rhythmischer* Sprechgesang, *auch in*

rappen: *Sprechgesang betreiben, sprechsingen, Denglisch*

rapid prototyping: *(rechnergesteuerte)* Muster(an)fertigung, *Bauteil-Schnellfertigung (für Nullserien)*

rate[1]: Quote, *auch in*

rate of return: Ertragsquote

rate[2]: einschätzen, werten, einstufen

rater: Beurteiler

rating: Einschätzung, Beurteilung, Bewertung *einer Qualität*, Listenplatz, Einstufung, Einordnung, Eingruppierung, Stellenwert; (Einschalt-)Quotenmesser, *auch in*

Ratingagentur: *Unternehmen, das sich mit* **rating** *beschäftigt, Denglisch*

read: lesen, *auch in*

reader[1]: Leitfaden, Lesebuch

reader[2]: Leser/in

reader[3]: Leseprogramm *(EDV), z. B. für das* **e-book**

reader[4]: Leser, Lesegerät *(EDV)*

reading head: Lesekopf

read-me file: Lies-mich-Datei *(EDV)*

read-only memory, **ROM**: (Nur-)Lesespeicher *(EDV)*

ready[1]: müde, abgearbeitet, geschafft, *Denglisch, falsche Rückübersetzung von „fertig sein"!*

ready[2]: fertig, bereit

ready-made: Massenkonfektion, von der Stange; gebrauchsfertig

ready-to-drink: trinkfertig, *siehe auch* **premix**

real: wirklich, *auch in*

reality: Wirklichkeit, Realität

reality show: Echtunterhaltung, aus dem Leben, Wirklichkeitsschau

reality soap: *Seifenoper „aus dem richtigen Leben", wirklichkeitsnahe Seifenoper*

reality-TV: Echtfernsehen, Wirklichkeitsfernsehen, Echte-Leute-Fernsehen

real-life: das wirkliche Leben

Real-Life-Fernsehen: Wirklichkeitsfernsehen, Echte-Leute-Fernsehen, *Denglisch*

Real-Life-Gast: *Normalsterblicher (im Fernsehen), Denglisch*

real-time: Echtzeit

real estate: Immobilien, *z. B. hat sich die* Siemens Immobilien Management GmbH *umbenannt in* Siemens Real Estate, *sicherlich einer der aberwitzigsten überflüssigen Anglizismen*

rebirth, **rebirthing**: Wiedergeburt *(eine mitunter zwielichtige esoterische Methode, deren Vermarkter sich aber nicht „Wiedergeburtshelfer" nennen wollen)*

Reboardsitz: Autokindersitz *(gegen die Fahrtrichtung), Denglisch*

rebound: Abpraller *(Sport)*

recall[1]: sich erinnern *an etwas*, sich *ins Gedächtnis* zurückrufen, *auch in*

recall test: Wiedererkennungsprüfung *(Werbung)*

recall[2]: Rückruf, zurückrufen

receiver: Empfänger, Steuergerät *(Rundfunk, Fernsehen)*

recipe: Rezept

recipient: Empfänger, *manchmal auch:* Leser

recital: Solistenkonzert

recommendation engine: „Empfehlungsmaschine", *die dem Kunden maßgeschneiderte Angebote unterbreitet (Werbung)*

recommended list: Empfehlungsliste *(Börsenhandel)*

record: Aufzeichnung, *auch in*

recorder: Aufnahmegerät, Brenner, *Rekorder*

recover: wiederherstellen, *auch in*

recovery: Wiederherstellung

recruiting: Anwerbung, *wird in manchen Personalabteilungen im Sinne von* Personalbeschaffung *verwendet*

Recruitingmesse: Karrieremesse, *Denglisch*

rectangle: Rechteck

recycelbar: wiederverwertbar, regenerierbar, *auch in*

recycle, **recyceln** *(Denglisch)*, **recyclen** *(Denglisch)*: wiederverwerten, wiederaufbereiten

recycling: Wiederverwertung, Wiederaufbereitung, (Wert-)Stoffkreislauf

Recyclingpapier: Umweltpapier, *Denglisch*

Recyclingprodukt: Umwelt(schutz)produkt, Altstofferzeugnis, *Denglisch*

redesign: Neuentwurf, Neubau, Neukonstruktion; Auffrischung *(des Erscheinungsbilds)*

reduced: reduziert, aufs Nötigste beschränkt, herabgesetzt

reeducation: Wiedereinübung, Umerziehung, Umschulung

reengineering: Neugestaltung, Umgestaltung

referee: Schiedsrichter, Unparteiischer, Ringrichter

refill: wiederbefüllen, *z. B. Tintenpatronen*

Refresherkurs: Auffrischkurs, Aktualisierungskurs; *Kenntnisse auf den neuesten Stand bringen, Denglisch*

Regencape: Regenumhang, Regenmantel, *Denglisch*

regio call, **RegioCall**, **regional call**: Nahgespräch, Umlandgespräch, *Denglisch*

regional booster: regionales Zugpferd, *regionaler Ankurbler der Wirtschaft*

regio shuttle: *Nahverkehrszug (meist durch kleine private Bahngesellschaften betrieben), Denglisch*

Regiosprinter: *Nahverkehrszug (der Deutschen Bahn), Denglisch*

register: eintragen, *auch in*

registered: eingetragen, gesetzlich geschützt, eingeschrieben, patentiert

registration: Anmeldung

reinforcement[1]: Erfolgsbestätigung

reinforcement[2]: militärische Unterstützung, Verstärkung

Reiseboom: Reisewelle, *Denglisch*

reissue: Wiederveröffentlichung

relationship: Verbindung, Beziehung

relaunch: Wiedereinführung *(eines ausgelaufenen Produktes), auch im Sinne von:* Überarbeitung, Modernisierung

relax, **relaxen** *(Denglisch)*: entspannen, erholen

relaxed, **relaxt** *(Denglisch)*: locker, entspannt

release: Freigabe, Veröffentlichung, veröffentlichen; Ausgabe, Version *(EDV)*

release center[1]: Vertriebsbüro

release center[2]: Entzugsanstalt, Suchtheilanstalt

releaser: Entzieher, Entgifteter

reliability: Zuverlässigkeit

relish: Würze, *meist:* Würzsoße

re-live: zeitversetzt

relocate: jmd. umsiedeln, *auch in*

relocation: Umsiedlung, internationale Umsiedlung, Umzug; Umsiedlungsdienste

remailing: Rückpost, Antwortschreiben

remake: noch einmal, Neuauflage, Neufassung, Neuverfilmung, Wiederverfilmung

remember: sich erinnern

remind, **reminding**: jmd. erinnern, *auch in*

Reminderwerbung: Nachwerbung, Erinnerungswerbung, *Denglisch*

remission: Nachlass, Ermäßigung

remix, **remixen** *(Denglisch)*: Wiederaufmischung, wiederaufmischen

remote: entfernt, fern-, Fern-, *auch in*

remote area: abseits gelegene, einsame Gegend

remote computer: Fernsteuerrechner

remote control: Fernbedienung

remote sensing: Fernerkundung

remove: entfernen, beseitigen

rendering: Wiedergabe, Übersetzung

renice: verschönern, *Denglisch*

rent: mieten, ausleihen, leihen

rent a: Verleih von, *als Bestandteil in*

  rent-a-bike: Fahrradverleih

  rent-a-car: Autoverleih

  rent-a-phone: Telefonverleih

repaint: retuschieren, *kleine Schäden* ausbessern; Neuanstrich

repayment: Rückzahlung

repeat: wiederholen, Wiederholung

repeater: Signalauffrischer

repellents: Abstoßer, Wasserabweiser, *siehe auch* **insect repellents**

repetition: Wiederholung, Lernaufgabe, Repetitorium

replacement: Ersatz, Ergänzung, Wiederbeschaffung

replay: Wiederholungsspiel; Wiederholung *einer Spielszene (Fernsehen)*

replenish: erneuern, auffüllen

replenishment: Erneuerung

reply: (Rück-)Antwort

report: *(informeller)* Bericht

reporting: Berichterstattung; *Abteilung, die Statistiken und Listen führt*

reprint: *(fotomechanischer)* Nachdruck, Neudruck

reprocessing: Wiederaufbereitung *von Kernbrennstoffen*

request: Bitte, Wunsch, Anfrage

research, **researchen** *(Denglisch)*: Untersuchung, Forschungsarbeit, Forschung, Nachforschung; (nach-)forschen, untersuchen

reseller: Weiterverkäufer

reset, **reset(t)en** *(Denglisch)*: zurückstellen, zurückgehen, zurücksetzen; warmstarten *(EDV)*

resort: Erholungsort, Urlaubsgegend, *auch in*

  resort (hotel): Freizeit-, Ferien-, Tagungshotel

resource: Betriebsmittel

responder: *(auf ein Heilmittel ansprechender)* Patient

response: Antwort

Restless-Legs-Syndrom: *Schlaflosigkeit, Wälzen, Unruhe in den Beinen, Bewegungszwang, Bewegungsdrang, Denglisch*

result, **resulting**: Ergebnis, ergeben

Retailkunde: Endverbraucher, Endkunde, *Denglisch*

retrieval: Wiederauffindung; Zugriff

retrieve: wiedererlangen, wiederauffinden

retro-: nostalgisch, vergangenheitsorientiert, Rückschau-, *auch in*

  retro show: *unterhaltsame* Rückschau(-sendung) *im Fernsehen, siehe auch* **timetainment**

return[1]: Rückkehr, *auch in*

  returnable: Mehrweg- *(Entsorgungsbranche)*

return[2]: Ertrag

return[3]: zurückgeschlagener Ball *(Tennis)*

return of capital employed: Kapitalrückfluss

return on investment, **ROI**: Rendite, Kapitalrendite

reunion: Wiedervereinigung *(Politik)*; Treffen, Wiedersehensfeier

reusable packaging: Mehrwegverpackung *(Entsorgungsbranche)*

reverse charging: R-Gespräch *(der Angerufene bezahlt die Gesprächskosten)*

reverse convertibles: Aktienanleihen

reverse engineering: Nachbau

Reverse-Taste: Rückspultaste, *Denglisch*

review: Nachbetrachtung, Rundschau

reviewen: kritisch beurteilen, *Denglisch*

revival: Renaissance, Wiederauflebenlassen, Wieder-, Neubelebung

rewarden: honorieren, belohnen, *Denglisch*

ride: reiten, fahren

right: recht, richtig; gesund

rip shirt: Feinripphemd

risk: Risiko, *auch in*

> **risk management**: Risikokalkulation

river: Fluss, *auch in*

> **riverboat**: Flussschiff, Flussdampfer
>
> **river-rafting**: Flussfloßfahrt, *siehe auch* **rafting**, **canyoning**

road: Straße, Weg, *auch in*

> **roadblocking**: Straßenblockade
>
> **road pricing**: *(Straßen-)*Maut(-erhebung), Straßengebühr, *Denglisch (Maut bzw. Straßengebühr im Englischen „toll")*
>
> **road reporting**: *spontane Berichterstattung „von der Straße"*
>
> **road show**: Mobil-, Wanderpräsentation *(materieller oder immaterieller Güter, aber auch organisiert von Parteien oder Persönlichkeiten)*
>
> **road trip**: Autoreise

roadie: Bühnentechniker *(der Musikgruppen auf Tourneen begleitet)*

road map: *Übersicht zu einem Thema,* Aktivitätenliste, Fahrplan

road movie: Reisefilm, *Film, dessen Handlung während einer Reise spielt*

road novel: Reiseroman, *Buch, dessen Handlung während einer Reise spielt*

roadster: offener Sportwagen; unverkleidetes *sportliches* Motorrad

roaming[1]: Umherstreifen, Frequenzwechsel

roaming[2]: Auslandsdienst *(für Mobiltelefone)*

roast beef: Rinderbraten

rock, **Rockmusik** *(Denglisch)*: *inzwischen schon klassische Form populärer Musik, auch in*

rocken: *Rockmusik spielen, zu Rockmusik tanzen, Denglisch*

roger: verstanden, Meldung erhalten, *siehe auch* **alles roger**

roll: Rolle, *auch in*

rollerblader: *Straßenschlittschuhfahrer*

rollerblades: *Straßenschlittschuhe*, Rollkufen, *siehe auch* **in-line skates**, **roller skates**

roller skates: Rollschuhe, *siehe auch* **in-line skates**, **rollerblades**

roller-skating: Rollschuhlaufen

rollback[1]: Preisrücknahme, *Rücknahme einer Preiserhöhung*

rollback[2]: *erzwungenes Zurückweichen,* Rückgang, Rückzug, Zurückdrängen, Zurückwerfen *(eines Gegners)*

rollout: „Einrollen" *(erster Fahrversuch auf der Rennstrecke vor einem Autorennen, aber auch Vorstellung eines Transportmittels wie etwa einer neuen Straßenbahn in Leipzig); im übertragenen Sinne:* Start, Beginn

rollover[1]: sich überschlagen *(Kfz)*

rollover[2]: *veränderter Mauszeiger (in der EDV Hinweis auf eine aktuelle Aktionsmöglichkeit an der Mauszeigerposition), siehe auch* **mouseover**

ROM: *siehe* **read-only memory**

romantic comedy: Film-, Fernsehschnulze

room: Raum, Zimmer; Platz, *auch in*

rooming-in: Gastwohnen, *befristeter Einzug bei jemandem, vor allem Mutter / Vater bei krankem Kind im Krankenhaus, siehe auch* **bed-in**

roomware: *Büromöbel mit integrierten EDV-Komponenten*

root[1]: Wurzel, Basis, Ursprung

root[2], **root directory**: Hauptverzeichnis, Wurzelverzeichnis, Stammverzeichnis *(EDV)*

rope (skipping): Seilspringen, Seilhüpfen, *wird jetzt als neue Sportart aus den USA angepriesen - wer darauf hereinfällt, dem kann man alles verkaufen*

round: rund, *auch in*

round table (conference): runder Tisch, Verhandlungsrunde

round trip: Rundreise, hin und zurück

roundabout[1]: ungefähr, *wird in Managerkreisen immer dann verwendet, wenn genaue Angaben nicht vorhanden sind*

roundabout[2]: Kreisverkehr

router: Richtkoppler, Knotennetzrechner, Netz(werk)verbinder

routing: Reiseplanung, Streckenplanung; Durchschalten

row: Reihe, Zeile

rowdy: Radaubruder, Straßenpöbel, Schläger, Rüpel, Grobian

royals: *die britische Königsfamilie; auch im übertragenen Sinne:* Hochadel *(dann Denglisch, im Englischen heißt es „royalty")*

rubber: Gummi

rückmailen: *per E-Post antworten, Denglisch*

rule[1]: Maßstab, Lineal
rule[2]: Regel, Vorschrift
rule[3]: regieren, entscheiden
run[1]: Ansturm, Andrang, Nachfrage
run[2]: Verlauf, Gang
run[3]: Lauf, *auch in*
  runaway: Ausreißer, Davongelaufener; Flucht
  runway: Start- und Landebahn, Fluglaufbahn
Runflat-Reifen: Notlaufreifen, *Reifen mit Notlaufeigenschaften, Denglisch*
runner: Aushilfe, Springer, Laufbursche
running gag: Dauerwitz, *wiederkehrende witzige Sequenz*
Runningtag: Lauftag, *Denglisch*
runtime: Laufzeit *(Abarbeitungsphase eines Rechnerprogramms)*
rush: Ansturm, *auch in*
  rush hour: Hauptverkehrszeit, Stoßzeit, Spitzenverkehr
ruthlessness: Kaltblütigkeit

S

sabbatical: Urlaub, arbeitsfreie Zeit *(Hochschulwesen); allgemein:* Auszeit *zur Erholung und zur Regeneration der persönlichen Leistungsfähigkeit*

sabbatical year: Urlaubsjahr, arbeitsfreies Jahr; Freisemester *(Hochschulwesen)*

safe[1]: Tresor, Panzerschrank, Geldschrank; Sicherheitsfach

safe[2]: sicher, *nicht zu verwechseln mit* **save**[1], *auch in*

safeguard: Sicherung, Schutz(-vorrichtung)

safer sex: *geschützter Geschlechtsverkehr,* mit Kondom

safer traffic: sicherer Verkehr, sicher nach Hause

safety car: Sicherheitsfahrzeug *(Formel 1)*

safety first: Sicherheit geht vor

safety, health, and environment, **SHE**: *Schutz von Umwelt und Gesundheit*

sailer: Segler *(Schiff)*

sailor: Seemann, Matrose

salary cap: Gehaltsobergrenze

sale: (Aus-)Verkauf, Schlussverkauf, *auch in*

sales department: Verkaufsabteilung

sales engineer: Verkaufsingenieur

sales junior assistant: Jung-, Nachwuchsverkäufer

sales manager: Verkaufs-, Vertriebsleiter, Hauptverkäufer, *Abteilungsleiter für den Verkauf*

salesmanship: Geschäftstüchtigkeit

sales promoter: Verkaufsförderer

sales promotion: Absatzförderung, Verkaufsförderung

sales representative: Verkaufsleiter

sales representer: (Handels-)Vertreter

saltletts: Salzstangen, *Denglisch*

sample: (Stich-)Probe; *Bezeichnung für:* Warenprobe, Muster

samplen, **sampeln**: zusammenstellen; beproben, eine Stichprobe nehmen, *Denglisch*

sampler: Zusammenstellung, Auswahl

sandwich[1]: belegtes Brot, Butterbrot

sandwich[2]: Mehrschichtenbauteil, *auch in*

Sandwichbauweise: *Leichtbau mit Verbundplatten (besonders im Flugzeugbau), Denglisch*

sanitize: hygienisch machen, desinfizieren

Santa Claus: Nikolaus, *hat im Englischen die Funktion des deutschen Weihnachtsmanns*

save[1], **saven** *(Denglisch)*: sichern, speichern *(EDV), nicht zu verwechseln mit* **safe**[2]

save[2]: sparen

savings: Boni, Rabatte *(kaufmännisch)*

SB-Terminal: SB-Schalter, SB-Abfertigung, *Denglisch*

scale of fees: Beitragsstaffel *(Entsorgungsbranche)*

scan, scannen *(Denglisch)*: einlesen, abtasten, rastern, *skännen, oft nur im Sinne von:* ansehen, Lage prüfen, *auch in*

scanner: Abtaster, Abtastgerät, *(elektronisches)* Lesegerät, *Skänner*

scarf: *Schal für den* **fan**[1] *(im Fußball)*

scatterplot: Streudiagramm, Punktwolke *(EDV)*

scene: Szene, Milieu, Rahmen

sceptic *(BE)*: *siehe* **skeptic**

schedulen: (einen) Termin machen, *Denglisch*

Schnellchecker: Schnellmerker, *Denglisch*

Schocker: Reißer, *Denglisch, siehe auch* **thriller**

school: Schule, *nicht nur kleine private Winkelschulen nennen sich gern so, sondern auch mehrere private Wirtschaftsschulen*

science: Wissenschaft und Forschung, *auch in*

science center: „Wissenschaft zum Anfassen", eine *Veranstaltung des Deutschen Museums München, die Belehrung mit Volksbelustigung verbindet, Denglisch*

science day: Wissenschaftstag, *z. B. Veranstaltung der Universität Münster für junge Akademiker, Denglisch*

science fiction: wissenschaftliche Fantastik *(Film- und Literaturgattung)*

scientific management: wissenschaftliche Betriebsführung

scool: *urdeutsche (denglische) Kombination der urenglischen Wörter „school" und „cool", mit der ausgedrückt werden soll, dass Schule durchaus kuhl sein kann. Das Wort wird z. B. in* ScoolCard *(Karlsruher Verkehrsbetriebe) und* Scoolday *(Bundeswehr) verwendet.*

scoomo: Elektrotretroller

scoop: Exklusivmeldung, Knüller

scooter[1]: Seifenkiste

scooter[2]: Kinderroller, Motorroller

scooter[3] **(bike)**: Sesselrad

scope of claims: Anspruchsbereich *(Patentwesen)*

score: Spielstand, Spielergebnis, *in der Wirtschaft oft für alle möglichen Informationen wie z. B. Verkaufszahlen, also eher im Sinne von:* Zwischenbericht

scorer: Torjäger, Punktejäger

scoring: *persönliche* Risikoabschätzung *(künftig durch die Banken bei Kreditvergaben anzuwendendes Verfahren)*

scout: Pfadfinder, Fährtensucher, Führer

screen: Bildschirm*(-oberfläche) (EDV)*, *auch in*

screen design: Bildschirmgestaltung, -konstruieren

screen-shoot, **screen shot**: Bildschirmausdruck, Bildschirmfoto *(EDV)*, *siehe auch* **snapshot**[2]

screening[1]: filmen

screening[2]: Reihenuntersuchung

screening[3]: Durchkämmung, Durchleuchtung, Überprüfung *(z. B. politische)*

Screeningsystem: Zugriffsüberwachungssystem *(im Internet)*, *Denglisch*

Screwballkomödie: verrückte, überdrehte Komödie, *Denglisch*

scribble[1]: kritzeln, krakeln

scribble[2]: Skizze, Grundentwurf, Grundrisszeichnung

script: Schriftstück, Drehbuch, Mit-, Nachschrift *(im Studium)*

scriptgirl: Regieassistentin

scroll, **scrollen** *(Denglisch)*: *(am Bildschirm)* rollen

Scrollbar, **Scrollbalken** *(Denglisch)*: Rollbalken, Bildlaufleiste

seafood: Meeresspeisen, Meeresfrüchte, Fisch

search: suchen, Suche, *auch in*

search engine: Suchmaschine *(für das Internet)*, Suchprogramm

season: Jahreszeit, Saison

seasoning: Gewürz, Würze

second-hand: aus zweiter Hand, gebraucht, *auch in*

second-hand shop: Gebrauchtwarenladen

second-level domain: *(eigentliche)* Internetadresse, *siehe auch* **domain**[2]

section approach: Teilintegration, Teileinfügung

security: Sicherheit, *oft im Sinne von* Wachschutz *oder gar* Pförtner, *auch in*

security analyst: Sicherheitsanalytiker; Wertpapieranalytiker

security awareness: Sicherheitsbewusstsein

seedless: kernlos

selection: Selektion, Auswahl

self: selbst, *auch in*

self-commitment: Selbstverpflichtung

self-design: Selbstdarstellung, Selbstinszenierung

self-destroying prophecy: *sich selbst zerstörende Prophezeiung;* kaputt reden, unken

self-fulfilling prophecy: *sich selbst erfüllende Prophezeiung;* herbei reden

self-made man: Aufsteiger, Karrieremacher, *Eigenerfolgs-Mensch,* Unternehmer, Emporkömmling

self-marketing: Eigenvermarktung *(Entsorgungsbranche)*

self-service: Selbstbedienung

sell: verkaufen, absetzen

selling: Verkauf, *wird auch gern für die* Verkaufsabteilung *eingesetzt*

sellout: Panikverkauf *(von Aktien)*

send up: weiterleiten

Seniorberater *(Denglisch)*, **senior consultant**: Hauptberater, *qualifizierter Berater*

sense of urgency: Pflichtgefühl, *„Einsicht in die Notwendigkeit"*

sensitive: sensibel, einfühlsam, zart, empfindlich, *dazu in tollkühnen Produktnamen, z. B. für Katzenstreu*

sensitivity training: *Schulung, Ausbildung des Empfindungsvermögens*

Senso-Drive-Getriebe: *automatisiertes Schaltgetriebe (von Citroën), Denglisch*

sequel: Fortsetzungsfilm, (Film-)Fortsetzung

serial: Serie

server: Zentralrechner, Dienstrechner, *der Datenbanken oder Internetdienste stellt*

service: Dienstleistung, Betreuung, Kundendienst, Dienst *(auch fälschlich in der Form* Dienstleistungsservice *verwendet), auch in*

- **service center**: Kundendienstzentrum
- **service hotline**, **service line**: Kundentelefon
- **service point**: Auskunft, Beratungs-, Informationsstelle, Kundendienst *(z. B. bei der Deutschen Bahn und bei der Volkswagenbank direct), Denglisch*
- **service provider**: Dienstleistungsanbieter; Diensteanbieter *(Internet)*
- **service store**: Werkstatt, Zubehörladen *einer Werkstatt*
- **service team**: Dienstleister, Kundenbetreuung; Zugbegleitdienst *(Deutsche Bahn)*

session: Sitzung

set[1]: Satz, Sortiment, Garnitur

set[2]: Drehstab *(beim Film)*

setting: Schauplatz, Hintergrund, Szenerie, Drehort

settlement: Abrechnung, Abwicklung *(von Börsengeschäften)*

Set-Top-Box: Internetzugangsgerät *(für den Fernseher), Denglisch*

setup: Installation, Installationsroutine; Einsetzung, Rüsten, Aufbau

sex and crime: Sex und Verbrechen

sexual behavior: Sexualverhalten

shadow print: Schattendruck

share: Anteil, Aktie, *auch in*

- **shareholder**: Aktionär
- **shareholder value**: Aktienwert, Börsenerfolg, Marktwert, Firmenwert, Aktionärsrendite, *Begriff drückt auch ganz allgemein das* Aktionärsinteresse *aus*

shareware: Billigprogramme, *mit kostenloser Probe, siehe auch* **freeware**

shave: rasieren, *auch in*

shaving foam: Rasierschaum

shaving lotion: Rasierwasser

sheet: Blatt, Scheibe, Platte, Tafel

shell[1]: Hülle, Schale, Oberfläche; Muschel

shell[2]: Benutzeroberfläche, Kommandointerpretierer, Befehlsprozessor, *auch in*

shell script: Kommandoprozedur

She-Study-Award: „Frauen forschen“ *(von der Firma Shell für Frauen in Deutschland, Österreich und der Schweiz ausgelobter Forschungspreis), Denglisch*

shift[1]: Verlagerung, *auch in*

shiften: verschieben, versetzen, *Denglisch*

Shift-Taste: Umschalttaste, *Denglisch*

shift[2]: (Arbeits-)Schicht

shirt: Hemd, Bluse, *auch in vielen denglischen Verbindungen wie den* Shirt-wochen *bei C&A*

shit[1]: Schitt, Scheiße

shit[2]: Haschisch

shocking[1]: abschreckend

shocking[2]: *in moralische Entrüstung versetzend,* anstößig

shoe: Schuh, *einige Schuhgeschäfte scheuen sich anscheinend, den Namen ihrer Ware auszuschreiben*

shooting[1]: Schießen

shooting[2]: Dreharbeiten, Foto- *bzw.* Filmaufnahmen

shooting[3]: aufstrebend, *auch in*

shooting star: Senkrechtstarter

shop: Geschäft, Laden, *manchmal nur:* Verkaufsraum, *auch in*

shopper: Einkaufstasche

shopping, **shoppen** *(Denglisch)*: einkaufen; Einkaufs-, Geschäfts-, Ladenbummel

shopping center: Einkaufszentrum

shopping guide: Einkaufsführer

shopping street: Einkaufs-, Ladenstraße

shopping tour, **shopping trip**: Einkaufsbummel

shop in shop: *firmengebundene Abteilung innerhalb eines Geschäfts (z. B. Postfiliale), „Laden im Geschäft“, Denglisch*

Shop-in-Shop-System: Kaufhallensystem, *mehrere individuelle Verkaufs-einheiten unter einem Dach, Denglisch*

short[1]: kurz, *auch in*

short-distance flight: Kurzstreckenflug, Nahflug

short meeting: Kurzbesprechung

short message service, **SMS**: *Kurzmitteilungsdienst (per Mobiltelefon), siehe auch* **multimedia messaging service**

shorts: Kurzhosen, kurze Hosen, *siehe auch* **pants**

short (story): Kurzgeschichte

short-term: kurzfristig

short-term memory: Kurzzeitgedächtnis

short[2]: Verkaufsposition, Verkäuferposition *(Börse)*

shortcut: Tastenkombination *(beim Rechner)*

shot[1]: (Foto-)Aufnahme

shot[2]: Versuch

shot[3]: Schuss, *auch symbolisch, etwa bei Getränken*

shoulder: Schulter, *auch in deutschen Produktnamen wie:* head and shoulders = Kopf und Schultern, *auch in*

shoulder pads: Schulterpolster

shout: Schrei

show: Aufführung, Darbietung, Veranstaltung, Schau, Unterhaltungsprogramm, *auch in*

Show abziehen: angeben, eine Schau machen, *Denglisch*

show act: Unterhaltungsdarbietung *(innerhalb einer umfassenderen Veranstaltung)*

show business, **showbiz**, **Showgeschäft** *(Denglisch)*: Vergnügungs-, Unterhaltungsindustrie, Schaugeschäft

showcase: (Schau-)Vitrine, Ausstellungsvitrine

showgirl: *Schaumädchen,* Schautänzerin

showmaster: *Leiter einer Unterhaltungsschau, Denglisch, im Englischen „host"*

showroom: Ausstellungsraum

showtime: *Zeit für (spektakuläre) Veranstaltungen*

showdown[1]: Endkampf, Abrechnung, Entscheidung

showdown[2]: Film-, Handlungshöhepunkt

shower: Dusche, *auch in*

shower gel: Dusch- (und Bade-)gel, Duschseife

shredder: Reißwolf, Verschrottungsanlage, Häcksler, Schredder

shrimp: Garnele, Nordseekrabbe

shut: (ver-)schließen, zumachen, *auch in*

shutdown: Schließung; *Rechner* herunterfahren *(EDV)*

shuttle[1]: Zubringer, *auch in*

shuttle bus: Zubringerbus, Pendelbus

shuttle service: Pendeldienst, Pendelverkehr

shuttle[2]: Nahverkehrszug, *Kurzform von* **regio shuttle**, *Denglisch*

Sicherheitsfeature: Sicherheitsmerkmal, *Denglisch*

side[1]: Seite, Blatt

side[2]: Aspekt, Eigenschaft

side bag: Seitenprellsack, Seitenprallkissen, *siehe auch* **air bag**

sidebar: Seitenleiste *(EDV)*

sideboard: Anrichte, Büfett

sidestep: Ausfallschritt, Schritt zur Seite

sight: Blick, Sicht; Sehenswürdigkeit, *auch in*

sightings: (UFO-)Sichtungen

sightseeing (tour): Stadtrundfahrt, Besichtigungsrunde

signature: *(Ersatz-)*Unterschrift *(im Internet)*, *(digitale)* Signatur

signature shirt: signiertes Hemd, Vereinshemd

silent butler: stummer Diener, *Gestell zum Aufhängen der Kleidung,* Kleidergestell

silk: Seide, *siehe auch* **techno-silk**

silver: Silber, *in Verbindungen wie* **silver surfer** *und* **silver market** *auch:* Senioren-

silver goal: Entscheidungstor, silbernes Tor *(Fußball, Regeln gegenüber dem* **golden goal** *geändert)*

simply: einfach, *in vielen Werbebotschaften wie:* „Simply the best"

simsen, **SMSen**: *Kurznachrichten (***SMS***) versenden (per Mobiltelefon)*, *Denglisch*

Simser: *Kurznachrichtenversender (per Mobiltelefon)*, *Denglisch*

singer: Sänger

single[1]: Einzelspiel

single[2]: (Album-)Auskoppelung

single[3]: einzeln, alleinlebend; Alleinlebender, Alleinstehender, *auch in*

single-eyed: einäugig, betriebsblind

single payment: Einmalzahlung

single room: Einzelzimmer

sitcom: Situationskomödie, *siehe auch* **britcom**

site: Stelle, Platz, Fundstätte, *(Netz-)*Standort

site map: Übersicht, Inhaltsverzeichnis

sit-in: teilnehmen; Sitzblockade

six days: Sechstagerennen

six-pack: Sechserpack(ung)

sixties: die sechziger (Jahre)

size: Größe - *nicht nur die Textilindustrie hat das deutsche Wort vergessen, auch die Deutsche Post präsentiert ihre Paketgrößen ihren ausschließlich deutschen Kunden nur noch mit dem englischen Namen*

skateboard: Rollbrett

skateboarden *(Denglisch)*, **skateboarding**: Rollbrett fahren

skaten: Rollschuh laufen, *Denglisch, auch in*

skater: Rollschuhläufer
skates: Rollschuhe
skating: Eis laufen
skating night: Rollschuhnacht

skeptic *(AE)*, **sceptic** *(BE)*: Zweifler

sketch[1]: *gespielter Witz, auch in*

sketch comedy: *Fernsehsendung aus aneinander gereihten gespielten Witzen*

sketch[2]: Grobzeichnung

skidoo: Pistenraupe

Skiercross: Querfeldeinschilauf, *Denglisch*

ski happening: Schivergnügen

skills: Fähigkeiten, Fertigkeiten

skill transfer: Wissensaustausch, Wissensübertragung

skin: Haut, *auch in*

skin conditioner: Hautpflegemittel

skinhead: Glatzkopf, *kahlgeschoren, nicht durch Haarausfall*

skinny-dipping: Nacktbaden

skin serum: Hautöl, Hautcreme

Skinverpackung: *transparente* Kunststoffverpackung, *Denglisch, siehe auch* **blister**

skip, **skippen** *(Denglisch)*: (über-)springen, überschlagen

skipper: Steuermann, Bootsführer

ski stretch: *Schidehnen (ausgiebiges Dehnprogramm zur Vorbeugung von Muskelkater)*

skiwear: Schibekleidung

sky: Himmel, *nicht im religiösen Sinne (das wäre* **heaven***), auch in*

sky beamer: Himmelsstrahler

sky train: Schwebebahn, *z. B. die berühmte Bahn in Wuppertal oder die Kabinenbahn vom Bahnhof zum Flughafen Düsseldorf, Denglisch*

sky window: Schiebedach *eines PKW*

skywriting: Himmelsschrift

skydiver: Fallschirmspringer

skyline[1]: Stadtsilhouette, Häusermeer, *Betonwüste*

skyline[2]: Horizont

sky marshal: *bewaffneter* Flugbegleiter, Flugbewacher, Bordpolizist

skyscraper: Wolkenkratzer

skyway: Flugweg, Flugbahn

slang: Umgangssprache

slapstick: *komisch grotesker Film*

slash: Schrägstrich (/), *siehe auch* **backslash**

sleep: Schlaf, schlafen, *auch in*

sleeper: Schläfer, „Terrorist auf Abruf"

sleep mode: Schlaf-, Stromspar-, Ruhemodus

slice: Ausschnitt, *z. B. aus einer Statistik oder einer Bildschirmdarstellung*

slicks: profillose Reifen, Glattreifen *(Formel 1)*

sliding shirt: Seitenschürze *(Rennsport)*

sliding tackling: Grätsche, Seitangriff

slim: schlank, dünn, *auch in*

slim food: Schlankheitsnahrung

slim line: *besonders dünne* **CD**-Hülle

slimmen: abnehmen, Schlankheitskur machen, *Denglisch*

slipper: *senkellose* Herrenschuhe, *Denglisch (im Englischen bedeutet „slipper" „Pantoffel" oder „Hausschuh")*

slogan: Motto, Wahl-, Werbespruch, Schlagwort, Losung, Parole, Phrase

slot[1]: Steckplatz *(Rechner)*

slot[2]: Platz, Termin *(Start- und Landeanrecht bzw. -zeit auf Flughäfen)*, Zeitfenster

slow: langsam, *auch in*

slowdown: Drosselung, Verlangsamung

slow motion, **slomo**: Zeitlupe

slowness: Langsamkeit, Schwerfälligkeit

slow food: gemütliches, ruhiges, kultiviertes, bedächtiges, langsames Essen, *im Gegensatz zu* **fast food**

slow-gos: schwerfällige Senioren *(Erfindung einer bayrischen Politikerin), siehe auch* **go-gos** *und* **no-gos**

slow-moving: Ladenhüter, schwer verkäuflich

small: unbedeutend, klein, kurz, *Kleidergröße S, jetzt auch: spezielle Paketgröße (Deutsche Post)*

small business: *gewerblicher* Mittelstand

small business act: Existenzgründergesetz *der rot-grünen Bundesregierung (diese verwendet selbst aber nur den englischen Begriff), Denglisch*

small cap: kleineres Wertpapier, kleines Unternehmen, *Unternehmen mit geringer Marktkapitalisierung*

small talk: leichte, beiläufige Konversation, Gerede, Geplapper, Schwätzchen, Plaudern

smart[1]: geschäftstüchtig, gewitzt, verschlagen, gerissen, ganovenhaft, betrügerisch

smart[2]: fein, gutaussehend, *modisch* elegant, schneidig

smart card: Plastikkarte *(mit Mikroschaltkreis)*, intelligente Plastikkarte, *vorgesehen als intelligente „Gesundheitskarte", siehe auch* **Chipkarte**

smart display: *mobile, vom Rechner örtlich getrennte Ein- und Ausgabeeinheit*

smart home: „intelligentes Heim“, „intelligentes Haus“, *das mit Hilfe vernetzter Elektronik die verschiedensten Geräte zentral bedient und darüber hinaus verbesserte Sicherheit bieten soll*

smartie: Siegertyp

smartshopper: Schnäppchenjäger

smart tag: *Verweis ins Internet*

smash, **smashen** *(Denglisch)*: Schmetterball, schmettern

smile: Lächeln

smiley: Lächler, Grinsegesicht, *siehe auch* **emoticon**

smiling face: Lachgesicht, gute Miene, freundliches Gesicht, Frohnatur

smoke: Rauch, Qualm, *auch in*

> **smoke-in**: Rauchdemo, Raucherkneipe

Smoking: Gesellschaftsanzug, *Denglisch, im Englischen „dinner jacket“ oder „tuxedo“*

smoothen: glätten, ausgleichen, einebnen, *Denglisch*

SMS: *Kurzmitteilung, Kurzbotschaft (per Mobiltelefon), siehe auch* **short message service**, *auch in*

> **SMSen**: *siehe* **simsen**
>
> **SMS-to-speech**: Sprach-SMS, *Dienstleistung eines Mobiltelefonanbieters, Denglisch*

snack, **snacken** *(Denglisch)*: Imbiss, kleiner Happen, Zwischenmahlzeit, *Snäck; einen Imbiss einnehmen, auch in*

> **snack bar**: Imbissbude, -stube

snail mail: herkömmlicher Brief, Schneckenpost, *traditionelle Postbeförderung*

snapshot[1]: Schnappschuss

snapshot[2]: Bildschirmabzug, Bildschirmkopie, *siehe auch* **screen-shoot**

snare drum: kleine Trommel *beim Schlagzeug*

sniff: Kokainportion

sniffen: schnüffeln, schnupfen, *Rauschmittel inhalieren,* sich *(durch Dämpfe)* berauschen, *Denglisch*

sniper: Heckenschütze

sniping: *„Schnapp-ab“, Bieten in letzter Sekunde (bei Versteigerungen im Internet)*

snob: Großtuer, Wichtigtuer, Vornehmtuer, Eingebildeter

snobiety: Schickeria, *Gruppe, die sich durch zur Schau gestellte Extravaganz auszeichnet, extravagante Gesellschaftsgruppe von reichen Nichtstuern, Denglisch*

snowboard: Schibrett, *siehe auch* **Grasboard**, *auch in*

> **snowboarden** *(Denglisch)*, **snowboarding**: Schibrett fahren

snow cross: Motorschlittenrennen

snow festival: Schneefestival, Hüttenzauber

snow fun: Spaß im Schnee

snow scooter: Schneemobil, Pistenroller

snow sport(s): Sport im Schnee

snow trekking: Schneewandern

soap[1]: Seife, *auch in*

  soapie: Seriendarsteller

  soap opera, **soap**[2]: rührselige Serie, Schnulzenserie, Seifenoper

soccer: Fußball, *auch in*

  soccer ball: Fußball *(Sportgerät)*

  soccer shoes: Fußballschuhe

  soccer wear: Fußballbekleidung

social: sozial, gesellschaftlich, *auch in*

  social engineering: *Gestaltung von sozialen Prozessen, politische Sozialgestaltung*

  social event: gesellige Veranstaltung

  social marketing: *Maßnahmen zur Steuerung des sozialen Bewusstseins (z. B. Werbung)*, Sozialbeeinflussung

  social power: soziale Kraft, sozialer Sprengstoff

  social sciences: Sozialwissenschaften

society: Gesellschaft

sock: Socke, Stutzen *(Fußball)*

socket: Sockel, Sockelschnittstelle, Buchse

soft: weich, gefühlvoll, *auch in*

  soft drink: alkoholfreies Getränk

  soften: weichzeichnen, *Denglisch*

  soft ice: *sahniges, weiches* Speiseeis

  softie: *sanfter, empfindsamer, sentimentaler Mann,* Weichling, Weichei, Muttersöhnchen, Schlappschwanz, *Denglisch*

  softig: weich, anschmiegsam, *Denglisch*

  soft key: virtuelle Taste *(EDV)*

  soft news: *harmlose, unpolitische Nachrichten, z. B. Rummel um Prominente, Klatsch*

  softpack: Weichverpackung

  soft tip: weicher Anschlag, *etwa bei der Gangschaltung*

soft skills: *nicht zählbare Fähigkeiten, „weiche Persönlichkeitsmerkmale": u. a. Einfühlungsvermögen, Flexibilität, Kommunikationsbereitschaft, Kooperations- und Konfliktlösefähigkeit sowie Fähigkeit zur Selbstkritik*

software: *(Rechner-)Programme, Rechnersteuerung (EDV), auch in*

  software engineering: EDV-Programmentwicklung

  software technology: Programmiertechnik

  software vendor: Programmanbieter, Anbieter

solar trap: *Solar-Dachspeicherkollektor, Solar-Dachwarmwasserbereiter*

some: etwas, einige

somehow: irgendwie

something: etwas

sometimes: irgendwann, manchmal

song: Lied, Gesang, *auch in*

songbook: Liederbuch

song contest: Schlager-, Sängerwettbewerb, *Talentesuche*

Songmacher: Liederschreiber, Liedermacher, *Denglisch*

Songschreiber *(Denglisch)*, **songwriter**: Liederschreiber, Liedermacher

sonnyboy: Strahlemann, fröhlicher Typ, *Denglisch (im Englischen* **sunnyboy**, *dagegen bedeutet* **sonnyboy** *„Kleiner", „Söhnchen")*

soon: bald, früh, gern

sorrows: Sorgen

sorry[1]: Entschuldigung, Verzeihung, *der Anglizismus verdrängt vor allem das französische Wort* Pardon *in der Rolle einer abgeschwächten Entschuldigung, etwa wie:* Es tut mir leid.

sorry[2]: bekümmert, traurig

sorter: Sortierer, Sortieranlage

soul: Seele, Gefühl

sound[1]: Klang, Geräusch, *auch in*

sound card: Geräusch-, Klang-, Akustik-, Audiokarte *(EDV)*

sound check: Klangabstimmung, Klangprobe

Sounddatei: Klangdatei, Musikdatei, *Denglisch*

sound designer: Akustiker

Sounddusche: Musikberieselung, *Denglisch*

sound file: Klangdatei, Musikdatei

Soundkarte: Geräusch-, Klang-, Akustik-, Audiokarte *(EDV)*, *Denglisch*

soundtrack: Filmmusik, Filmtonspur

sound[2]: Musikrichtung, *musikalische Stilrichtung*

source: Quelle, *auch in*

source code: Quellkode, Quelltext, Quelle *(EDV)*

sour cream: Sauerrahm, saure Sahne

Sozialdumping: Sozialabbau, *Denglisch*

space: (Welt-)Raum, Zeitraum *(in der Werbung der Firma Ikea bedeutet das Wort allerdings nur noch:* Zimmer*)*, *auch in*

space shuttle: Weltraumgleiter, Raumpendler, Raumfähre

spaciger Look: Weltraumschick, *Denglisch*

spacy[1]: überirdisch, weltfremd, verrückt, *siehe* **abgespact**

spacy[2]: geräumig

spam[1]: *siehe* **e-mail spam**

spamming, **spam**[2]: überfluten *(mit unnützer Werbepost im Internet), zumüllen, siehe auch* **e-mail spam**

spare: entbehren, übrig, *auch in*

spare car: Ersatzwagen *(Formel 1)*

spare parts: Ersatzteile

spareribs: Schälrippchen

Sparringspartner: Übungsgegner *beim Boxen, Denglisch*

speaker: Sprecher, Redner, *auch in*

speaker's corner: Sprechplatz, Infoplatz

special[1]: besonders, speziell, *auch in*

special edition: Sonderausgabe, Sonderversion *mit Zugaben (bei Film-***DVD***), siehe auch* **feature**[3]

special effect, **Specialeffekt** *(Denglisch)*: Spezialeffekt, *bestimmte gewollte Wirkung;* Trick, *digitale Bildmanipulation*

special guest: Ehrengast

special interest: ausgefallenes Interesse, Sonderneigungen

Special-Interest-Sender: Nischen-, Spezialsender, *Denglisch*

Special-Interest-Zeitschrift: Spezialzeitschrift, *Denglisch*

special offer: Sonderangebot

special[2]: Sonderbericht, Sondersendung; Sonderaktion, Sonderveranstaltung

speech: *(kurze)* Rede, Ansprache, *auch in*

speechwriter: Redenschreiber

speed[1]: Geschwindigkeit, Tempo, Eile, *auch in*

speedboat, **Speedboot** *(Denglisch)*: schnelles Motorboot; Schnellboot

speedster: Sportwagen

speedway: Rennstrecke, *ursprünglich (und im Englischen nur): spezielle Rennstrecke für* Sandbahnrennen, *Name für den inzwischen insolventen Lausitzring („Eurospeedway")*

speedy: (über-)eilig, schnell, rasch, rasend, prompt

speed[2]: Aufputschmittel

spicy: würzig, feurig

spider[1]: Spinne, *auch in*

spider lines: Fadenkreuz

spider[2]: *(offener)* Sportwagen

spike: Schuhnagel, Dorn

spikes[1]: Nagelschuhe, *Laufschuhe mit Dornen*

spikes[2]: *Autoreifen mit Dornen,* Dornenreifen

spill over: überfließen, überlaufen

spin: schnelle Drehung

spin-off[1]: Abfall-, Nebenprodukt

spin-off[2]: Weiterentwicklung, Weiterführung, *„Weiterspinnen" (eigentlich nur: „in Gang bringen")*

spin-off[3]: Ausgliederung *(z. B. einer Abteilung)*, Ausgründung

spirit: Geist, *in der symbolischen Bedeutung*

splashing dash: *kurzfristiger* Tankstopp *(Formel 1)*

splatter movie: *blutrünstiger* Gruselfilm, Schockfilm

spleen: Verschrobenheit, Spinnerei, Tick, Macke, Marotte

spleenig: verrückt, überspannt, eingebildet, *Denglisch*

split-run test: (Anzeigen-)Wirkungstest

split screen: geteilter Bildschirm, Bildteilung *(für gleichzeitige Ausstrahlung von Programm und Werbung)*

splitten: spalten, teilen, aufteilen, auftrennen, *Denglisch*

splitting[1]: aufteilen, aufspalten; Teilung, *siehe auch* **Steuersplitting**

splitting[2], **split**: Aktien(auf)teilung, Nennwertverringerung *(von Aktien)*

spoiler: Luftleitblech

sponsor: Förderer, Geldgeber, Gönner, *auch in*

> **sponsern**: unterstützen, finanziell fördern, *Denglisch*
>
> **sponsoring**: Förderung *im sportlichen oder kulturellen Bereich*

spool: Warteschlange *(z. B. beim Drucker)*

spoon: Löffel

sportive: sportlich

sports: Sport, *Körperertüchtigung, auch in*

> **sports aid**: Sporthilfe
>
> **sports watch**: Sportuhr, *sportliche Armbanduhr*
>
> **sportswear**: Sportbekleidung, *sportliche Freizeitbekleidung*

sport-utility vehicle, **SUV**, **sport-utility car**: *sportliches Nutzfahrzeug, geländegängiges Mehrzweckfahrzeug*

spot[1]: Stelle, Fleck

spot[2]: kurze Werbung

spot[3]: Richtscheinwerfer, *Beleuchtung auf einen bestimmten Gegenstand oder eine bestimmte Person, auch in*

> **spotlight**: Rampenlicht, Ziellicht, *auf einen Punkt gerichtet*

spot guide: Kurzführer, Reiseprospekt

Spotmarkt: Sofortmarkt, *Denglisch, Markt für Sofortgeschäfte im Gegensatz zu Termingeschäften*

spray: *zerstäubte Flüssigkeit,* Sprühdose, Benebler, Sprüh, *auch in*

> **Spraydose**: Sprühdose, Zerstäuber, *Denglisch*

sprayen: sprühen, stieben, zerstäuben *von Flüssigkeit, Denglisch*

sprayer: Sprüher, Sprühkünstler

spreadsheet: Tabellenkalkulation; Tabelle

spring: Frühling, *z. B. in vielen aberwitzigen Werbungen wie:* Spring Sensations = *Spülmittel,* spring in the city = *Frühjahrskampagne einer sog. Kultureinrichtung*

sprinkler: Spritzdüse, Rasensprenger, Berieselungsgerät *(als Brandschutz)*

sprinkler system: *(automatische)* Feuerlöschanlage

sprint[1]: Kurzstreckenlauf

sprint[2], **sprinten** *(Denglisch)*: schnell laufen, rennen

sprinter: Läufer, Kurzstreckenläufer, *Schnellläufer*

spurt: *(beschleunigter) Lauf*

spurten: schnell laufen, rennen, beschleunigen, *Denglisch*

spycam: Spannerkamera *im Internet, siehe auch* **watchcam**

stack: Stapel(-speicher) *(EDV)*

staff: Personalstab, Belegschaft, Mitarbeiter

stage: Bühne

staging: Stadieneinteilung, Klassifizierung

stalker: Pirschjäger, Prominentenhetzer, Verfolger, Schleicher

stalking: Bedrohung, Belästigung, Nötigung, Einschüchterung, Psychoterror

stampede[1]: panische Flucht

stampede[2]: Massenansturm

stamp it: digitale Frankatur *(Deutsche Post)*

standalone: *unvernetzter Rechner,* Einzelplatzrechner, *autonomes Gerät*

standard[1]: Norm, Maßstab, *auch in*

  standardize: normen, angleichen

standard[2]: Standard, *auch in*

  standard of living: Lebensstandard

standby, **Stand-by-Modus** *(Denglisch)*: Wartebetrieb, Bereitschaft, Wartestellung, Bereitschaftsstellung, *z. B. beim Fernseher, auch in*

  Stand-by-Passagier: Passagier auf Warteliste, *Denglisch*

standing: Rang, Ansehen, Stand, Renommee, Ruf

standing invitation: Dauereinladung

standing ovation: andauernder Beifall, anhaltender Beifall, stürmischer Beifall, Applaus im Stehen

Stand-up-Komödiant: Spontankomödiant *(arbeitet ohne Vorbereitung und reagiert auf das Publikum), Denglisch*

star[1]: *(Bühnen-, Film-)*Berühmtheit, Erfolgsmensch

star[2]: Stern, *auch in*

  starlet: Filmsternchen

  star wars: Krieg der Sterne, Konflikt im All

Starterkit: Erstausstattung, *z. B. bei Mobiltelefonen, Denglisch (im Bankenbereich inzwischen historischer Begriff für die Ende 2002 an die Haushalte verteilten ersten Euromünzen)*

start-up: Firmenneugründung; Unternehmens-, Existenzgründer; Startkapital

state: Stand, Zustand, Lage, *auch in*

  state of the art: Stand der Forschung / Wissenschaft, derzeitiger Wissensstand

statement[1]: Erklärung, Aussage, Stellungnahme, Verlautbarung, Rede, Ansprache, Darlegung, Ansicht, Meinungsäußerung, *auch in*

> **statement of income**: *Aufstellung des Einkommens,* Einkommensteuererklärung
>
> **statement of profit and loss**: Gewinn- und Verlustrechnung, Erfolgsrechnung, *Aufstellung von Gewinn und Verlust; Bilanz*

statement[2]: Anweisung *(EDV)*

station id: Senderkennung, *siehe auch* **logo id**

status report: Lagebericht, Zustandsbericht

stay[1]: stehen

stay[2]: bleiben, warten

steadycam, **steadicam**: Standbildkamera

stent: *(Blut-)*Gefäßprothese

step: Schritt, *auch in*

> **step-by-step**: Schritt für Schritt
>
> **stepper**: *spezielles Konditionsgerät*

Steuersplitting: *Einkommensteuerveranlagung von Ehepaaren, Denglisch*

steward, **stewardess**: Flugbegleiter/in, *Bordpersonal*

stick: Stäbchen; *Knabbergebäck in Stäbchenform*; Trommelstock *für das Schlagzeug*

sticker: Anstecknadel, Aufkleber

stock[1]: Lager, Bestand

stock[2]: Aktie(n), Stammaktie(n), Wertpapier(e), *auch in*

> **stockbroker**: Börsenmakler
>
> **stock exchange**: (Wertpapier-)Börse
>
> **stock (holding) company**: Aktiengesellschaft, AG
>
> **stockjobber**: Börsenspekulant, Effektenhändler
>
> **stock options**: Aktienoptionen *(in den Firmen der* **New Economy** *gelegentlich als Gehaltsbestandteil oder -ersatz eingesetzt)*

stoned: bekifft, berauscht, benebelt *von Haschisch oder Marihuana*

stonewashed: steingewaschen, *mit Hilfe von Bimsstein vorgewaschener Stoff*

stop: Halt, Stopp, *auch in*

> **stop-and-go**, **Stop-and-go-Verkehr** *(Denglisch)*: Schleichverkehr, Verkehrsstockung, zähfließender Verkehr
>
> **Stop-and-go-Strafe**: Zeitstrafe *(Formel 1)*, *Denglisch*
>
> **stopover**: Zwischenhalt, Zwischenlandung, Fahrtunterbrechung

storage: Speicher; Speicherung

store: Lager; Geschäft, Laden

storen: lagern, speichern, *Denglisch*

story: Geschichte, Erzählung, *auch in*

story in progress: *Geschichte in Arbeit, weiterwachsende Geschichte (von mehreren Autoren fortgesetzt)*

straight: methodisch, streng strukturiert; geradeheraus; anständig, harmlos, bieder

strangeness: Seltsamkeit

Straps: Strumpfhalter, *Denglisch, im Englischen unbekannt!*

strawberry: Erdbeere

streamen: *über das Internet senden,* „strömen" *(Rundfunksender)*

streamer (tape): Bandgerät, Magnetband(-station), *Datensicherungsgerät (EDV)*

Streamingangebot: *(Internet-)Angebot zum Anhören, zur Ansicht (ohne Speichermöglichkeit), Denglisch*

Streamingtechnik: *Internetfernsehen (Verschmelzung von Internet und Fernsehen), Denglisch, siehe auch* **web-TV**

street: Straße, *auch in*

streetball: Straßenbasketball

streetballer: Straßenbasketballer

street fighter: Straßenkämpfer, *auch im übertragenen Sinne verwendet, etwa für ein Motorrad*

street hockey: Straßenhockey

street kicker: Straßenfußballer

street party: Straßenfest

street wear: Straßenkleidung

streetworker: Straßenhelfer, Sozialarbeiter *(im Außendienst)*, Vor-Ort-Sozialarbeiter

street credibility: Glaubwürdigkeit *beim Volk*, Sympathieträger *in der Politik*

streetwise: bauernschlau

strength: Stärke, Kraft

stress[1]: Belastung, (Über-)Druck

stress[2]: Spannung, Anspannung, seelischer Druck

stressig: anstrengend, aufreibend, belastend, *Denglisch*

stretch: dehnbar; dehnen, *auch in*

stretching: Dehnübung

strictly confidential: streng vertraulich *(Geheimhaltungsstufe)*

strike: Schlag

string: Zeichenkette, Kette *(EDV)*

strip[1]: *(Pflaster-)*Streifen

strip[2], **strippen** *(Denglisch)*: sich ausziehen, sich entkleiden

stroke unit: Schlaganfall(intensiv)station, Hirnschlagabteilung, *der Hinweis wird ungeachtet der akuten Lebensgefahr unverschämterweise in manchem deutschen Krankenhaus ohne deutsche Übersetzung angebracht.*

Strombroker: Stromhändler, *Denglisch*

strong: kräftig, stark
strong buy: *unbedingt empfehlenswertes Wertpapier, „Muss“-Aktie (Börse)*
strong sell: *schleunigst abzustoßendes Wertpapier (Börse)*
struggle for life: Kampf ums Dasein, Überlebenskampf
stunt: gefährliche *oder* akrobatische Filmszene, Gefahrenvorführung, *auch in*
  stuntman: Filmakrobat, Gefahrendarsteller
style: Stil, Ausdrucksmittel, Lebensart
stylen: gestalten, sich schön machen, „aufmotzen“, *Denglisch*
style sheet: *Vorgabe für Schriftsatz, Zitierweise und Korrekturlesen (von Verlagen)*
styling: Aufmachung, Gestaltung
stylish, **stylisch** *(Denglisch)*: *dem (modernen) Lebensstil entsprechend, siehe auch* **lifestylig**
subdirectory: Unterverzeichnis
subject heading: Rubrik(-überschrift)
subtask: Teilaufgabe, Unteraufgabe
subteen: Zehnjährige/r
suburb: Vorstadt
subway: U-Bahn
subwoofer: Tiefsttöner, Basslautsprecher
success: Erfolg, *auch in*
  successful: erfolgreich, überlegen
  success story: Erfolgsgeschichte
such: solch/e/s
sudden death[1]: Entscheidungstor, -punkt
sudden death[2]: plötzlicher Tod
sugar: Zucker
suitcase: Koffer
summary (paper): Zusammenfassung, Kurzfassung
summer: Sommer, *auch in*
  summer hit: Sommerschlager
  summer school: Sommerschule, Ferienkurs
sun: Sonne, *auch in vielen übertragenen Verbindungen wie:* D2 sun *(Mobilfunktarif), auch in*
  Sunblocker, **Sunblockstift**: Sonnenschutz(-mittel), *Denglisch*
  sun lotion: *(flüssiger/s)* Sonnenschutz(-mittel)
  sun milk: Sonnenmilch
  sunny: sonnig, *auch in vielen Werbungen:* Fanta sunny melon = Fanta Sonnenmelone
  sunnyboy: *siehe* **sonnyboy**
  sunrise: Sonnenaufgang

sunset: Sonnenuntergang
sunshine: Sonnenschein
sun spray: *Sonnenschutz(mittel)zerstäuber*
sunrise period: Startphase, Vorzugsphase
super: Über-, über-, *auch in*
superclass: klasse
superlearning: Schnelllernen
supermodel: Schönheitsideal
supermoto: *Motorsportveranstaltung, Kombination von Straßen- und Geländerennen*
superstar: *besonders herausragende (Bühnen-, Film-)Berühmtheit*
superflat screen: Flachbildschirm, *besonders flacher Bildschirm, siehe auch* **flat screen**
supervision: Betreuung, Überwachung, Aufsicht
supervisor: Verwalter, Anweiser, Aufseher
supply: Belieferung, *auch in*
supply chain: Lieferkette
supply-chain management, **SCM**: Lieferkettenverwaltung
support, **supporten** *(Denglisch)*: Unterstützung, Kundenbetreuung, Kundendienst; unterstützen
supporter: Helfer, Unterstützer, Förderer, Mentor, Betreuer
supporting: unterstützen
sure: sicher, gewiss
surfboard, **Surfbrett** *(Denglisch)*: Wellenreitbrett
surfen[1]: wellenreiten, Brandungsreiten, *Denglisch, nicht zu verwechseln mit* **windsurfen**
surfen[2]: *sich im Internet bewegen,* blättern, „Seiten reiten", navigieren, *Denglisch*
surfer: Wellenreiter
surfwatch: Kindersicherung, Zugriffskontrolle *(für das Internet)*
surplus: Überbestände; Überschuss, Gewinn
surprise party: Überraschungsfeier
surround receiver: Raumklangsteuergerät
surround sound: Raumklang, Mehrkanalklang
survey: Umfrage, Markt-, Meinungsforschung, Erhebung
survival: Überleben, *besonders in unzähligen* Survivaltrainings, Survivalreisen, Survivaltagen *für Führungskräfte der deutschen Wirtschaft*
survivals: Überbleibsel
suspense: Spannung, Erwartung, Ungewissheit, *auch in*
suspense story: spannende, fesselnde Geschichte
sustainability: Nachhaltigkeit
sustainable development: nachhaltige Entwicklung

swap[1]: Austausch, *auch in*

Swapgeschäft: Tauschhandel, *Denglisch*

swap[2]: Seitenwechsel *(EDV)*

sweatshirt: Sportpullover

sweet: süß, *auch in*

sweetheart: *(Kosewort:)* Liebling, Liebste/r

sweets: Süßigkeiten

swimming pool: Schwimmbecken

swing[1]: *höchste Kreditgrenze im Außenhandel*

swing[2]: Pendelschlag, *auch symbolisch für:* Umschwung, Wechsel

swinger club: *Partnertauschtreff*

Swing von Wählern: Wählerwanderung, *Denglisch*

Swiss: schweizerisch

switch[1]: Schalter, *auch in*

switchboard: Schaltbrett, Schalttafel

switchen: umschalten, (über-)wechseln, *Denglisch*

switch[2]: Verteiler

synergy: Zusammenarbeit, *Energie oder Erfolg durch gemeinsamen Einsatz*

synthesizer: *(elektronisches)* Geräuschinstrument

synthetics: Kunststoffe, Kunstfasern

system: System, *besonders der Plural* **systems** *wird gern von deutschen Unternehmen als Namenszusatz verwendet (*„RWE Systems", „SAP Systems"*). Da „Systeme" aber nur in Kombination mit anderen Zusammenhängen einen Sinn ergeben, ist der Zusatz überflüssig. Es handelt sich dann um eine Sammelbezeichnung wie „Sachen". Besonders befremdlich ist* „SAP Systems", *da SAP bereits „Systeme, Anwendungen, Produkte" heißt, auch in*

system manager: Programmverantwortlicher, Systemverwalter *(EDV)*, *Denglisch*

systems engineering, **Systemengineering** *(Denglisch)*: Prozess-, Systemgestaltung

system software: Systemprogramm(e) *(EDV)*, *Denglisch*

T

tab: *(Karten-, Mappen-)*Reiter, Einzugstaste *bei Rechner und Schreibmaschine, siehe auch* **tabulator**

table: *auch:* Tabelle

tablet-PC: *tragbarer Rechner, der nicht mehr aufgeklappt werden muss, mit berührungsempfindlichem Bildschirm*

tablets: Tabletten, *z. B. in Produktnamen wie:* Ariel tablets

table water: Tafelwasser, *meist Wasser, das nicht die Qualität von* Mineralwasser *erreicht*

tabulator: Karteikartenmarkierung, Einzugsmarkierung, Zeileneinzug

tacker: Klammerhefter

tackling: Körperangriff *(im Sport)*

tag: Anhänger, (Namens-)Schild

take[1]: Aufnahme, Szene *(ohne die Kamera zu stoppen)*

take[2]: (mit-, weg-)nehmen, *auch in*

  take-away: zum Mitnehmen

take-back obligation: Rücknahmepflicht *(Entsorgungsbranche)*

take care: Pass auf! - *auch als salopper Gruß unter privaten Briefen*

takeoff[1]: Start, Durchbruch

takeoff[2]: Abhub, Abflug

takeover: Übernahme *eines Unternehmens durch Erwerb der Aktienmehrheit*

talk, **talken** *(Denglisch)*: Gespräch, Plausch, zwanglose Unterhaltung; reden, plappern, plaudern, diskutieren, *auch in*

  talk comedy: lustige Gesprächsrunde, Quasselrunde, *siehe auch* **gag show**

  Talkgast: Gesprächsgast, *Denglisch*

  talking points: Diskussionspunkte

  talk master: Gesprächsleiter, Diskussionsleiter, *Denglisch*

  talk queen: *bekannte* Gesprächs-, Diskussions-, Quasselrundenleiterin, Plauderdiva, *Denglisch*

  talk show: Gesprächsrunde *(im Fernsehen), auch in sehr vielen denglischen Verbindungen wie:* Donnerstalk = Gespräch am Donnerstag, Donnerstagplausch

tape: *(Ton-, Film-, Magnet-)*Band, Musikkassette, *auch in*

  tape deck: Tonband-, Kassettengerät

tapen: verbinden *(Verband anlegen), Denglisch, siehe auch* **dress**[2]

target: Ziel, *auch in*

  target group: Zielgruppe

  targets: Zielvorgaben, Zielvereinbarungen *(kaufmännisch)*

task: Aufgabe, Auftrag, *gerade untere Führungskräfte machen sich bei ihren Mitarbeitern gern lächerlich, indem sie das Wort* Aufgaben *meiden, obwohl doch praktisch jeder weiß, dass ein* **task** *eine* Aufgabe *ist*

task force: Polizeisondereinheit, Sondereinheit, Sondergruppe, Sonderkommission, Eingreiftruppe, Suchgruppe, Krisenstab, Arbeitsgruppe, *zurzeit Lieblingswort aller Denglischliebhaber in Wirtschaft und Politik*

Taskleiste: Funktionsleiste, *schaltfähige Aufgabenleiste (beim Rechner), Denglisch*

taste: Geschmack

tattoo: Tätowierung

tax-free: steuerfrei, *meist:* mehrwertsteuerfrei

taxiway: Manövrierweg, Taxiweg, Taxilinie, *Flugzeugzufahrt zur und von der Start- und Landebahn*

T-car: Testwagen *(Formel 1)*

tea: Tee, *auch in*

teacake: Teeplätzchen

tearoom: Teestube

teashop: Teeladen

teatime: Teezeit

teach: lehren, *auch in*

teacher: Lehrer, Betreuer, *siehe auch* **instructor**, **trainer**

teach-in: *aufklärende Protestaktion*

teachware: Lehrprogramm *(EDV)*

team: Arbeitsgruppe, Mannschaft, *beliebt, weil geschlechtsneutral und inzwischen weitgehend integriert, auch in*

Teamarbeit: Gemeinschaftsarbeit, *Denglisch*

teambuilding: (Arbeits-)Gruppenentwicklung, *Prozess des Zusammenwachsens, des Sich-Findens, der Entwicklung im* **team**

Teamchef: Mannschaftsleiter, *Denglisch, siehe auch* **trainer**

team coaching: persönliche Betreuung zur Leistungssteigerung *in der Abteilung; auch:* Gruppenbetreuung, Betreuung vor Ort *(nach Lehrgängen durch die Lehrkräfte)*

teamer: (Arbeits-)Gruppenleiter, *Denglisch*

team event: (Abteilungs-)Feier, Abteilungsausflug - *kann auch kleinere Betriebe ohne Abteilungsstruktur betreffen*

teamfähig: gruppenfähig, *Denglisch*

Teamgefährte: Mannschaftsgefährte, -kollege, *Denglisch*

Teamgeist: Gruppen-, Mannschaftsgeist, Zusammengehörigkeitsgefühl, *Denglisch*

teamlead(er), **Teamleiter** *(Denglisch)*: (Arbeits-)Gruppenleiter; Mannschaftskapitän *(Sport)*

team manager: Gruppenleiter

team spirit: Gruppen-, Mannschaftsgeist, Zusammengehörigkeitsgefühl

team teaching: Ringvorlesung

teamwork: Gemeinschaftsarbeit, Gruppenarbeit

teaser: Lockwerbung, *kleine Werbegeschenke* „zum Anfüttern"; Appetithäppchen

technical: technisch, *auch in*

technical advancement: technischer Fortschritt

technical documentation: technische Dokumentation

technical services manager: Leiter (der) technische(n) Dienste

technical writing: technisches Schreiben, Gebrauchstexte verfassen, Gebrauchsanweisungen schreiben

technology: Technologie, Technik

techno-silk: Kunstseide, *in der Praxis:* Polyester

teen, **teenager**, **teenie**: Halbwüchsige/r, Backfisch, Jugendliche/r

teeny: *wie* **teenager**; *auch:* klein, winzig

tele: Fern-, *eigentlich Griechisch, auch in*

telebanking: telefonischer Bankverkehr, *siehe auch* **banking**

telecoach: Fernlehrer, Fernbetreuer

telecommunication: Nachrichtenverbindung

telelearning: Fernsehkolleg

teleprompter: *elektronischer Spicker*

teleshopping: *Einkauf per Fernseher,* Fernseheinkauf

teleteacher: Fernlehrer

teletutor: Fernlehrer

television, **TV**: Fernsehgerät, Fernseher; Fernsehen, *auch Namensbestandteil von Fernsehsendern*

television set, **TV set**: Fernsehgerät, Fernseher

telex: Fernschreiben

Telefonhotline: telefonischer Kundendienst, *Denglisch*

telly: Fernseher, *kurz für* **television**

tempered glass: gehärtetes Glas

template: Schablone, Muster, Vorlage

temptoo: Kurzzeittätowierung

temp-to-perm: *Übergang in ein festes Arbeitsverhältnis, Denglisch (Begriff aus dem Hartz-Konzept der rot-grünen Bundesregierung)*

term: Zeitraum, Frist, Termin, Dauer, Laufzeit

terminal[1]: Abfertigung *in jeglicher Bedeutung:* Bahnhof, Abflug- und Ankunftshalle, Umschlaganlage, Abfertigungsrampe, Abfertigungshalle *im Flughafen*

terminal[2]: Eingabegerät, -station, Bediengerät, Zugangsgerät *(EDV)*

terms of payment: Zahlungsbedingungen

terms of trade: Handelsbedingungen
test: *auch:* psychologisches Experiment
test report: Prüf-, Erfahrungsbericht
test result: Testergebnis
textmarker: Markierungsstift
text-to-speech: Sprachausgabe *(EDV)*
thank-you: Dankeschön, danke
that's: das ist, so ist
think: denken, *auch in*

thinkpad: Kleinrechner, Mobilrechner, *siehe* **notebook**[2]

think shop: Beratungsgremium, *gemeinsame Ideenproduktion*

think tank: Expertenrunde, Ideenagentur, „Denkfabrik"

thirtysomethings: *Männer und Frauen um die Dreißig, Umdiedreißiger, Denglisch (im Englischen bedeutet der Begriff „über Dreißig"), siehe auch* **quarterlife crisis**
this is: das ist, dies ist
thread: Kommentarsammlung *(zu einem Thema im Internet)*
three-letter code: *(dreibuchstabige)* Flughafenkennung
thrill: Spannung, Nervenkitzel; *beim Einkauf:* Erfolgserlebnis *(Denglisch)*
thriller: Reißer, spannender Film, fesselnder Film
thumbnail: Miniaturansicht, Seitenvorschau
tick: ein Stückchen, ein bisschen *(ursprünglich eine Einheit auf einer Skala, z. B. Grad)*
ticker: Fernschreiber
ticket[1]: Strafmandat, Strafzettel
ticket[2]: Eintrittskarte, Fahrkarte, Fahrschein, Flugschein, *auch in*

ticket booth: Kartenverkaufsstelle, Kassenhäuschen

ticket counter: Fahrkartenschalter *(Deutsche Bahn)*

ticket hotline: Tele-Kartenverkauf

ticket office, **ticket service**: Kartenverkauf

tie[1]: Krawatte, Schlips
tie[2]: unentschieden, *auch in*

tiebreak: Entscheidungsspiel *(Tennis, Volleyball)*

tie-in: Werbegeschenk
tights: Strumpfhose
tilt, **tilten** *(Denglisch)*: kippen, neigen, abstürzen
time: Zeit, Zeitraum, Dauer, Zeitpunkt, *auch in so unsinnigen Verbindungen wie:* time and more *für einen Mobilfunktarif, auch in*

time code: Zeitmarke

time frame: Zeitrahmen, *zur Verfügung stehende Zeit*

time is money: Zeit ist Geld

time lag: Zeitkrankheit, *siehe auch* **jet lag**

timeline: Zeitplan, Zeitachse *(Politikerdeutsch)*

time management, **Zeitmanagement** *(Denglisch)*: Zeiteinteilung, Selbstorganisation, *Steuerung des Zeitablaufs*

timen: zeitlich abstimmen, *Denglisch*

time-out[1]: Spielpause, Auszeit; Ausfallzeit, Unterbrechung

time-out[2]: Zeitgrenze (überschritten)

Timeplaner: Zeitplaner, Terminkalender, *Denglisch*

timer[1]: Notiz- und Adressbuch, Terminkalender

timer[2]: Zeitschaltuhr, Aufnahme(zeit)steuerung *(bei der Videogerätprogrammierung)*

time scale: Zeitmaßstab

time-sharing: Zeitscheibenverfahren, Zeitverteilung *auf mehrere Sachen, Angelegenheiten (z. B. gemeinsame Nutzung von Rechnern oder Ferienwohnungen)*

time-shift TV: *zeitversetzter, zeitverschobener Fernsehempfang*

timetable: Fahrplan, Zeitplan

timetainment: unterhaltsame Rückschau(-sendung) *im Fernsehen, siehe auch* **retro show**

time board: *berührungsempfindliche Wandtafel,* Sensitivtafel, *siehe auch* **touch screen**

timing: Zeiteinteilung, Zeitplan, (Zeit-)Abstimmung, Zeitgefühl

tip[1]: Wink, Anregung, Hinweis

tip[2]: Trinkgeld

tiptronic: Antippsteuerung, Sensorsteuerung, *Denglisch*

tissue: Gewebe, *auch in*

tissue engineering: *Sammelbegriff für:* Gewebe-, Gelenk-, Herzklappen- *oder* Zellersatz

toast: *auch:* Trinkspruch

tobacco: Tabak

to-dos: Aufgaben, zu erledigen, zu Erledigendes, *zurzeit der absolute Renner in der Wirtschaft. Man hat keine Aufgaben mehr, weil das offensichtlich nicht modern genug klingt, auch in*

to-do list: Aufgabenliste

toe-loop: Drehsprung *(Eiskunstlauf)*

toffee: (Weich-)Karamelle

together: zusammen, gemeinsam

token[1]: Zeichen; Gutschein

token[2]: Pfandmarke, -münze, Pfandschein, -zettel, -beleg, *vorübergehende Erscheinung im Zuge der Dosenpfandeinführung*

toner: Drucker-, Kopiererfarbe, (Drucker-)Farbpulver

tonic (water): Chininlimonade

too: auch, zusätzlich

tool[1]: Werkzeug, (Hilfs-)Mittel, *auch in*

toolbar: Symbol-, Hilfsmittel-, Werkzeugleiste

toolbox: Werkzeugkiste

tool kit, **tool set**: Werkzeugsatz

tool[2]: (Hilfs-)Programm *(EDV)*

top[1]: Spitze, Gipfel, ganz oben, von höchster Güte, hochmodern, *so gut wie mit jedem deutschen oder englischen Hauptwort kombinierbar, auch in*

top act: Hauptauftritt, Hauptereignis

top competition: Spitzenwettbewerb, -wettkampf

Topelite: Spitzen-, Klasseleute, *Denglisch (eigentlich Unsinn, denn „Elite" drückt die besondere Qualität auch allein schon aus)*

top fifty: die ersten fünfzig, die fünfzig Besten

top-fit: in bester Verfassung, tauglich

topgesetzt: *(bei Auslosungen)* bevorzugt gesetzt *(Sport)*, *Denglisch*

top girl: Spitzenmodell

top jobber: Spitzenkraft

top management: Führungsspitze, *oberste Führungsebene eines Unternehmens*

top manager: *herausragender* leitender Angestellter, Spitzenkraft, *auch:* Vorstandsmitglied

topmodisch: hochmodisch, letzter Schrei, *Denglisch*

top news: Spitzenmeldungen, wichtigste Nachrichten

toppen: übertreffen, überbieten, steigern, *Denglisch*

top scorer: Torschützenkönig *(bei Fuß- und Handball)*, Punktemacher

top-secret: streng geheim, vertraulich, *strengste Geheimhaltung (Geheimhaltungsstufe)*

top seller: Spitzenverkäufer, Verkaufsschlager

top shop: Spitzengeschäft, Klasseladen

top story: Aufhänger, Hauptartikel, wichtiger Artikel

top team: Spitzenmannschaft

top ten: die ersten zehn, die zehn Besten

Topthema: Schlagzeile, Spitzenthema, *Denglisch*

top[2]: Oberteil, *ärmel- oder trägerloses Hemd, auch in*

topless: „oben ohne", barbusig

top-down: von oben nach unten, *z. B. in der Unternehmenskommunikation*, Abwärtskommunikation, abwärts, absteigend, *Gegenstück zu* **bottom-up**

topic: Thema, Gegenstand

top-level domain: Länderkennung, Bereichskennung *(Teil der Internetadresse)*, *siehe auch* **domain**[2]

toploader, **Toplader** *(Denglisch)*: Waschmaschine *mit Befüllung von oben*, *siehe auch* **frontloader**

top sites: *Empfehlungen (für das Internet)*

topspin: Drall

torque: Drehmoment

total quality management, **TQM**: durchgängige Qualitätssicherung, *das Prinzip, jedem Mitarbeiter individuell Verantwortung zuzuweisen, siehe auch* **quality management**

Total-Return-Fonds: *unspezialisierter Fonds, der auf hohe Gewinne orientiert ist, gleich woher sie stammen, Denglisch*

total sell, **sale**: Komplettausverkauf

touch: Hauch, Anstrich, Berührung, Anflug

touch dimmer: Sensorsteuerung *(z. B. zum Einschalten und Regeln einer Stehlampe durch einfaches Berühren)*

touchpad: Berührungsfeld

touch screen: Sensitiv-, Tast-, Berührungsbildschirm

tough: hart, streng, unerbittlich, zäh, robust, durchsetzungsfähig, *taff*

touren[1]: reisen, unterwegs sein, *Denglisch, auch in*

> **Touri** *(Denglisch)*, **tourist**: Reisender, Urlauber
>
> **touring**: Reise
>
> **touring service**: Reisedienst
>
> **tourist guide**: Reiseführer *(es kann eine Person oder ein Buch gemeint sein)*; Stadtplan

touren[2]: *Auftritte von Künstlern, Musikern in verschiedenen Städten, Denglisch*

tourer: Tourenrad, Tourenmotorrad

tower: Turm, Turmgehäuse; Kontrollturm, Flugleitung, *auch symbolisch*

toy: Spielzeug

trace: Spur; nachvollziehen, aufspüren

track[1]: Spur, Datenspur, *auch in*

> **trackball**: Spurball, Kugelmaus

track[2]: Musiktitel *(z. B. auf einer Platte)*

track[3], **tracking**: jmd. jagen, verfolgen

track and field: Leichtathletik

Trackingsystem: *funkbasiertes Erfassungssystem für Spielsituationen (z. B. im Fußball), Denglisch*

traction control: Antischlupf-Regelung, ASR, *besonders in Berichten über die Formel 1*

trade: Geschäft, Handel, *auch in*

> **trademark**: Waren-, Markenzeichen
>
> **traden**: *(an der Börse)* handeln, *Denglisch*
>
> **trade-off**: Preis, Gegenwert
>
> **trader**: Händler

trade union: Gewerkschaft

trading: Handel, *auch in*

trading floor: Handelsparkett

traffic[1]: Verkehr, *auch in*

traffic jam: *(Verkehrs-)*Stau

traffic-message channel, **TMC**: *digitaler* Verkehrs(meldungs)kanal, *automatisierter* Verkehrswarndienst

traffic program, **TP**: Staumelder

traffic[2]: Besucherstrom, -fluss *(auf einer Internetseite)*

trailer[1]: Anhänger, Wohnanhänger, Wohnwagen

trailer[2]: kurzer Vorfilm, Eigenwerbung, Sendungsankündigung *im Fernsehen*

train, **trainieren** *(Denglisch)*: ausbilden, betreuen, *auch in*

trainee: Lehrling, Auszubildender, Azubi

trainer: (Sport-)Lehrer, Weiterbilder, Betreuer, *siehe auch* **instructor**, **teacher**

training: Schulung, Übung, Ausbildung, Weiterbildung, *auch in*

training manager: Ausbildungsleiter, Leiter Weiterbildung

training on the job: Ausbildung am Arbeitsplatz

Trainingscenter: Ausbildungszentrum, *Denglisch*

train the trainers: Ausbildung der Ausbilder

tramp: *ein Mensch auf Wanderschaft,* Landstreicher, *auch in*

trampen: per Anhalter fahren, *Denglisch*

tramper: Anhalter, Autostopp

trance: Benommenheit, *Zustand der* Entrückung

tranquillizer: Besänftiger, Beruhigungsmittel, Antidepressivum

transaxle: Kompaktgetriebe *(Formel 1)*

transcript: Abschrift, Kopie

transfer: Übermittlung, *auch in*

transfer protocol, **Transferprotokoll** *(Denglisch)*: Übertragungsprotokoll, *etwa im Internet, siehe auch* **protocol**

transfiguration: Verwandlung, Umgestaltung

transient: durchgehend, vorübergehend, vergänglich, flüchtig

transmitter: Übersender, Übermittler

transponder: Signalübertrager *(Anlage zur Aufnahme, Verstärkung und Weitergabe von Funksignalen, Kurzwort aus* **transmitter** *und* **responder***)*

trash: Schund, Schrott, Abfall, Müll, Ramsch, Dreck, *auch in*

trash film: *schlecht gemachter Billigfilm*

Trashkomödie: billige Klamotte, *Denglisch*

trash-TV: Primitiv-, Kitschfernsehen

travel: Reise, *auch in*

travel agency: Reisebüro

travel center: Reisebüro

traveler *(AE)*, **traveller** *(BE)*: Reisender

travel manager: *(professioneller) (Dienst-)*Reiseorganisator

travel service: Reisedienst *(Deutsche Post)*

treasurer: Kämmerer, Schatzmeister

treatment: Handlungsskizze; Handhabung, Behandlung

trekking, **trekken** *(Denglisch)*: Wandern, *meist in der Wildnis,* Bergwandern

trekking (cross) bike, **Trekking(-Cross-)Rad** *(Denglisch)*: *(bequemes) Straßen- und Geländerad*

trend: Neigung, Tendenz, Entwicklung, Strömung, (Grund-) Richtung, *auch in*

trend check: Tendenzumfrage

Trendfrisur: modische Frisur, *Denglisch*

trendie: *jemand, der* **trendy** *ist*

trendig *(Denglisch)*: *siehe* **trendy**

trend line: Entwicklungsverlauf

trend scout: Modekundschafter, „Spürhund" *für das Erkennen von Entwicklungstendenzen*

trendsetter[1]: Vorreiter, Schrittmacher *für eine bestimmte Entwicklung*

trendsetter[2], **Trendsetterin** *(Denglisch)*: Modeauslöser/in, Entwicklungsauslöser/in

Trendsport: Modesport, *Denglisch*

trendy: *dem Zeitgeist folgend,* modisch, zeitgemäß

trial[1]: Versuch, Probe, *auch in*

trial and error: *(lernen durch)* Versuch und Irrtum, Ausschlussmethode

trial[2]: *Gelände-Kunstmotorradfahren (Motorsportart), siehe auch* **mountain-bike trial**

trick: Kniff, List, Kunstgriff, *auch in*

tricksen: täuschen, überlisten, *Denglisch*

tricky: trickreich

trike: (Motor-)Dreirad, *dreirädriges Motorrad*

trip: Reise, Ausflug; Drogenreise

triple: Dreifachsieg *eines Sportlers*

troll: vor sich hin reden, jmd. langweilen; Langweiler; Geschreibsel

trolley: Karren; Rollenkoffer

trolley bus: Oberleitungsbus, Obus

tropical: tropisch

trouble: Schwierigkeit, Ärger, Unannehmlichkeit, Aufregung, *auch in*

troublemaker: Querulant, Streithammel, Krittler

troubleshooter: Schlichter, Vermittler, *Experte im Auffinden und Beseitigen von Fehlern,* Problemlöser

troubleshooting: Störungsbehebung, Problemlösung

truck: (Schwer-)Lastkraftwagen, LKW, Laster, Brummi - *der Anglizismus überrennt zurzeit sämtliche deutschen Bezeichnungen. Fachzeitschriften verwenden ihn ebenso gern wie schmuddelige Frittenbuden („Truck-Stop“ u. ä.), auch in*

trucker: LKW-Fahrer, Fernfahrer

truck wash: LKW-Waschanlage

truck system: *Entlohnung durch Naturalien*

trust[1]: trauen, vertrauen, sich verlassen auf, *auch Substantiv, auch in*

trust center[1]: Vertrauenszentrum

trust center[2]: Zertifizierungsstelle *(für die Bestätigung der Echtheit von digitalen Unterschriften), Denglisch (im Englischen: „certification authority“), siehe auch* **signature**

trustee: Treuhänder

trust receipt: Vertrauensbescheinigung

trust[2]: Syndikat, Kartell, Quasimonopolist, Unternehmenszusammenschluss

try: Versuch, *auch in*

try it!: versuch es!, probiere es aus!

try-out: Versuchs-, Erprobungs-

T-shirt: Trikothemd, T-Hemd *(knopfloses Baumwollhemd in T-Form)*

tumble dryer, **tumbler**: Wäschetrockner, *siehe auch* **dryer**

tune, **tunen**: verbessern, abstimmen, „frisieren“, Leistung steigern, „aufmotzen“, *Denglisch*

tuner: Rundfunkgerät, Empfänger

tuning[1]: Abstimmung, Einstellen

tuning[2]: „Frisieren“ *(eines Autos)*, Leistungssteigerung, „Aufmotzen“

turf: Pferderennbahn

turkey[1]: Entzugserscheinungen, Entzugsrausch

turkey[2]: Puter, Truthahn

turn: Drehung, drehen, Törn, Runde, *auch in*

turnaround: Umkehr, Wende

turning point: Wendepunkt

turnkey: schlüsselfertig, betriebsbereit

turnover: Umsatz

tutorial: Kurs, Einführung, Einführungskurs, Lehrgang

TV: Fernseh-, *in Zusammensetzungen wie*

TV guide: Fernsehprogrammführer

TV movie: Fernsehfilm

tweeter: Hochtöner

twen: Zwanziger, *Mensch im Alter zwischen 20 und 30 Jahren, Denglisch*

twinning: Ineinandergreifen, Verquickung, Verfilzung

twins: Zwillingspaar, Zwillinge

twist: drehen, winden

twist-off: Schraubdeckel

Twist-off-Verschluss: Schraubverschluss, *Denglisch*

two-coloured *(BE)*, **two-colored** *(AE)*: zweifarbig

two-in-one: zwei in eins

two-tone, **two-toned**: zweifarbig

tycoon: Wirtschaftsgigant, *Geschäftsmann von außergewöhnlichem Einfluss, Reichtum und Macht; mächtiger* Parteiführer

type[1]: Druck; Buchstabe, Schriftzug, Schriftart, Schrift; tippen, *auch in*

typeface: Schriftschnitt, Schriftbild, Schriftart, Schrift

typesetting: Drucksatz

type[2]: Art

U

ubiquitous computer: *Immer-da-Rechner,* Überallrechner, „allgegenwärtiger" Rechner *(neue Generation von Miniaturrechnern, die unabhängig vom Menschen arbeiten und in allen möglichen technischen Geräten, z. B. in Autos, eingesetzt werden sollen)*

ultimate: höchst, größtmöglich

ultralight: besonders leicht, ultraleicht

umpire: Schiedsrichter

UMTS: *siehe* **universal mobile telecommunication system**

Umweltsheriff: Mülldetektiv, Müllkontrolleur, *Denglisch, siehe auch* **Müllsheriff**

unbias(s)ed: unparteiisch, unvoreingenommen, neutral, sachlich

uncompress: entpacken, auspacken, *Denglisch (im Englischen „decompress"), siehe auch* **compress**

uncool: uninteressant, langweilig, spießig, *Denglisch*

under: unter, *auch in*

> **undercover**: geheim, unerkannt, unter einem Decknamen
>
> **Undercoveragent**: V-Mann, Spitzel, *Denglisch*
>
> **underfashion**: Unterwäsche
>
> **underflow**: Unterströmung
>
> **underground**[1]: Untergrund, Boden; Widerstand; geheim
>
> **underground**[2] *(BE)*: U-Bahn
>
> **underperformer**: *siehe* **market underperformer**
>
> **underpriced**: unterbewertet
>
> **understatement**: Untertreibung
>
> **under way**: unterwegs, auf dem Weg; in Arbeit
>
> **underwear**: Unterwäsche

underdog[1]: Außenseiter *im Wettkampf*, Herausforderer

underdog[2]: (sozial) Benachteiligter, Schwächerer

underdressed: zu einfach, zu schlecht, unpassend angezogen, *siehe auch* **overdressed**

understanding: Verstehen

understeering control, **USC**: Untersteuerungskontrolle *von Renault (Ergänzung zum System ESP)*

undo: rückgängig, rückgängig machen

uneconomic: unwirtschaftlich

unemployed: arbeitslos, *siehe auch* **jobless**

unexpected: unvorhergesehen, unerwartet

unfair: ungerecht, parteiisch *gegenüber Anderen*; regelwidrig, unsportlich; unanständig, unlauter, unredlich

unfolding: Entwicklung, Entfaltung, *für die Sanierung der Neustadt von Hoyerswerda (das unter Einbeziehung des sorbischen Stadtnamens Wojerecy im Volksmund „Hoywoy“ genannt wird) entwarfen Studenten ein Projekt* „Hoywoy Unfolding“ - *nach Protesten der Bevölkerung nennt es sich jetzt* „Superumbau“.

unfriendly takeover: feindliche Übernahme *(durch Erwerb der Aktienmehrheit)*

uniformity: Gleichförmigkeit

uniform resource locator, **URL**: *genormte* Internetadresse

unique: einzigartig, *auch in*

unique selling proposition, **USP**: Alleinstellungs-Merkmal, einzigartiger Vorzug, *das einzigartige Verkaufsargument (Werbung)*

unisex: *Kleidung ohne geschlechtsspezifischen Unterschied*

unit: Einheit, Block

universal mobile telecommunication system, **UMTS**: *neuer Mobiltelefonstandard (u. a. für* **MMS***)*

university: Universität. *In der betrieblichen Praxis oft nur:* Weiterbildung, Fortbildung, Weiterbildungsabteilung, *reiner Euphemismus.*

unlike: verschieden, unähnlich

unlimited: unbegrenzt, uneingeschränkt

unlock: offen, öffnen

unmount: *(für ein Gerät, z. B. Laufwerk)* Zuweisung aufheben, Zuordnung aufheben *(in der EDV, speziell bei UNIX und LINUX), siehe auch* **mount**

unplugged: unverstärkt, *nicht elektronisch verstärkte Musik; im übertragenen Sinne:* unbearbeitet *(z. B. so auch zur Qualitätskennzeichnung von deutschem Wein verwendet)*

unprintable: *nicht für den Druck geeignet,* undruckbar

unsolicited commercial e-mail, **UCE**: *unerwünschte E-Post-Werbung,* Werbebelästigung, Werbemüll, *siehe auch* **e-mail spam**

untouchable, **untouchbar** *(Denglisch)*: unberührbar

unzip, **unzippen** *(Denglisch)*: *(Dateien)* entpacken

unzoomen: entfernen, verkleinern, wegziehen, *Denglisch*

up-and-away: auf und davon

up-and-coming: vielversprechend, auf dem aufsteigenden Ast

up-and-down: auf- und absteigend, auf- und abnehmend

update, **updaten** *(Denglisch)*: Aktualisierung, Modernisierung; aktualisieren, *auf den neuesten Stand bringen,* aufrüsten

upgespaced: abgehoben, abgefahren, *Denglisch*

upgrade, **upgraden** *(Denglisch)*: Aufwertung, Auffrischung; verbessern, nachrüsten, aufrüsten, überarbeiten, neu fassen; neu auflegen

upload: (hoch-)laden, hinaufladen

upper[1]: Ober-, *auch in*

upper class: Oberklasse, *höhere Gesellschaftsschicht,* Oberschicht

upper[2]: Aufputschmittel, *aufputschende Droge,* Amphetamin, *siehe auch* **downer**

uppercut: Aufwärtshaken *(Boxen)*

ups and downs: Erfolge und Tiefschläge, *Aufs und Abs*

upshot: Ausgang, Resultat, Endergebnis

upside-down: *auf dem Kopf (stehend),* kopfstehend, umgekehrt

upstairs: „Weg nach oben", *wird jetzt im Zusammenhang mit Jugendgruppen in der Kirche gebraucht*

up-to-date: aktuell, *auf dem neuesten Stand,* zeitgemäß, auf der Höhe

uptown: Stadtrand, besseres Viertel, *siehe auch* **downtown**, **west end**

up to you: liegt bei dir / Ihnen

URL: *siehe* **uniform resource locator**

usability: Brauchbarkeit, Benutzungsfreundlichkeit, *Denglisch*

usable: brauchbar, anwendbar, geeignet

usage: Gebrauch, Behandlung

use: nutzen, gebrauchen

used-car ordinance: Altautoverordnung *(Entsorgungsbranche)*

used glass: Altglas *(Entsorgungsbranche)*

user[1]: Anwender, Nutzer, Benutzer, *auch in*

user account: *Benutzerzugang zu einem Netzwerk,* Benutzerkonto, Zugangskonto, Zugang

user id: Benutzerkennung

user profile, **profile**: Benutzerprofil(-datei)

user test: Anwendertest

user[2]: Rauschgiftkonsument

Userin: weiblicher **user**[1] oder **user**[2], *Denglisch*

utility: Dienst-, Hilfsprogramm; Dienstleistung, Versorgung, *siehe auch* **multiutility**

utility drive: Hilfsantrieb

U-turn: *U-Wende,* Kehrtwende

V

valid: gültig

validity: Gültigkeit

value: Wert, *auch in*

  value added: Unternehmenswertschöpfung, Mehrwert

  value-added tax, **VAT**: Mehrwertsteuer, MwSt.

  value analysis: Wertanalyse

  value chain: Wertschöpfungskette

  value control: Wertkontrolle

  value for money: *(gutes)* Preis-Leistungs-Verhältnis

value engineering: *Bau, Bedienung von Maschinen*

vamp: *ugs. für: „männermordende" Frau*, Verführerin, *erotische, berechnende Frau*

van[1]: Lieferwagen, *siehe auch* **minivan**[1]

van[2]: *familiengerechter* Kastenwagen, Familienwagen, Kleinbus, *siehe auch* **minivan**[2] und **Kompaktvan**

vanity: Eitelkeit, *auch in*

  vanity fair: Jahrmarkt der Eitelkeit

  vanity number, **Vanitynummer** *(Denglisch)*: *personifizierende Telefonnummer, meist alphabetisch aufgebaut*

van jumping: Lückenspringen *(gefährliches Überholen von Lastwagen)*

variable: veränderlich

variation: Abweichung, Änderung

variety: Auswahl, Mannigfaltigkeit, Vielfalt

various: vielfältig

VAT: *siehe* **value-added tax**

vending: *Vertrieb über Automaten (Handelszweig)*

vendor: Verkäufer, Händler, Anbieter, Lieferer, Lieferant

venture: Wagnis, Risiko, mutiger Einsatz, *siehe auch* **joint venture**, *auch in*

  venture capital: Risikokapital

  venture capitalist: Risikokapitalgeber

ver-: *beliebte Vorsilbe für die Bildung denglischer Ungetüme, so etwa in*

  verchartern: *(ein Schiff oder Flugzeug)* vermieten, *Denglisch, siehe auch* **chartern**

  vergagt: witzig, voller Scherze, *Denglisch, siehe auch* **gag**

  verlinken: verknüpfen, *mit Verweisen versehen (Internet), Denglisch, siehe auch* **link**[2]

  verslumen: *zum Elendsviertel werden,* herunterkommen, *Denglisch*

  versnobt: dünkelhaft, eingebildet, *Denglisch, siehe auch* **snob**

very: sehr, viel, besonders, *auch in*

very important person, **VIP**: Berühmtheit, Prominenz, *sehr wichtige oder prominente Persönlichkeit*

vibrations: Schwingungen, Vibrationen

vice president: Vizepräsident *(entspricht in US-Unternehmen eher dem deutschen* Prokuristen*)*

Video: *Video ist kein Anglizismus, sondern Latein, und heißt "ich sehe". Das Wort wird jedoch als Vorsilbe in Anglizismen gebraucht, so in*

video card: Videokarte, Videoplatine *(EDV)*

video clip: kurzer Videofilm, *meist:* Musikfilm

video jockey, **VJ**: Videovorführer *(im Fernsehen)*

video on demand: Filmabruf

video screen: Großbildschirm, Videoschirm

video stream: Direktübertragung von Videos *im Internet, siehe auch* **live stream**

videotape: Videoband, Videofilm

video wall: Videowand

Vienna: Wien, *z. B. in der österreichischen Fernsehserie* Hello Austria, Hello Vienna, *die im deutschsprachigen Programm 3sat läuft*

view: Blick, Ansicht, Anblick, Aussicht

viewer: Betrachter, Betrachtungsprogramm

viewer's digest: Filmzusammenschnitt

village[1]: Dorf, Gemeinde

village[2]: (Stadt-)Viertel *(z. B.* Eppendorf-Village = *Viertel in Hamburg)*

violence: Gewalt

VIP, **very important person**: Berühmtheit, Prominenz, *sehr wichtige oder prominente Persönlichkeit, auch in*

VIP lounge: Sonderbereich, Extrabereich, Luxusbereich, Ehrenbereich, Prominentenbereich, Prominentenraum, *siehe auch* **lounge**

VIP treatment: „Promibehandlung", *buchbare gehobene Behandlung „einfacher Leute" in vornehmen Hotels und anderen Dienstleistungseinrichtungen*

VIPy: „promimäßig", *Denglisch*

virtual: unwirklich, *auch in*

virtual community: Internetgemeinde

virtual life: *rechnererzeugtes „Leben"*

virtual reality: *rechnererzeugte Realität*

virtual reality center: Simulationsabteilung, *Zentrum für die virtuelle Erprobung von technischen Neuentwicklungen*

visibility: Erscheinungsbild *einer Firma*

vision[1]: Sicht

vision[2]: Erscheinung

visit[1]: Besuch, besuchen, besichtigen

visit[2]: Anwählen *einer Internetseite*

visitor: Besucher

visitor attractions: Sehenswürdigkeiten *aller Art, das können z. B. Museen oder Freizeitparke, Schlösser, Burgen oder Zoos sein*

visualizer: *Sichtbarmacher, grafischer Ideengestalter*

vital[1]: lebenswichtig, unerlässlich

vital[2]: lebendig, gesund, munter

VJ: *siehe* **video jockey**

V-neck: V-Ausschnitt

vocabulary: Vokabular *(aus dem Lateinischen)*

vocal group: A-cappella-Gruppe, *im Jazz für:* Gesangsgruppe

voice: Sprache, Stimme, Äußerung, *auch in*

voice box: Anrufbeantworter, *siehe auch* **mailbox**[2]

voice chat: Gesprächsrunde *(im Internet) (mit Sprechverbindung), im Gegensatz zu* **chat**

voice commerce: *gesprochene Beantwortung von Kauf- bzw. Suchanfragen (per Mobiltelefon)*

voice data: Sprachdaten

voice mail: gesprochene Post, Sprachpost, gesprochene Nachricht

voice message: gesprochene Mitteilung, Sprachmitteilung, Sprachnachricht

voice processing: Stimmensteuerung

voice recorder: Stimmenaufzeichner, Tonband

void: Leere; leer, ungültig

volley: Flugball, Direktabnahme

volume: Lautstärke

Vorcasting: Vorauswahl *vor dem* **casting**[1], *Denglisch*

vote: Wahl, Stimmabgabe; Zustimmung, *auch in*

vote getter: Stimmenfänger, Wahlgewinner

voting, voten *(Denglisch)*: abstimmen, Abstimmung, *für etwas* stimmen *(besonders beliebt im deutschen Privatfernsehen, wenn Zuschauer über irgendetwas abstimmen können, aber auch bei Zeitungen und im Internet)*

voucher: Gutschein

voyage: Reise

voyager: Reisender

VSOP: erstklassig, *Weinbrandqualität*

W

wafer[1]: Waffel, Oblate; Plättchen, Scheibe *(auf vielen deutschen Produkten)*

wafer[2]: Halbleiterscheibe *(Ausgangsmaterial für den* **microchip***)*

wait: warten, *auch in*

> **wait-and-see**: lauern, abwarten und beobachten, *schau' mer mal*
>
> **waiting room**: Wartezimmer

wakeboarding: Wasserbrett fahren

wake-up call: Weckruf

walk: Gang, gehen, *auch in*

> **walken**: marschieren, *schnell spazieren gehen, scharf wandern, Denglisch*
>
> **walker**: *Marschierer, schneller Spaziergänger*
>
> **walkie-talkie**: *tragbares* Funksprechgerät
>
> **walking**: Marschieren, *schnelles Spazierengehen, scharfes Wandern, siehe auch* **power walking** und **Nordic walking**
>
> **walkman**: *tragbarer* Kassettenspieler, *im Englischen nicht existent, japanische Kreation wie das deutsche* **Handy**[2]

wall: Wand, Mauer

wallet: Brieftasche, Geldbörse

Wall Street: New-Yorker Börse, *hat ihren Sitz in der Wall Street*

walnut: Walnuss, *z. B. als Bezeichnung einer deutschen Eissorte*

want: wünschen, wollen, fordern

wanted: gesucht (wird)

WAP: *Internetzugriff für Mobiltelefone, auch in*

> **WAP-Handy**: *internetfähiges Mobiltelefon,* Internettelefon, *Denglisch, siehe auch* **Handy**[2]
>
> **wappen**: *mit dem Mobiltelefon auf das Internet zugreifen, Denglisch*

war: Krieg, *auch in*

> **warblogger**: *privater Kriegsberichterstatter im Internet (bekannt aus dem Irakkrieg), siehe auch* **weblogger**
>
> **war games**: Kriegsspiele
>
> **warlord**: Feldherr, Heerführer; Kriegsfürst, Bandenführer, Landsknechtsführer

Ware-gegen-Cash: „Ware gegen Bares", *spezielle Zahlungsmethode, Denglisch*

warehouse: Speicher, Lager

warm: aufwärmen, wärmen, *auch in*

> **Warming-up-Phase**: Aufwärmphase, *Denglisch*
>
> **warm-up**: Aufwärmphase *(Formel 1)*; aufwärmen, warm machen

warm-upper: Anheizer *(des Publikums bei öffentlichen Fernsehsendungen)*

warning: Warnung, Achtung

warrant: Optionsschein *(Börse)*, Garantie(-schein), Lagerschein, Befugnis

wash: waschen, *auch in*

wash-and-go: waschen und fertig

wash-and-wear: bügelfrei, waschen und tragen

washboard: Rhythmusinstrument, Waschbrett

wash out: verwaschen, verblassen, verschwimmen

waste[1]: öde, unbebaut

waste[2]: Müll, Abfall *(gern in der Entsorgungsbranche verwendet), auch in*

waste collection: Abfallsammlung

waste-collection system: Müllabfuhr - *ein ebenso erbärmlicher wie vergeblicher Euphemismus*

waste management: Abfallentsorgung

waste-management company: Entsorger

waste paper: Altpapier

waste prevention: Abfallvermeidung

watch[1]: Armbanduhr

watch[2]: Aufsicht, *auch in*

watchcam: Überwachungskamera, *auch als* Spannerkamera *im Internet, siehe auch* **spycam**

watcher: Aufpasser, Beobachter

watchlist: Schwarze Liste, Überwachungsliste

watchman[1]: *(tragbarer)* Kleinstfernseher

watchman[2]: Wachtposten, Nachtwächter

water: Wasser, *auch in*

waterproof: wasserdicht; wasserdichter Stoff; Regenmantel

wave: Welle

way[1]: Art, Weise, *auch in*

way of life: Lebensart; Lebensweg

way[2]: Weg, Straße

WBT: *siehe* **web(-based) trainings**

weak: schwach, schwächlich

wear[1]: Kleidung, *in Wortverbindungen*

wear[2]: tragen, *auch in*

wearable computer: *(in der Kleidung tragbarer)* Kleinstrechner

wear off, **wear out**: abnutzen

weather: Wetter, Witterung, *auch in*

weatherproof: wetterfest, *oft in Textilienaufdrucken und in diversen deutschen Katalogen*

web: Netz, Weltnetz, *auch in*

web(-based) trainings, **WBT**: *Lektionen im Internet,* Netzlernkurs, *Teil des* **e-learning**

web-basiertes Lernen *(Denglisch)*: *siehe* **e-learning**

webcam: Netzkamera

web crawler: Netzabsucher, *Netzabgraser*

web design: Netzseitenentwurf

web-fähig: netzfähig, *Denglisch*

webhits: Netzseitenzugriffe, Standortzugriffe, Seitenzugriffe *(im Internet)*

weblog, **blog**: *interaktiv geführtes* Netztagebuch

weblogger: *einer, der Persönliches im Internet äußert, siehe auch* **warblogger** *und* **weblog**

webmaster: Netzverwalter, *Verantwortlicher für eine Netzseite,* Netzwart

webpage: Netzseite

Webpreis: Internet(kauf)preis, Netzkaufpreis, *Denglisch*

web publishing: Netzpublikation, *Verbreitung von Informationen im Internet, Publizieren im Internet*

web service: *(erweiterter und vereinheitlichter)* Netzdatendienst

web shop: Netzkiosk, *Geschäft im Internet*

website: Netzstandort, Netzadresse, *Präsentation im Internet*

website creator: Netzseitengestalter *(EDV-Programm)*

webspace: Netzplatz; *persönlicher Netzspeicherplatz*

web special: Internet(sonder)angebot, Netzangebot, *Denglisch*

websurfer: Weltnetznutzer

websurfing: *siehe* **surfen**[2]

web-TV: Netzfernsehen, *Denglisch, siehe auch* **Streamingtechnik**

webwasher: Netzfilter

week: Woche, *auch in*

weekday: Alltag, Wochentag, *z. B. im Telefontarif* free and easy weekday

weekend: Wochenende

weekend feeling: Wochenendgefühl, Wochenendstimmung

weekend of sport(s): Sportwochenende

weekly soap (opera): wöchentliche Seifenoper, *siehe auch* **soap opera**

wegzappen: *(Sender)* wegschalten, *Denglisch, siehe auch* **zappen**

weight: Gewicht, *auch in*

weight concept: *Gepäckbegrenzung nach Gewicht (bei Flugreisen), siehe auch* **piece concept**

welcome: willkommen *(viele kleinere deutsche Geschäfte scheinen nur noch britische und amerikanische Gäste begrüßen zu wollen)*

welcome hostess: Empfangsdame, *Denglisch*

well: gut, in Ordnung

well-done[1]: gut gemacht

well-done[2]: durchgebraten

well-dressed: richtig gekleidet, elegant

wellfit: *denglische Version von „mens sana in corpore sano", d. h. dem „gesunden Geist, der in einem gesunden Körper wohnt"*

wellness: Wohlbefinden, *auch in*

wellness coach: Gesundheitsbetreuer, *Wohlfühlexperte*

wellness drink: Gesundheitsgetränk

wellness level: Wohlfühlniveau

Wellnessprogramm: Wohlfühlprogramm, Sport- und Gesundheitsprogramm, *Denglisch, dazu kommen unzählige teils unfreiwillig witzige denglische Verbindungen wie:* Wellness Bad = Wohlbefinden schlecht, *so in der Werbung der Stadt Bad Oeynhausen*

wellness trainer: Gesundheitsbetreuer, *Wohlfühlexperte*

Werbespot: *(kurzer)* Werbebeitrag, *Denglisch, siehe auch* **spot**[2]

west end: vornehmer, eleganter Stadtteil, *siehe auch* **uptown**

wet: nass, feucht - *besonders die Putzmittelhersteller und die Kosmetikproduzenten mögen zwischen* nass *und* feucht *nicht so recht unterscheiden, weshalb dort der Anglizismus für alles verwendet wird, was nicht knochentrokken ist.*

wheel: Rad, Reifen

whirlpool: Sprudelwanne, Brodelbad

whisper: flüstern

white: weiß; hell, *auch in*

whiteboard: Schreibtafel, weißes Brett

White-Collar-Kriminalität: Schreibtischverbrechen *(in Politik und Wirtschaft), Denglisch*

White-Collar-Verbrechen: Kavaliersdelikt, Wirtschaftskriminalität, *Denglisch*

whitening: Bleicher, Weißer *(z. B. in Zahnpasta)*

white noise: weißes Rauschen

who's who, **who is who**: Wer ist wer, *Kurzbiografiensammlung bestimmter Persönlichkeiten, im übertragenen Sinne oft nur einfache Liste mit Funktionsangaben, dann etwa: „Wer macht was in der Stadtverwaltung"*

why not: warum (auch) nicht

wide screen: Breitwand *(Film)*

widget: Fensteranwendung, Steuerelement, Dialogelement *(EDV)*

wildcard[1]: Freilos, Zusatzstartrecht *(Sport)*

wildcard[2]: Platzhalter, Suchschablone, Schablone *(EDV)*

wildlife: Wildnis, Tier- und Pflanzenwelt

win: gewinnen, triumphieren; Sieg, Triumph, *auch in*

winner: Gewinner, Sieger

winner and loser: Gewinner und Verlierer

winner skills: Siegermentalität, Siegereigenschaften, Siegerfertigkeiten

Wintyp: Gewinnertyp, Siegertyp, *Denglisch*

win-win situation: Zwei-Gewinner-Situation, *„alle Beteiligten profitieren"*

windbreaker: Windjacke

wind-chill: gefühlte Kälte, gefühlte Temperatur

window: Fenster, *auch in*

window air bag: Fensterprallkissen, *siehe auch* **air bag**

window colors: Fensterfarben

window dressing[1]: Schaufensterdekoration

window dressing[2]: Manipulation *in Wirtschaftsstatistiken, Bilanzen usw.*

window-shopping: Schaufensterbummel

windsurfen: *brettsegeln, standsegeln, stehsegeln, Denglisch, nicht zu verwechseln mit* **surfen**[1], *siehe auch* **kitesurfen**

winemaker: Winzer, Weinerzeuger

wing: Flügel, Tragfläche, *siehe auch* **chicken wings**

wireless: Funkgerät; schnurlos; schnurlos verbunden, funkverbunden, *siehe auch* **cordless**

wireless local area network, **wireless LAN**, **WLAN**: *kabelloses lokales Netzwerk, schnurloser Internetzugang*

wish: wünschen, wollen, erhoffen

witness: Zeuge, *siehe auch* **attester**

wizard[1]: Pfiffikus, Tüftler, Guru *(EDV)*

wizard[2]: Assistent *(eingebaute Hilfe, um bestimmte Funktionen komplizierter EDV-Programme leichter nutzen zu können)*

WLAN: *siehe* **wireless local area network**

woman: Frau, Dame, *auch in*

womanizer: Schürzenjäger, Frauenheld

women's lib(eration): Frauen(emanzipations)bewegung

women's wear: Damenbekleidung

wonder: Wunder, *auch in*

wonderful: wundervoll, erstaunlich

woofer: Tieftöner

wool: Wolle *(das deutsche Wort ist in kaum noch einem Wollprodukt zu finden, auch wenn es in Deutschland für den deutschen Markt hergestellt wurde)*

woopie: *wohlhabende/r Rentner/in*

word: Wort, Nachricht, *auch in*

wording: Sprachregelung, Formulierung(en), *speziell eine Gruppensprache in der Wirtschaft mit viel Englisch und Denglisch, die technisches Verständnis, Modernität, Weltläufigkeit und hohen Lebensstandard suggerieren soll*

word processing: Textverarbeitung *(EDV)*

work: Arbeit, Tätigkeit, *auch in*

workaholic: Arbeitssüchtiger, Arbeitstier, *siehe auch* **overachiever**

work-around: Behelfslösung

work camp: Arbeitslager *(Lager für gemeinschaftliches Arbeiten - ohne negativen Bedeutungsbeigeschmack)*

workflow: Arbeitsfluss

work force: Belegschaft

working capital: *arbeitendes Kapital,* Nettoumlaufvermögen

workout: Übung, Körperertüchtigung, *(sportliche)* Ausarbeitung

work paper: Arbeitspapier, Entwurf, Vorentwurf

workshop[1]: Werkstatt

workshop[2]: Arbeitssitzung, -tagung, -gruppe, Arbeitskreis, -treffen, Lehrgang, Seminar

work simplification: Arbeitsvereinfachung

workstation[1]: (Rechner-)Arbeitsplatz, *(leistungsstarker)* Arbeitsplatzrechner *(EDV)*

workstation[2]: Arbeitsplatz *(im Sinne von Werkzeugmaschine)*

workwear: Arbeitskleidung

work-life balance: *Balance(-akt) zwischen Beruf und Privatleben, im Extremfall ungesunde Gleichsetzung von Arbeit und (Privat-)Leben*

world: Welt, Erde, *wird oft vollkommen sinnentleert eingesetzt, z. B. in* „Deutsche Post World Net", *auch in*

World Cup: Weltmeisterschaft, Weltpokal

world-famous: weltberühmt

world tracer: *weltweites* Gepäcksuchsystem *(Flugwesen)*

world trade: Welthandel

worldwide: weltweit, weltumspannend

World Wide Web, **WWW**: Weltnetz, weltweites Informationsnetz, *verallgemeinert:* Netz, *fälschlich oft als Synonym für das Internet gebraucht*

worst case: *schlimmst mögliche Entwicklung,* schlimmster Fall, Schlimmstfall

wow!: oh!, *Ausruf des Erstaunens*

wrap, **wrapping**: einwickeln, einpacken, verpacken, *auch in*

wrap industry: Verpackungsindustrie

wrestling: Ringen *(olympische Disziplin)*, *meist aber:* Schauringen, *siehe auch* **catchen**

wristphone: *Telefon am Handgelenk*

write: (nieder-)schreiben, *auch in*

write off: abschreiben *(Wirtschaft, auch symbolisch)*

writer: Schreiber

wrong: falsch, fehlerhaft, unzutreffend

wrongdoing: Übertretung, Rechtsverletzung

WWW: *siehe* **World Wide Web**

X

X[1]: *oft Abkürzung für: „sehr" (engl. „extremely"): Kleidergrößen XS, XL, XXL*

X-[2]: *oft Abkürzung für:* **cross-** *oder* **ex-**, *etwa in*

X-ing: Kreuzung *(für:* **crossing***)*

X-roads: Kreuzung *(für:* **crossroads**[1]*)*

x-by-wire: *(variable) elektronische Antriebssteuerung (bei Kfz)*

X-chromosome: *Geschlechtschromosom*

X-large: Übergröße

X-mas: Weihnachten, *Abkürzung für* **Christmas**, *ein absoluter Renner der Werbung, um das wohl zu christlich klingende Wort* Weihnachten *zu vermeiden*

X-ray: Röntgenstrahlen, *auch für:* Röntgenschirm, Röntgenbild

XtraFriend: *spezieller Telefontarif, etwa:* Jugendtarif

Xtra4you: *spezieller Telefontarif, etwa:* Für-Dich-Tarif

XXL entertainment: Spitzenunterhaltung, *Denglisch*

XXX: Porno, *nach dem Bewertungszeichen der amerikanischen Filmaufsichtsbehörde für extreme Pornofilme*

Y

yacht: Jacht, *großes* Kajütboot, Segelboot

year: Jahr

yearly: jährlich

Yello Strom: *denglisch klingende Bezeichnung für eine Strommarke*

yellow: gelb

yellowback: Billigtaschenbuch

yellow pages: Branchenbuch, Gelbe Seiten

yellow press: Sensationspresse, Regenbogenpresse, Revolverblätter

yelpen: „winseln" - *hessische Polizeiautos sollen jetzt so klingen wie die amerikanischen, Denglisch*

you'll never walk alone: du wirst nie allein dastehen - *offensichtlich danebengegangener Abschiedsgruß auf einem Transparent für den großen deutschen Fußballer Fritz Walter*

young: jugendlich, jung, *auch in*

young fashion: junge Mode, *Mode für junge Menschen*

youngster[1]: Junger, Jugendlicher

youngster[2]: Neuling, Jüngster, *jüngster Teilnehmer an einem Sportwettkampf*

young professional: Berufsanfänger

youth: Jugend, *auch in*

youth center: Jugendzentrum, Haus der Jugend

youth court: „Wellenbrecher", *spezieller Jugendgerichtshof, an dem Jugendliche selbst über straffällig gewordene, aber unmündige Jugendliche richten (bemerkenswert fantasievolle Eindeutschung eines englischen Begriffs)*

youthful: jugendlich

youth hostel: Jugendherberge

yuppie (young urban professional): Karrierist, Streber

Z [vgl. auch C und K]

zap: schnell schalten, *Denglisch, im Englischen unbekannt, auch in*

zappen: durchschalten, *mit der Fernbedienung von Sender zu Sender schalten, Denglisch*

zapper: Senderwechsler, Fernsehsüchtiger, *Denglisch*

zapping: *(Fernseh-)*Senderspringen, *Denglisch, siehe auch* **channel hopping**

Zeitmanagement *(Denglisch)*: *siehe* **time management**

zero: Null, Grundwert

zero-based budgeting: kostendeckende Planung

zero-bond: abgezinste Anleihe, Null-Kupon-Anleihe, *Null-Prozenter (Börse)*

zero-defect: fehlerfrei *(Produktion)*

zip[1], **zipper** *(Denglisch)*: Reißverschluss

zip[2], **zippen** *(Denglisch)*: *(Dateien)* packen und verdichten

zombie: Untoter, *willenlos wandelnde Leiche*

zoom[1]: Varioobjektiv

zoom[2], **zoomen** *(Denglisch)*: *(meist stufenlos)* verkleinern *oder* vergrößern, heranziehen, heranholen

zugemailt: überschüttet *(mit E-Post)*, *Denglisch*

Liebe Leserin, lieber Leser,

begegnen auch Ihnen immer wieder Anglizismen, die Sie für überflüssig halten und die Sie lieber gegen ein deutsches Wort austauschen möchten?

Oder haben Sie noch weitere Anregungen für uns?

Schreiben, faxen oder senden Sie uns doch bitte Ihre Anmerkungen unter

IFB Verlag
Schulze-Delitzsch-Straße 40
33100 Paderborn

Telefon 0 52 51 – 31 06 02
Telefax 0 52 51 – 37 09 06
E-Post info@ifb-verlag.de

Vielen Dank für Ihre Mithilfe.

Ihr IFB Verlag

Lesen Sie zum gleichen Thema

Sternstunden der deutschen Sprache
Herausgegeben von Walter Krämer und Reiner Pogarell

2. Auflage, Paderborn 2003, 431 Seiten
Leinen gebunden, 24,90 Euro, ISBN 3-931263-27-4

Wussten Sie schon, dass das erste deutsche Buch ein Wörterbuch war? Wussten Sie, dass es ein deutschsprachiges Buch war, das den Anstoß zur Gründung des Staates Israel gab? Und dass es ein deutschsprachiges Buch war, auf das sich die kommunistischen Herrscher in aller Welt beriefen? Kennen Sie die Texte Wagners, Luthers oder Hesses nur vom Hörensagen? Haben Sie Lust, etwas mehr über die spannende Geschichte unserer Sprache zu erfahren?

Eine faszinierende Reise durch die deutsche Sprachgeschichte in Literatur, Technik, Philosophie, Musik, Religion und Politik erwartet Sie. Dieses Werk enthält eine einmalige Sammlung deutschsprachiger Texte vom Anfang der deutschen Sprachgeschichte bis zur Gegenwart – anregend kommentiert und erläutert von 35 sachkundigen Autoren.

“Rund sechzig Sternstunden deutscher Sprache sind hier zusammengetragen. Entscheidend für die Auswahl waren sprachliche Größe und Wirkung. Man hat nicht einfach die einzelnen Texte im Original abgedruckt, sondern ihre Verfasser vorgestellt und die Texte in ihren historischen Zusammenhang gestellt. Dadurch ist das Buch leicht lesbar. Zu loben ist vor allem die originelle Auswahl an vorgestellten Texten. (...) Durch ihre Aufbereitung sind die einzelnen Texte gut verständlich und ausgesprochen lehrreich. Insgesamt ein schönes Buch zur rechten Zeit, nicht nur für ‚sprachlich aufgeschlossene Menschen’, sondern gerade für die, die es nicht sind.” (Rheinischer Merkur)

“(...) Es ist dies eine treffsichere Auswahl, sprechend und gut angelegt, engagiert erläutert. (...), das zeigt nur, wie anregend die Idee ist und wie viele gute Texte in der Geschichte der deutschen Sprache versammelt wurden. (...) Es ist dies also ein Buch für alle, die die deutsche Sprache lieben, aber auch für die, die sie lieben könnten, wenn sie denn aus diesem Buch ersehen, wie schön und geistreich diese Sprache ist.” (Sprachnachrichten)

“(...) Was die deutsche Sprache alles kann – und sie kann wahrlich alles – wollen die Herausgeber mit ihrer Reise durch die deutsche Sprachgeschichte zeigen. (...) Ziel der Herausgeber war es, möglichst viele Blickwinkel einzubringen: Religion, Politik, Literatur, Philosophie, Technik, Musik und Forschung. Die Auswahl der Texte erfolgte nach den Gesichtspunkten sprachliche Größe, zeittypisch und einflussgebend. (...) Alle Textstellen sind von fachkundigen Verfassern ausgewählt und erläutert, was gerade dem Laien das Verständnis erleichtert und das Lesen angenehm macht. Insgesamt bietet die Sammlung aber einen trefflichen Querschnitt durch das deutsche Sprachschaffen und man wird dieses Buch immer wieder gerne in die Hand nehmen, um darin zu schmökern und sich an der Vielfalt unserer Muttersprache zu erfreuen.”
(Die deutsche Schrift)

“Ein wahrer Himmel tut sich auf. (...) Faszinierend ist es, ja geradezu spannend, die Entwicklung der deutschen Sprache zu verfolgen. (...) Schon das Vorwort ist beachtenswert. (...) Läsen Werbetexter das Buch, so könnte sich möglicherweise etwas zum Besseren wenden.” (Fuldaer Zeitung)

"Ohnehin ist es den beiden Herausgebern (...) ein Herzanliegen zu zeigen, welche Themen mit deutschem Vokabular und in stilistisch einwandfreiem Deutsch behandelt werden können: alle. Es gibt keinen einzigen Sachverhalt, zu dessen Darstellung auf Fremdsprachen oder gar auf den unerquicklichen Mischmasch des ‚Denglisch’ zurückgegriffen werden müsste."
(Westfalen-Blatt)

Gudrun Luh-Hardegg
Von der Schönheit unserer Sprache
oder König Midas zum Trotz
Paderborn 2003, 256 Seiten, 22,00 Euro, ISBN 3-931263-37-1

Dieses Werk soll möglichst vielen Zeitgenossen des deutschen Sprachraums – auch jenen in Wissenschaft und Wirtschaft – die Augen für die Schönheit, Kraft und Fülle unserer Sprache öffnen.

Die Autorin beschränkt sich in ihren Betrachtungen nicht nur auf die aktuelle Sprachlandschaft, sondern gibt neben grundlegenden Einblikken in die Funktionalität der deutschen Sprache einen ausführlichen und aufschlussreichen sprachwissenschaftsgeschichtlichen Rückblick auf unterschiedliche Epochen.

Luh-Hardegg schreibt nicht nur über Sprache, sie beherrscht sie auch auf eine ganz anrührende Art und Weise.

"Ein wunderbares Buch. (...) Die Autorin befaßt sich mit der Schönheit und dem Reichtum unserer deutschen Sprache. (...) Mit einer Fülle von Einzelheiten und Querbezügen beeindruckt die Autorin und bietet reichlich Themen zum Nachdenken. Hervorzuheben ist der Gedanke aus alten Worten Neues für das Heute zu gewinnen und damit unsere Sprache lebendig zu erhalten. Getragen ist das Buch, das ich nur jedem Sprachfreund und Bewahrer der deutschen Sprache empfehlen kann, von hingebungsvoller Liebe zur Muttersprache. Alte Quellen werden sachgerecht und lesbar aufbereitet, ein vorzügliches Verzeichnis des Schrifttums schließt das Buch ab."
(Unsere Muttersprache in Österreich – Zeitung)

"(...) Dieser sorgfältig gemachte, äußerlich sehr schön gestaltete Band empfiehlt sich nicht nur wegen der sehr gescheiten Erkenntnisse der Autorin. Ihr ungekünstelter, aber auch schöpferischer Umgang mit unserer Sprache, deren Freiheiten und subtile Ausdrucksmöglichkeiten sie sich zunutze macht, wird den Leser beeindrucken." (Sprachnachrichten)

"(...) Aus allen Teilen des Buches spricht die Grundüberzeugung der Autorin, dass die deutsche Sprache so viel Wortkraft und Ausdrucksstärke besitzt, dass es keines Ausweichens in ein anderes Sprachgut bedarf."
(Die Warte des Tempels)

"(...), soll das Werk doch möglichst vielen Lesern den Sinn für Schönheit, Kraft und Fülle der deutschen Sprache erschließen helfen." (Mensch und Maß)

"(...) Ein gutes Buch, das jedem, dem die Vielfalt unserer Muttersprache am Herzen liegt, wärmstens empfohlen werden kann und sich auch gut zum Verschenken eignet." (Die Deutsche Volkshochschule)

Ferdinand Urbanek
Gutes Deutsch – heute
Vorstöße und Verstöße der deutschen Gegenwartssprache
Paderborn 2002, 144 Seiten, 16,90 Euro, ISBN 3-931263-29-0

Dieses Buch ist an all jene Textproduzenten der deutschen Sprache gerichtet, die ihre Stilsicherheit verbessern möchten. „Gedacht ist es in erster Linie nicht als ein linguistisch-wissenschaftlicher Beitrag zur Erhellung des Gegenwartsdeutschen, (...) sondern eher als eine Art Vademekum für den Hausgebrauch des deutschen Sprachteilnehmers. Geschrieben ist diese Abhandlung (...) aus der Praxis für die Praxis."
(aus dem Inhalt)

Ein Standardwerk für alle Menschen, die mit unserer Sprache kreativ und zielwirksam umgehen wollen.

„Er macht uns Mut; denn unsere liebe Muttersprache (...) siecht nicht in dem Maße dahin, wie wir befürchten. (...) Und so lesen wir mit Vergnügen von den kreativen Formulierungen, die Reportern und Fans über die Lippen kommen, weil die (...) von ‚erfrischender Vitalität und Dynamik' zeugen (...)."
(Kölner Stadt-Anzeiger)

„Toll: Leitfaden für gutes Deutsch." (Deutsche Sprachwelt)

„Ferdinand Urbanek lobt einen innovativen Sprachstil." (Mannheimer Morgen)